## Labyrinth Barcelona

# Vorwort

Barcelona gehört seit zwei Jahrzehnten zu den beliebtesten Städtereisezielen in Europa. Die Gründe dafür liegen auf der Hand: mediterranes Klima, betörende Architektur, ausuferndes Nachtleben, grandiose Museen, eine vielfältige Küche und eine ganz eigene regionale Kultur. All das lässt sich so leicht zu Fuß entdecken wie in kaum einer anderen Metropole. Bei fast gleicher Einwohnerzahl bedeckt die katalanische Hauptstadt eine sieben Mal kleinere Fläche als Hamburg. Die Ausdehnung von West nach Ost beträgt an den meisten Stellen gerade mal elf Kilometer, man könnte die Stadt also problemlos in zwei Stunden auf Schusters Rappen durchqueren. Das ständig wachsende Metronetz und ein fast immer angenehmes Klima prädestinieren Barcelona als Spielwiese für urbane Wanderungen. Sogar die Politik trägt noch ihr Scherflein bei: Seit 2015 betreibt Bürgermeisterin Ada Colau eine ambitionierte Strategie zur Zurückdrängung des Autos und setzt auf Fußgängerfreundlichkeit.

Die urbane Verdichtung trägt auch dazu bei, dass es unendlich viel zu entdecken gibt. Fast jede der Routen dieses Labyrinth-Reiseführers hätte die doppelte Anzahl an sehens- und erlebenswerten Orten auflisten können. Die Beschränkung erlaubt aber umgekehrt, dass jeder seine eigenen Entdeckungen machen kann. Als Faustregel gilt: Immer wieder den Blick nach oben richten. Barcelonas Fassaden stecken voller Details und Leckerbissen für jeden Hobbyfotografen. Nicht umsonst wird »Barna« 2026 den Titel »Welthauptstadt der Architektur« tragen.

Ich habe die Routen und Themen so zusammengestellt, dass sich die ganze Vielfalt und Gegensätzlichkeit der Teile der Stadt erfassen lässt. Auch bei den einzelnen Anlaufpunkten geht es darum, am Ende die Puzzleteile zu einem Gesamtbild zusammenfügen zu können. Geschichten und Anekdoten aus verschiedenen Epochen werden sich zu einem Überblick über die Evolution der Stadt und die Kultur ihrer Bewohner summieren. Kein anderes Fortbewegungsmittel erlaubt, eine Metropole so in ihrer Gesamtheit zu erfassen wie die eigenen beiden Füße.

Das herbstlich braune Band der Rambles durch die Altstadt, Blick von der Kolumbusstatue

JENS WIEGAND

# Labyrinth BARCELONA

CON BOOK.

Labyrinth Barcelona

# Inhalt

# How to

Alle Routen beginnen und enden an einer Station der städtischen Metro. Das Verkehrsnetz ist so leicht zu durchschauen wie in jeder anderen Stadt. An manchen Bahnhöfen gestaltet es sich allerdings schwierig, auf Anhieb den richtigen Ausgang zu finden. An der Plaça Catalunya oder dem Passeig de Gràcia kreuzen sich nämlich zusätzlich die Streckennetze der Regionalbahnen. Da ist es oft einfacher, den erstbesten Ausgang zu nehmen und sich anhand der Karten unter freiem Himmel zu orientieren. Straßenschilder sind fast immer an Häuserfronten angebracht und meist nur auf einer Straßenseite. Dafür erleichtert das rechtwinklige Wegenetz in großen Teilen der Stadt die Orientierung.

Das Gegenteil gilt allerdings für die Altstadt: Bis auf wenige geradlinig geschlagene Schneisen herrscht ein ordnungsloses Chaos wie in einer arabischen Medina. Hier ist erhöhte Aufmerksamkeit gefragt. Natürlich helfen Handy-Apps, doch selbst die sind manchmal überfordert. Das Kartenmaterial bildet nicht immer die Realität ab und die Positionsbestimmung erweist sich als weniger präzise, als man sich das einbilden möchte.

Im Altstadtbereich gibt es so viel zu sehen, dass die Routen relativ kurz sind und einen Kilometer selten deutlich überschreiten. In der Peripherie dagegen können sie schon mal zwischen vier oder fünf Kilometer lang sein. Die reine Gehzeit wird in keinem Fall neunzig Minuten überschreiten. Bei einem oder mehreren Museumsbesuchen kann daraus aber leicht ein halber Tag werden. Mehr als drei Touren an einem Tag sollte man sich nicht vornehmen.

Wie man beim Landeanflug unschwer erkennt (wenn man auf der richtigen Seite sitzt, meist der rechten), wächst Barcelona vom Meer den Berghang hinauf. Bei küstenparalleler Bewegungsrichtung bleibt man meist auf dem gleichen Höhenniveau. Steilere Strecken hingegen sind so geplant, dass sie überwiegend bergab führen. Lediglich beim Park Güell sind einige Anstiege unumgänglich. Wem das zu mühsam ist, der kann zumindest den Weg von der Metrostation ins Taxi verlegen.

Mit Ausnahme der Route durch Antoni Gaudís Parkanlage, die man wirklich rein-thematisch nennen könnte, vermischen sich bei den Routen viele verschiedene Themen. Nichtsdestotrotz gibt es immer vorherrschende Inhalte, die das Hauptthema der Route bestimmen.

Die sonntäglichen Öffnungszeiten gelten üblicherweise auch an allen offiziellen Feiertagen, außer am 25. und 26. Dezember und 1. Januar, wenn alle öffentlichen Institutionen geschlossen sind. Üblicherweise wird die Grenze für Seniorenermäßigungen bei 65 Jahren angesetzt. Dass internationale Studentenausweise überall anerkannt werden, kann leider niemand garantieren. Die meisten Eintrittskarten zu Attraktionen lassen sich im Voraus mit Ermäßgung über die offizielle Tourismuswebsite www.barcelonaturisme.com erwerben.

## Orientierung

Mit einem Blick auf die Karte ist die städtische Struktur Barcelonas schnell erfasst: Die Altstadt liegt hinter dem Hafen am Meer, die Stadterweiterung Eixample (sprich »Eschámple«) mit ihrem rechtwinkligen Straßennetz umschließt sie auf drei Seiten. Im Südwesten erhebt sich der Hausberg Montjuïc (»Mondju-ík«). Am gegenüberliegenden Ende setzt sich das Häusermeer jenseits des Flusses Besós in mehreren Vorstädten fort.

Die Altstadt wird von den Rambles und der Via Laietana vertikal geteilt. Östlich der Rambles erstreckt sich das historische Zentrum, westlich liegt der multikulturelle Raval. Oberhalb dient die Plaça Catalunya als zentraler Verkehrsverteiler. Geradewegs den Hang hinauf führt der Prachtboulevard Passeig de Gràcia (»Passetsch de Grássja«) in den Stadtteil Gràcia. Parallel verläuft die Rambla Catalunya, die die offizielle Trennlinie zwischen dem linken und dem rechten Eixample markiert. Mehrere Schneisen queren die jüngeren Teile der Stadt diagonal, namentlich die Avingudes Diagonal, Meridiana und Paral·lel. Im Nordwesten begrenzt die Bergkette des Collserola die Stadt. Die bewaldeten Hänge mit dem 516 Meter hohen Tibidabo können oft als erster Anhaltspunkt zur Orientierung genutzt werden.

Adressen werden im Folgenden nicht wie in Spanien üblich mit einem Komma zwischen Straße und Hausnummer geschrieben. Die Buchstabenkombination s/n für »sense número« bedeutet, dass ein Gebäude keine Nummer besitzt.

## Die Routen

Die dreißig vorgeschlagenen Spazierwege lassen sich in vier Blöcke unterteilen. Ausgehend vom Zentrum entfernt sich jeder Block weiter in Richtung Peripherie. Die ersten zehn Touren führen durch verschiedene Zonen der Innenstadt, auch wenn nicht alle wirklich zur Altstadt zu rechnen sind. Sie sind tendenziell relativ kurz.

Die Routen 11 bis 19 gruppieren sich in einem Halbkreis um das Stadtzentrum. Die Nummern 20 bis 26 erkunden periphere, aber keineswegs zu unterschätzende Zonen des Stadtgebiets. Schließlich folgen vier Exkursionen in die weitere Umgebung, die mit öffentlichen Verkehrsmitteln leicht zu bewältigen sind.

Eine kleine Reihe von Stadtteilen konnte leider keine Berücksichtigung finden. Ich musste eine zugegebenermaßen subjektive Auswahl treffen. Das soll keinesfalls den Eindruck erwecken, dass diese Viertel unerheblich seien. Besonders weh tut mir das im Fall der einst unabhängigen Gemeinde Sants, die später zu einem Arbeiterviertel heranwuchs und eine bewegte Geschichte aufzuweisen hat.

In gleicher Weise fallen auch einige beachtenswerte Attraktionen unter den Tisch, weil sie sich einsam in vergleichsweise wenig aufregender Umgebung finden. Darum sei von einem Besuch des Klosters Pedralbes oder der Aussichtpunkte und Bunker am Parc de Guinardó keinesfalls abgeraten. Bei Interesse helfen die Touristeninformation oder das Internet weiter.

Arts Santa Mònica

## Verkehrsmittel

Die Metro ist mit Abstand das schnellste und effizienteste Transportmittel, um sich im Stadtgebiet von einem Punkt zum anderen zu bewegen. Den Streckenplan sollte man immer in Papierform oder auf dem Handy greifbar haben. Es heißt nicht nur, die richtige der fünf Hauptlinien und die Aussteigehaltestelle zu identifizieren, man muss auch die Endstation kennen, um den richtigen Bahnsteig auszuwählen. Auf den Streckenplänen sind die Metrolinien mit »L« nummeriert, »T« benennt die Straßenbahn Tram, »S« und »R« beziehen sich auf Regionalbahnen, die aus der Stadt führen und nur für die Ausflüge am Ende des Buches Bedeutung haben.

Die Straßenbahnen wurden erst in der jüngeren Vergangenheit wiederbelebt. Ihre Strecken sind relativ kurz und konzentrieren sich ausschließlich auf zwei Zonen, den Nordwesten und den Südosten.

Natürlich verkehren auch Linienbusse, aber in der Realität wird man sie kaum benutzen. Streckensystem und Fahrpläne sind so verwirrend, dass sogar viele Einheimische sich nicht wirklich im System auskennen, sondern nur die Linien nutzen, die sie im Alltag brauchen.
Alle drei Verkehrsmittel unterliegen dem gleichen Tarifsystem, die einfache Fahrt kostet 2,40 Euro. Umsteigen kann man mit der Karte allerdings nur innerhalb desselben Transportmittels. Dass das gesamte Stadtgebiet zur Tarifzone 1 gehört, erleichtert den Fahrkartenkauf erheblich. Einzelfahrkarten ergeben wenig Sinn, wenn man die Stadt in ihrer Gänze erkunden will. Alle Optionen von Sammelkarten können auf den drei verschiedenen Verkehrsmitteln benutzt werden. Für die Entscheidung, welche die preiswerteste Wahl ist, können nur Anhaltspunkte gegeben werden. Die Faktoren Aufenthaltsdauer, Ort der Unterbringung und Routenauswahl spielen eine entscheidende Rolle. Viele Routen lassen sich aneinander anschließen, ohne dass eine weitere Fahrt mit der Metro anfällt.

### 1. T-casual

Die Karte zu 11,35 Euro berechtigt zu zehn Fahrten. Eine Fahrtstrecke kostet also weniger als die Hälfte eines Einzeltickets. Wer die gesamte Stadt erkunden will, hat die zehn Trips schnell aufgebraucht, aber eine zweite T-casual zu lösen, kann immer noch preiswerter sein als die anderen Möglichkeiten. Will man sich weitestgehend auf den Innenstadtbereich konzentrieren, ist die T-casual die vermutlich sinnvollste Wahl. Das Ticket bekommt man an jeder Station am Automaten.
Die anderen beiden Karten muss man dagegen an einer der Touristeninformationen erstehen:

### 2. Hola Barcelona Travel Card

Die speziell für Besucher konzipierte Mehrtageskarte gilt für den gesamten Stadtbereich. Ob sie sich als preiswerter als die erste Option herausstellt, hängt davon ab, wie viele Fahrten man pro Tag plant. Das wiederum ist in der Realität einer fremden Stadt schwer vorauszusehen. Tendenziell lohnt sich die Travel Card bei mehr als fünf Reisen pro Tag. Der Vorteil ist natürlich, dass man für eine Kurzstrecke nicht weiter überlegen muss, mit der T-casual geht man vielleicht lieber zu Fuß. Für diejenigen, die Spaß an Rechenspielen haben, hier die Preise: 48 Stunden 16,40 Euro, 72 Stunden 23,80 Euro, 96 Stunden 31 Euro, 120 Stunden 38,20 Euro. Es gilt also nicht das Kalenderdatum, sondern es werden die Stunden ab der ersten Benutzung berechnet.

### 3. Barcelona Card

Die dritte Option beinhaltet nicht nur die Verkehrsmittel, sondern auch kostenlosen oder ermäßigten Eintritt zu bestimmten Museen und Kulturinstitutionen. Ob sich das individuell lohnt, zeigt erst das Studium der Liste der Preisnachlässe und ihrer Überschneidung mit persönlichen Interessen. Die Ersparnis beim Besuch der Häuser Gaudís ist unerheblich, die Sagrada Família fällt gänzlich aus. Die summierten Eintrittskarten der sechs wichtigsten Kunstmuseen dagegen kommen schon teurer als die Barcelona Card, die obendrein kostenlose Fahrt im öffentlichen Nahverkehr beinhaltet. Die Liste aller Ermäßigungen findet man unter bcnshop.barcelonaturisme.com. Die »Express-Karte« für zwei Tage kostet 23 Euro. Drei oder vier Tage schlagen mit 48 bzw. 58 Euro zu Buche.

Alle Fahrscheine werden am Eingang der Bahnstationen automatisch geprüft oder entwertet. Man steckt sie in den vorderen Schlitz, und nach zwei Sekunden kommen sie aus einem anderen wieder heraus. Ein Pfeil zeigt an, auf welcher Seite man am Automaten vorbeigehen muss. In der Tram befindet sich der Entwerter gleich im Einstiegsbereich. Alle Tickets müssen bis zum Verlassen des nächsten Bahnhofs aufbewahrt werden, denn an einigen wenigen Stationen wird es auch nach der Ankunft nochmals kontrolliert. Hilfestellung im öffentlichen Nahverkehr bietet die auch deutschsprachige App »TMB Transports Metropolitans de Barcelona« oder die spanische »Barcelona Metro«.

## Auf der Straße

Sicherheitshinweise für Spaziergänger müssten eigentlich überflüssig sein, aber gewisse Eigenheiten Barcelonas dürfen der Verantwortung halber nicht unerwähnt bleiben. In den vergangenen zwei Jahrzehnten haben sich bestimmte Dinge radikal verändert. Die von vierrädrigen Vehikeln ausgehenden Risiken für Fußgänger haben sich deutlich reduziert, Autofahrer respektieren inzwischen fast ausnahmslos die Bedeutung von Ampeln und Zebrastreifen.
Gefahren gehen mittlerweile eher von Zweirädern aus, und zwar aller Art. Motorroller- und Motorradfahrer fühlen sich Verkehrsregeln traditionell nur bedingt verpflichtet, es gehört weiterhin zum guten Ton, eine Kreuzung zu überqueren, bevor die Ampel auf Grün springt. Man bedenke, dass Barcelona die höchste Dichte motorisierter Zweiräder Europas besitzt.

Ideologisch inspirierte Radfahrer agieren zumindest punktuell ähnlich aggressiv wie in Berlin oder Hamburg. Dazu gesellen sich die durch legale Grauzonen rasenden Elektroroller. Ein grünes Verkehrszeichen sollte den Verletzlichsten im Straßenverkehr immer als Erinnerung zum Sicherheitsblick nach links und rechts dienen.
Der überwiegende Teil von Barcelonas Verkehrsadern sind Einbahnstraßen. Darum hat der Blick in die richtige Richtung – aber keinesfalls nur dahin – zu gehen. Die meisten Radwege können und werden in beide Richtungen benutzt. Obendrein ist das Queren roter Fußgängerampeln ohne Gewissensbisse und mit Kindergartenkindern absolut üblich.
Bevor die Ampeln auf Rot springen, beginnen sie zu blinken. Das bedeutet, dass man schnellen Schrittes die Chance hat, die Straße noch rechtzeitig zu überqueren. Das dritte Blinken kann schon als »Stop!« interpretiert werden.
Die meisten Menschen aus dem deutschsprachigen Raum dürften an die Gefahren der lautlosen Straßenbahnen gewöhnt sein. In Barcelona verlaufen die Schienenstränge wenigstens nicht in Fußgängerzonen.

## Sprachchaos

Spätestens seit dem gescheiterten Unabhängigkeitsreferendum von 2017 und der kurzfristen Festnahme des ehemaligen Regionalpräsidenten Carles Puigdemont in Neumünster ist der Katalonien-Konflikt im übrigen Europa ein Begriff. Die Trennungslinie zwischen Separatisten und Unionisten verläuft oft entlang der Sprachgrenze. Tendenziell wird in den Provinzen überwiegend Katalanisch gesprochen, im Industriegürtel um Barcelona dominiert wegen der großen Zahl der Zuwanderer das Spanische. In der Hauptstadt halten sich beide im Alltag etwa die Waage. Die Namen von Straßen, Stadtvierteln und Institutionen hingegen werden durchgängig auf Katalanisch ausgeschildert.
Für Ortsfremde bleibt die richtige Aussprache des Katalanischen oft ein Rätsel, trifft man doch auf solch seltsame Buchstabenkombinationen wie »tx« oder »eig« und auf unfassbare Lettern wie »ï«. Darum füge ich wichtigen Ortsbezeichnungen einen simplen Ausspracheh inweis hinzu, der zwar nicht so präzise sein kann wie eine Lautschrift, aber mit Sicherheit von Einheimischen verstanden wird. Der Akzent auf einem der Vokale markiert die betonte Silbe.
Wer ein bisschen Spanisch spricht, wird ausnahmslos überall verstanden. Viele alltägliche Katalanischsprecher wechseln im Angesicht eines Ausländers ganz automatisch zum Spanischen, weil sie den Makel der Minderheitensprache verinnerlicht haben.

Die Torre Glòries

Deutsche Sprachkenntnisse sollte man bei keinem der Einheimischen voraussetzen, auch wenn es rühmliche Ausnahmen gibt. Mit Englisch dagegen kommt man ganz gut durch. In ernsthaft vom Fremdenverkehr berührten Branchen sind Grundkenntnisse Zugangsvoraussetzung. Außerhalb offenbart sich ein radikales Altersgefälle. Bei Menschen im Abiturienten- oder Studentenalter hat man gute Chancen auf sinnvolle Kommunikation, darüber hinaus nimmt die Rate mit steigendem Alter stetig ab.
In Museen und Kulturinstitutionen finden sich so gut wie immer auch Auszeichnungen auf Englisch, Audioguides sind bis auf wenige Ausnahmen auch auf Deutsch verfügbar. Um die Speisekarten zu verstehen, ist es natürlich hilfreich, eine Übersetzungs-App auf dem Smartphone greifbar zu haben.
Grundsätzlich gilt aber, dass man sich mangelnder Sprachkenntnis niemals schämen muss. Spanier und Katalanen sind ausgesprochen kommunikationsfreudig und sich der Sprachbarrieren sehr bewusst. Sie haben gelernt, damit umzugehen und eine gemeinsame, wenn auch improvisierte Basis zu finden. Und wenn nicht: Ein Lächeln sagt mehr als tausend Worte.
Sprachliche Verwirrung kann sogar schon die Übersetzung eines Wortes auslösen. In seriösen deutschsprachigen Medien ist es üblich, der im spanischen maskulinen politischen Partei »partido« auch den männlichen Artikel voranzustellen. Die »Volkspartei« ist folglich »der Partido Po-

pular«. Gleiches gilt beispielsweise für die Bank »der Banco«.

## Gastronomie

In mediterranen Kulturen bilden Bars und Restaurants den zentralen sozialen Treffpunkt und jedes Ereignis wird mit einem umfangreichen Mahl zelebriert. Eine Einkehrmöglichkeit findet sich an jeder Straßenecke. Bei einer derartigen Auswahl erscheint es mir eigentlich ungerecht, Empfehlungen abzugeben. Ein paar grundsätzliche Anmerkungen sollten aber Beachtung finden: In allen tagsüber geöffneten Bars bekommt man auch etwas zu essen, und das muss keineswegs schlechter sein als in einem Restaurant. Der Übergang von Bar zu Restaurant ist fließend und der Unterschied eher formaler Natur. Restaurants bieten Menüs mit mehreren Gängen zu einem Komplettpreis. Das kommt oft preiswerter, als sich mit kleinen Tellerchen den Magen zu füllen.

Statt ein Zwischendurchgetränk mit ein paar Kalorien zu begleiten, sind Tapes zum Mahlzeitersatz oder Designerprodukt mutiert. Vor zwei Jahrzehnten war eine Tapa ein Unterteller mit zehn Oliven oder zwanzig Erdnüssen, heutzutage sind sie oft eher Fotomotiv als verwertbare Nahrung. Aber die Tapas-Mode scheint das klassische Restaurant zunehmend zu verdrängen.

Nach meinem persönlichen Empfinden lassen sich Cafés, Bars und Restaurants in zwei grundsätzliche Kategorien einordnen: Solche, die auf Stammkundschaft setzen und den Kunden so zufriedenstellen wollen, dass er wiederkommt; und solche, die wissen, dass der Besuch sowieso einmalig war. Letztere befinden sich typischerweise in der nächsten Umgebung touristischer Anziehungspunkte. Oft sind sie auch diejenigen, die auf den ersten Blick attraktiver gestaltet sind, mehr Ambiente versprechen und die Speisekarte auch auf Koreanisch oder Deutsch bieten. Die Kehrseite setzt sich aus den Vokabeln »überteuert«, »winzige Portionen«, »mindere Qualität« zusammen. Aus diesem Grund liegen einige Empfehlungen etwas abseits der vorgeschlagenen Routen.

Schnecken – Cargols

Dessert im Stile Salvador Dalís

## Touristenfeindlichkeit

Die Nachricht von der Barceloniner Abneigung gegen Touristen hat international die Runde gemacht. Hier und da entdeckt man tatsächlich ein Graffiti namens »Tourist go home«. Offener Feindschaft werden Individualreisende aber nicht begegnen, solange man im Mercat de la Bocaria Hinweisschildern wie »no photos« Beachtung schenkt. Die Realität dahinter ist Folgende: Barcelona ist wie jede andere florierende Großstadt ein knallharter Immobilienmarkt. Tausende Wohnungen werden nicht langfristig, sondern kurzzeitig zu überhöhten Preisen an zahlungskräftige Auslandskunden vermietet und dem lokalen Markt entzogen. Das ist besonders schmerzhaft, weil traditionell preiswerte Zonen wie die Barceloneta in Hochpreisgegenden verwandelt werden.

Das Problem liegt am Ende darin, dass Individualreisende kein schlechtes Gewissen haben (müssen), aber gleichzeitig doch Teil einer Massenbewegung sind. Die berechtigte und real existierende Aversion wendet sich gegen die Hotellobby, die Kreuzfahrtdampfer und die internationalen Spekulanten. Wer über AirBnB oder Ähnliches eine Ferienwohnung mietet, sollte darauf achten, dass das Etablissement eine städtische Registrierungsnummer besitzt. Ist das gegeben, darf man sich durchaus willkommen fühlen.

Best of

# Museen

Museu d'Història de Catalunya

[2.9] | Seite 29

Museu Marítim

[2.2] | Seite 26

MoCo – Museu d'Art Modern i Contemporani

[4.10] | Seite 38

Museu d'Història de Barcelona

[6.8] | Seite 47

Museu Nacional d'Art de Catalunya

[19.7] | Seite 120

Best of

# Fotospots

Estació de França

[4.4] | Seite 36

Hivernacle

[10.4] | Seite 68

Jardins de les Tres Xemeneies
[18.3] | Seite 113

Torre de Collserola
[26.4] | Seite 157

El Petó de la Mort
[22.3b] | Seite 136

Best of

# Architektur

Sagrada Família

[17.3] | Seite 108

Plaça Reial

[1.7] | Seite 24

Hospital de la Santa Creu i Sant Pau

[17.1] | Seite 106

Casa Vicens

[15.9] | Seite 98

Palau Güell

[8.9] | Seite 58

Best of

# Aussichtspunkte

Monument a Colom

[2.3] | Seite 27

Transbordador Aeri del Port

[11.7] | Seite 76

Castell de Montjuïc
[20.2] | Seite 123
El Turró de les tres Creus
[21.8] | Seite 132
Tibidabo
[26.1] | Seite 156

Best of

# Bars und Restaurants

Celta Pulperia
[3] | Seite 33

Els 4 Gats
[6] | Seite 49

La Tasqueta de Blai
[18] | Seite 115

La Foixarda Hípica
[19] | Seite 121

Entrepanes Díaz
[16] | Seite 105

Labyrinth Barcelona

# Die Touren

Auf den Rambles

#KULTUR #GESCHICHTE #LITERATUR

## Flanieren und flanieren lassen

# Die Rambles

**Die Einheimischen sprechen von Barcelonas berühmtester Straße meist im Plural, denn sie teilt sich in Abschnitte unterschiedlicher Namen. In den vergangenen Jahrzehnten zur reinen Touristenmeile verkommen, haben die Einheimischen den Spazierboulevard während der Coronakrise für sich wiederentdeckt.**

Außer dem Durchgang zur Plaça Reial liegen alle aufgeführten Attraktionen auf der rechten Straßenseite. Die Flaniermeile und die Seitenstraßen sind als Spielfeld von Taschendieben bekannt, es empfiehlt sich, auf seine Habseligkeiten Acht zu geben.

### 1.1 Metrostation Plaça Catalunya

Gleich die erste Route beginnt mit einem harten Brocken: Wer den zentralen Verkehrsknoten mit der Metro anfährt, wird in dem unterirdischen Labyrinth nur mit Glück auf Anhieb den richtigen Ausgang »Salida Ramblas« finden. Im Untergrund verkehren außer zwei Linien der U-Bahn auch Nahverkehrszüge der spanischen Bahngesellschaft RENFE und der FGC, der Regionalbahnen der autonomen Gemeinschaft Katalonien. Eine einfache Lösung ist, unter freiem Himmel die Südwestecke der Plaça anzusteuern.

### 1.2 Font de Canaletes

An dem an sich unscheinbaren **Brunnen** [2a] feiern Fans des FC Barcelona zu Tausenden wichtige Siege. Die Tradition reicht in die 1930er-Jahre zurück. Mangels Radio- und Fernsehübertragungen warteten die Anhänger ungeduldig auf den Aushang der Ergebnisse im Schaukasten der Zeitungsredaktion im Gebäude hinter dem Brunnen. Wenige Schritte weiter, auf dem Dach des **Teatre Polirama** [2b], war während des von 1936 bis 1939 dauernden Spanischen Bürgerkriegs der Freiwillige George Orwell postiert, um den Sitz der »Arbeiterpartei der marxistischen Vereinigung« (span. »Partido Obrero de Unificación Marxista«, POUM) im gegenüberliegenden Hotel Rivoli gegen eventuelle Angriffe zu verteidigen.

1.2 Font de Canaletes

1.3a Innenhof des Palau de la Virreina

1.3b Casa Beethoven

## 1.3 Palau de la Virreina

Den luxuriösen **Rokokopalast der Vizekönigin** [3a] erbaute der Stellvertreter des spanischen Königs in der Kolonie Peru seiner daheimgebliebenen Gemahlin. Die überseeische Geliebte beschenkte er dagegen mit einer vergoldeten Karosse, was Jacques Offenbach zu seiner Operette »La Périchole« inspirierte. Heute dient das Gebäude als Raum für temporäre Kunstausstellungen. Im Innenhof kann man die »Gegants« von Barcelona bewundern. Die Riesenfiguren tanzen

seit dem späten Mittelalter anlässlich lokaler Festivitäten durch die Straßen. Die Spitze der Hierarchie bilden das Königspaar und die Nachbildung eines Adlers.

Di–So 11–20 Uhr Eintritt frei Rambla de Sant Josep 99 ajuntament.barcelona.cat/lavirreina

Gleich nebenan steht in der **Casa Beethoven** [3b] ein Fundus von 125.000 Partituren jedes musikalischen Stils und Instruments zum Verkauf. Der unauffällige Laden ist seit 1880 eine Institution im künstlerischen Leben der Stadt.

Mo, Di, Do, Fr 9–20 Uhr, Mi 9–14 & 16–20 Uhr, Sa 9–14 & 17–20 Uhr Rambla de Sant Josep 97 casabeethoven.com

#WISSEN **Rambla:** Das im Spanischen wie im Katalanischen gleichlautende Wort bezeichnet ein Fluss- oder Bachbett. Die »Riera d'en Malla« wurde allerdings schon im 15. Jahrhundert umgeleitet, um außerhalb der Stadtmauern Bauland zu erschließen. Zur Flaniermeile und zum sozialen Zentrum der Stadt mutierten die Rambles erst 300 Jahre später. Im Stadtgebiet finden sich noch eine Reihe weiterer Straßenzüge mit dem Namen »Rambla«.

## 1.4 La Boqueria

Offiziell heißt die Markthalle »Sant Josep«, der Volksmund hing ihr den Beinamen als Katalanisierung des französischen »boucherie« für Schlachterei an. Im Mittelalter war dieses Gewerbe vor den Stadttoren angesiedelt. Der berühmte Markt wird von Touristen nur so überrollt. Viele Stände haben ihr Angebot von kulinarischen Köstlichkeiten auf Snacks und Smoothies umgestellt. Den Schildern »no photos« sollte Folge geleistet werden, wenn man keinen erbosten Tadel provozieren möchte.

Mo-Sa 8-20.30 Uhr Rambla de Sant Josep 91
boqueria.barcelona

## 1.5 El Pla de l'Os

Täglich spazieren Tausende über das Bodenmosaik, ohne zu ahnen, dass sie ein Werk des berühmten Künstlers Joan Miró beschreiten. Der befremdlich anmutende Titel »die Ebene des Knochens« bezieht sich ebenfalls auf die einst hier angesiedelten Schlachtbetriebe. Miró erblickte 1893 kaum 300 Meter entfernt im Passatge de Crèdit 4 das Licht der Welt.

Ausgerechnet auf diesem farbenfrohen Ausdruck der Lebensfreude kam am 17. August 2017 der Kleinbus zum Stillstand, der als Terrorwaffe missbraucht die Rambles hinuntergerast war. Das islamistische Attentat forderte 14 Todesopfer und verletzte über 130 Menschen aus 30 verschiedenen Ländern.

Vor der Hausnummer La Rambla 73

## 1.6 Gran Teatre del Liceu

Für mehr als ein Jahrhundert war das 1847 eingeweihte »Liceu« mit 3.500 Sitzplätzen das größte Opernhaus Europas. Horrende Eintrittspreise sicherten der städtischen Bourgeoisie, weitestgehend unter sich zu bleiben. Nur die oberste Etage, als »galliner«, also als Hühnerstall verspottet, war für Normalsterbliche bezahlbar. Das verhasste Symbol der Ausbeutung wurde 1893 ebenfalls Schauplatz eines Anschlags, als ein Anarchist eine Bombe ins voll besetzte Parterre schleuderte und 20 Besucher in den Tod riss. Die Klassenunterschiede sind bis heute nicht beseitigt. Während die billigsten Plätze meist um die 15 Euro kosten, wird für privilegierte Lagen in etwa das 20-fache verlangt. 1994 brannte das Gebäude vollständig aus, ironischerweise wurde das Feuer bei Wartungsarbeiten am Brandschutz entfacht.

Rambla dels Caputxins 51-59
liceubarcelona.cat

## 1.7 La Plaça Reial

Einer der schönsten Plätze der Stadt verbirgt sich schräg gegenüber hinter einem schmalen Durchgang. Hinter den prächtigen Fassaden residierten einst Literaturnobelpreisträger Gabriel García Márquez und der katalanische Liedermacherstar Lluís Llach. Der junge Antoni Gaudí entwarf die klassischen Laternen. Die Restaurants und Cafés unter den Schatten spendenden Arkaden werden tagsüber fast ausschließlich von Touristen frequentiert. Einheimische finden sich erst

1.5 El Pla de l'Os

1.6 Gran Teatre del Liceu

1.7 La Plaça Reial

1.8 Carrer de l'Arc del Teatre

1.9 Arts Santa Mònica

Cafè de l'Òpera

Grill Room Bar Thonet

nach Einbruch der Dunkelheit ein, um sich in der ehemaligen Hippie-Diskothek Karma, dem Rockschuppen Sidecar oder dem Jazzclub Jamboree auszutoben.

## 1.8 Der Friedhof der vergessenen Bücher

Carlos Ruiz Zafóns Erfolgsroman *Der Schatten des Windes* beginnt in einer versteckten Bibliothek. Den fiktiven »Friedhof der vergessenen Bücher« erreicht die Hauptfigur Daniel durch den Torbogen in die schummrige Gasse Carrer de l'Arc del Teatre, etwa 250 Meter unterhalb des Liceu.

Gleich unterhalb des Teatre Principal in La Rambla 27

## 1.9 Arts Santa Mònica

Der äußerlich schmucklose ehemalige Kapuzinerkonvent zeigt in regelmäßigem Wechsel temporäre Ausstellungen gegenwärtiger Kunst. Kostenloser Eintritt impliziert keinesfalls Wertlosigkeit. Ein kurzer Blick, ob das aktuelle Programm persönlich interessiert, sei angeraten.

Apr-Okt: Di-Sa 11-21 Uhr, So 11-19 Uhr, Nov-Mrz: Di-Sa 10-20 Uhr, So 11-19 Uhr · Frei

Rambla de Santa Mònica 7

artssantamonica.gencat.cat

#CAFÉ

### Cafè de l'Òpera

Während der Großteil der Rambla-Gastronomie in die Kategorie »Touristenfalle« eingeordnet werden muss, ist das Operncafé seit 1929 eine Institution. Gesangsstars wie Montserrat Caballé gingen hier ein und aus. Während des Bürgerkriegs mutierte das Lokal zum Treffpunkt der Internationalen Brigaden. Trotz raffinierter Kaffeekultur und ungewöhnlich reichlicher Teeauswahl wird in erster Linie Alkohol konsumiert, dazu gibt es Frühstück und Snacks der einfachen und traditionellen Art vom Bikini zur Käseplatte.

Täglich 8.30-2.30 Uhr · Rambla dels Caputxins 74

cafeoperabcn.com

#RESTAURANT

### Grill Room Bar Thonet

Keine hundert Meter abseits der Rambles bietet der Grill Room hinter der Jugendstilfassade klassisches Ambiente und ein katalanisches Menü für 15 Euro aus zwei Gängen, Nachtisch und einem Getränk. Für jeden Teller kann man aus drei Optionen auswählen.

Mo-Sa 12.45-0 Uhr

Carrer dels Escudellers 8

grillroom-barthonet.com

# 2

Wochentags

1,3 km

Blick von der Kolumbusstatue auf den alten Hafen

#GESCHICHTE #SHOPPING #MEER

## Touristenmeile an der Wasserkante

# Der alte Hafen – El Port Vell

**Barcelonas Höhen und Tiefen hingen im Lauf der Geschichte lange von seinem Hafen ab. Schon die Iberer stachen hier in See. Im Mittelalter stieg Katalonien zur mittelmeerischen Großmacht auf und verleibte sich zeitweise Korsika und Sizilien ein. Als die spanische Krone Katalonien später vom Handel mit den amerikanischen Kolonien ausschloss, ging es mit Barcelona bergab.**

Heute liegt der moderne Handelshafen drei Kilometer südlich zu Füßen des Montjuïc. Im Hinblick auf die Austragung der Olympischen Spiele 1992 wurde der Alte Hafen zur Unterhaltungsmeile für Touristen umgestaltet. Das Modell erwies sich zunächst als Erfolg, doch bei genauerem Hinsehen bemerkt man, dass der Lack inzwischen langsam abblättert. Nicht wenige Läden und Gastronomiebetriebe schließen im Winter ihre Pforten.

### 2.1 Metrostation Drassanes

Wer den Hafenspaziergang nicht gleich an die Tour die Ramblas hinab anschließen will, fährt mit der grünen S2 bis zur Station Drassanes. Im Schatten von Barcelonas erstem Hochhaus, dem 1970 erbauten, 110 Meter hohen Edifici Colom sucht man den Ausgang »Avinguda de les Drassanes«.

### 2.2 Museu Marítim – Das Meeresmuseum

In den mächtigen gotischen Hallen der königlichen Werften aus dem 13. Jahrhundert wurde passenderweise Barcelonas **Meeresmuseum** [2a] eingerichtet. Unzählige Modelle, Instrumente und Objekte erläutern viele Aspekte der Seefahrt und Barcelonas Aufstieg zur größten Hafenstadt des westlichen Mittelmeeres. Das Highlight bildet der begehbare Nachbau einer sechzig Meter langen Galeere, die 1571 an der Seeschlacht vom Lepanto teilnahm. Im frei zugänglichen Hinterhof kann man auch ohne Eintrittskarte eine exakte Rekons-

2.2 Museu Marítim

2.3 Monument a Colom

truktion der hölzernen **Ictíneo I** [2b] bewundern. Der Prototyp eines der ersten U-Boote wurde 1859 im nahen Hafenbecken getestet. Den Eingang zum Museum findet man an der Hafenseite.
Di-So 10-20 Uhr · Erw. 10 €, Stud. (bis 24 J.) 5 €, Jugendl. (bis 17 J.) frei, So ab 15 Uhr Eintritt frei
Avinguda de les Drassanes, s/n · mmb.cat

## 2.3 Monument a Colom – Die Kolumbussäule

Christoph Kolumbus hat mit der »Entdeckung« Amerikas Weltgeschichte geschrieben und in neue Richtungen gelenkt. Inzwischen wird das Erbe des Seefahrers kritischer gesehen, und die Stadt plant, die 51 Meter hohe Säule zu »kontextualisieren« und dem Besucher die Folgen des Kolonialismus vor Augen zu führen. Die Fahrt mit dem Aufzug zur Aussichtsplattform belohnt in jedem Fall mit tollen Ausblicken über Stadt und Hafen. Kolumbus' ausgestreckter Arm weist überraschenderweise nicht nach Amerika, sondern in Richtung Mallorca. Am Sockel des Monuments lassen sich noch Geschosseinschläge aus dem Spanischen Bürgerkrieg ausmachen. Zu Füßen des Seefahrers drehten John Wayne und Claudia Cardinale 1964 den Film *Circus-Welt*.
Täglich 8.30-14.30 Uhr · Erw. 7,20 €, Sen. & Kinder (4-12 J.) 5,40 € · Plaça Portal de la Pau s/n

## 2.4 Der Alte Hafen

Hinter dem inzwischen leerstehenden ehemaligen Gebäude der **Hafenverwaltung** [4a] führt eine moderne Fußgängerbrücke, die **Rambla del Mar** [4b], hinüber zum alten Hafenkai. Seit dem Umbau zur Freizeitmeile anlässlich der Olympischen Spiele 1992 legen hier nur noch Yachten von Freizeitkapitänen an. Linker Hand liegt der 1919 in Dienst getretene dreimastige **Schoner Santa Eulàlia** [4c], dessen Besuch das Ticket des Meeresmuseums mit einschließt. Einheimische lassen sich an der Hafenmole selten blicken und führen höchstens mal die Kleinsten ins Aquarium. Seit 2019 wird der Weihnachtsmarkt am Hafenbecken von einem 65 Meter hohen Riesenrad begleitet.

#WISSEN **Der Hafen von Barcelona:** Im Mittelalter war Katalonien eine mittelmeerische Großmacht. Zum Territorium gehörten zeitweise Teile Südfrankreichs, die Balearen, Sardinien, Sizilien und Teile des griechischen Festlands. Das Fürstentum stand in direkter Konkurrenz zu italienischen Handelsstädten wie Genua, Pisa und Venedig. Heute liegt der moderne Industriehafen wenig westlich zu Füßen des Montjuïc. In einem Randbereich der alten Kaianlagen legen heute Kreuzfahrtschiffe und Fähren von den Balearen und aus Italien an.

## 2.5 Maremagnum

Nach Erkenntnissen von Barcelonas Tourismusverband ist Shopping der wichtigste Grund für Reisen in die Stadt, noch vor Strand und Kultur. Warum der lange Reiseweg auf sich genommen wird, um dann bei den weltbekannten Ladenketten einzukaufen, bleibt dem Kulturskeptiker ein Rätsel. Im Maremagnum, einer Mall im amerikanischen Stil, wird dieser Teil der Besucherschaft bestens bedient.

Täglich 10–21 Uhr, Öffnungszeiten der einzelnen Läden individuell verschieden · Frei · Moll d'Espanya 5 · maremagnum.klepierre.es

## 2.6 L'Aquarium

Die Verbindung von Umwelterziehung und betörender Schönheit der Unterwasserwelt haben das Aquarium zum zentralen Ausflugsmagnet für Familien mit Kindern gemacht. In 35 verschiedenen Becken tummeln sich über 11.000 Spezies unterschiedlichster Ökotope. Unangefochtener Star ist natürlich das Haifischbecken.

Wochentags 10–19 Uhr, am Wochenende bis 20 Uhr · Erw. & Jugendl. (ab 11 J.) 25 €, Kinder (5–10 J.) 18 €, Kinder (3–4 J.) 10 € · Moll d'Espanya s/n · aquariumbcn.com

## 2.7 Moll d'Espanya

Entlang der im 19. Jahrhundert erbauten Mole finden regelmäßig kostenlose Veranstaltungen statt. An Wochenenden und Feiertagen bieten lokale Künstler am **Passeig d'Ítaca** [7a] zwischen Einkaufsmeile und Kino ihre Werke zum Verkauf an. Dazu gesellen sich an jedem ersten Wochenende im Monat Designer für Mode und Accessoires, oft begleitet von DJs oder Live-Musik. An sommerlichen Samstagabenden wird zum Freiluftkino geladen. Der weiße Klotz ein paar Schrit-

2.4 Der Alte Hafen

2.5 Blick von der Einkaufsmeile Maremagnum

2.6 L'Aquarium

te weiter beherbergte bis 2014 ein **Imax-Kino** [7b]. Seitdem sucht die Stadt händeringend nach einem neuen Nutzer für das schon verwahrloste Gebäude. Die Verhandlungen zum Bau einer Außenstelle des Sankt Petersburger Kunstmuseums Eremitage wurden 2022 abgebrochen.

## 2.8 Der Yachthafen

Arabische Scheichs und sonstige Superreiche stellen ihren Wohlstand gern in Form gigantischer Motoryachten zur Schau. Im Zweiten Weltkrieg tauschten Deutschland und Großbritannien auf dem neutralen Territorium des heutigen Yachthafens mehrfach Gefangene aus, im Oktober 1943 über 2.000 Soldaten.

2.8 Blick über den Yachthafen zum Montjuïc

2.9 Museu d'Història de Catalunya

Can Paixano

## 2.9 Museu d'Història de Catalunya

Das riesige Backsteingebäude auf der gegenüberliegenden Seite des Hafenbeckens beherbergt das hochinteressante Museum der katalanischen Geschichte. Eine Unzahl stilvoll in Szene gesetzter Objekte erläutern das wirtschaftliche Auf und Ab Kataloniens und natürlich den jahrhundertealten Konflikt mit der Zentralmacht Spanien. Die erklärenden Tafeln sind außer auf Spanisch und Katalanisch auch auf Englisch gehalten, ein tiefergehender englischer Audioguide kann über die Webseite auf das Handy geladen werden.

Di-Sa 10-19 Uhr, Mi bis 20 Uhr, So bis 14.30 Uhr
Erw. 6 €, Sen. & Stud. 4 €, Schüler (unter 16 J.) frei
Plaça de Pau Vila 3 mhcat.cat

#BAR

### Can Paixano

Während im Touristenzentrum Port Vell internationale Ketten dominieren, findet sich nahe des Endes der Route eine alteingesessene Bar, die atmosphärisch einige Jahrzehnte zurück in der Vergangenheit lebt. Can Paixano (sprich »Paschάno«) schenkt seine eigene Hausmarke Sekt aus und heißt im Volksmund »la xampanyeria«, also »der Schampusladen«. Tatsächlich bekommt man auch kaum ein anderes Getränk, dafür aber populäre belegte Brote und kleine Happen.

Di-Sa 12-22 Uhr Carrer de la Reina Cristina 7
canpaixano.com

#WISSEN »Can«, »Cal« und »Ca la« findet man überall. Es bedeutet auf Katalanisch »das Haus von«, worauf ein Vor- oder ein Spitzname folgt.

#RESTAURANT

### FresCo

Die Gastronomie am Hafen orientiert sich nicht an den Bedürfnissen von Stammgästen, sondern an denen einmaliger Besucher. Besser wäre also, eine Einkehr in einen anderen Teil der Stadt zu verlegen. Wem der Hunger keine Zeit lässt, der kann sich für 14,95 Euro am Buffet des FrescCo frei bedienen, in der Wintersaison sogar für zwei Euro weniger.

Täglich 12-22 Uhr Centre Comercial Mare Magnum Lokal 60 frescco.es

Der Passeig de Colom von der Hafenmole

#GESCHICHTE #KURIOSES

## Historische Kuriositäten vor dem Hafenbecken

# Am Passeig de Colom

**Der kurze Rückweg zur Kolumbusstatue bietet keine echten Attraktionen, aber dafür eine Fülle ausgefallener Schauplätze der bewegten Stadtgeschichte.**

Die heutigen Gebäude stammen überwiegend aus dem 19. Jahrhundert, denn zuvor schützte eine Stadtmauer hier die Siedlung vor Piratenüberfällen. Der junge Pablo Picasso malte die Promenade im Jahre 1903, das Bild kann im Saal 11 des Picasso-Museums mit der Realität verglichen werden.

### 3.1 El Cap de Barcelona

Die surrealistische Skulptur »Der Kopf von Barcelona« erschuf der amerikanische Pop-Art-Künstler Roy Liechtenstein anlässlich der Olympischen Sommerspiele 1992. Als Huldigung an Antoni Gaudí und die Architekten des »Modernisme« nutzte er erstmals Bruchstücke von Keramikfliesen. Auch die Anspielungen an die Formenwelt von Joan Miró sind offensichtlich.

### 3.2 Das Cervantes-Haus

Der lokalen Legende zufolge residierte der berühmteste spanische Schriftsteller drei Monate lang in diesem Gebäude, was zumindest einige Historiker bezweifeln. Die Handlung zentraler Passagen des Don Quijote spielte aber wirklich genau hier, am Hafen und dem seinerzeit noch unverbauten Strand. Tatsächlich ist die Stadt die einzige real existierende Lokalität in diesem gefeierten Werk der Weltliteratur.

Passeig de Colom 2

#WISSEN **Miguel de Cervantes (1547–1616):** Spaniens Vorzeigeliterat war kein zurückgezogener Intellektueller, sondern ein wahrer Abenteurer. Nachdem er einen Gegner bei einem Duell verletzt hatte, musste er offenbar vor der königlichen Justiz fliehen und in Rom untertauchen.

Via Laietana
Route 4 "El Born"
Metrostation Barceloneta
Plaça de Pau Vila
Route 11 "La Barceloneta"
Das erste spanische Motorrad 3a
2 Casa de Cervantes
Katalanische Filmakademie 3b
1 El Cap de Barcelona
Ende Route 2 "El Port Vell"
Celta Pulperia
Plaça de la Mercè
Matanzas Cuban Street Food
4 Gambrinus
Plaça de l'Ictineo
Passeig de Joan de Borbó
Basílica de la Mercè 6
5 Capitania General de Barcelona
Carrer Ample
7 Universitat Pompeu Fabra
8 Plaça del Duc de Medinaceli
Passatge del Dormitori Sant Francesc 9
Passeig de Colom
Metrostation Drassanes
Les Rambles
Route 2 "El Port Vell"
Route 18 "El Poble-sec"
N W O S
50m

3.2 Das Cervantes-Haus

3.3 Die Werkstatt des ersten spanischen Motorrads

Wenig später konnte er aber in die spanische Marine eintreten und wurde in der Schlacht von Lepanto durch drei Pistolenkugeln schwer verletzt. Die linke Hand blieb gelähmt und Cervantes wurde fortan mit dem Beinamen »der Einhändige von Lepanto« geehrt. 1575 entführten ihn vor der katalanischen Küste Korsaren nach Algier, wo er fünf Jahre lang versklavt wurde.

## 3.3 Das erste spanische Motorrad

Bei Spanien oder Katalonien denkt man bestimmt nicht zuerst an motorisierte Zweiräder, doch tatsächlich hatte der Industriezweig im 20. Jahrhundert große Bedeutung. Marken wie Montesa, Gas Gas, Derbi und Bultaco sind unter Eingeweihten hoch angesehen. Die Tradition begründete ein Mechaniker namens Miquel Villalbí, der 1903 im Passeig de Colom das erste vollständig in Spanien gefertigte Motorrad zusammenschraubte. Heute belegt das **Restaurant Sedna** [3a] das Erdgeschoss. Gleich nebenan im Haus Nummer sechs sitzt die **Katalanische Filmakademie** [3b], die nach dem Vorbild Hollywoods die einheimische Kinoindustrie fördert und alljährlich den »Gaudí« genannten Preis für besondere Leistungen verleiht.

✉ Passeig de Colom 5

## 3.4 Gambrinus

Die skurril anmutende Skulptur eines Krustentiers auf der Hafenseite ist das einzige Relikt des Fischrestaurants Gambrinus, das der Umgestaltung der Wasserfront weichen musste. Es handelt sich nicht um einen Hummer, sondern um einen Kaisergranat, in vielen Restaurants als »escarmalà« auf der Speisekarte. Die Plastik entwarf 1987 der Designer Xavier Mariscal, der auch das Maskottchen der Olympischen Spiele von 1992 konzipierte.

## 3.5 Capitania General

Nach dem Sieg Spaniens über Katalonien im Spanischen Erbfolgekrieg ließ der König die katalanischen Selbstverwaltungsorgane abschaffen und installierte 1713 den Posten des Generalkapitäns als Oberhaupt der Region. Am 19. Juli 1936 rückten die spanischen Truppen aus den Kasernen aus, um Barcelona im Zuge des Militärputsches unter General Franco einzunehmen. Doch der oberste Befehlshaber verweigerte den Gehorsam und blieb der Republik treu. Die bereits aus anderen Standorten ausgerückten Truppen wurden von Barrikaden aufgehalten und in schwere Kämpfe verwickelt, die etwa 500 Todesopfer forderten. Die Franco-Diktatur konnte Katalonien erst nach drei Jahren blutigem Bürgerkrieg einnehmen.

Passeig de Colom 14

## 3.6 Basilica de la Mercè

Durch den schmalen Carrer de Boltres gelangt man zur dahinterliegenden Plaça de la Mercè. Die namensgebende barocke Kirche ist Barcelonas Schutzpatronin gewidmet und somit trotz geringer Dimensionen eine der wichtigsten der Stadt. Eine Brücke verbindet sie direkt mit dem Armeehauptquartier, denn das Gebäude beherbergte bis ins 19. Jahrhundert ein Kloster. Dass Karl Friedrich Benz sein Automodell aus Liebe zur katalanischen Hauptstadt auf die spanische Übersetzung »Mercedes« getauft habe, gehört allerdings in die Kategorie Seemannsgarn.

Plaça de la Mercè · Täglich 9–13.30 & 16.30–20 Uhr

Frei · basilicadelamerce.cat

## 3.7 Universitat Pompeu Fabra

Die erst 1990 von der katalanischen Regionalregierung gegründete Universität wurde mehrfach als beste spanische Hochschule ausgezeichnet. Vom Rektorat im Passeig Colom betreibt sie Institute im gesamten Stadtgebiet. Namensgeber Pompeu Fabra war der Vater der modernen katalanischen Grammatik und Rechtschreibung, also etwa das Pendant zu Konrad Duden. Das Ge-

3.4 Gambrinus

3.5 Capitania General

3.6 Basilica de la Mercè

Brücke zur Basilica de la Mercè

3.8 Plaça del Duc de Medinaceli

3.9 Passatge del Dormitori Sant Francesc

Celta Pulperia

Matanzas

bäude beherbergte zuvor die Firmenzentrale der Destillerie »Anís del Mono«, einem lokalen Anisschnaps, der in jeder Bar der Stadt vorrätig ist.
✉ Plaça de la Mercè 10

## 3.8 Plaça del Duc de Medinaceli

Der palmenbestandene kleine Platz erscheint wie ein Meer der Ruhe in der quirligen Altstadt Barcelonas. An seiner Stelle entstand ab 1240 ein riesiges Franziskanerkloster, das sich bis zur Rambla ausdehnte, aber 1837 abgerissen wurde. Die oft zu beobachtenden langen Warteschlangen gelten dem Einwohnermeldeamt.

## 3.9 Passatge del Dormitori Sant Francesc

Zum kleineren Klostervorgänger Sant Nicolau gehörte auch eine Herberge für Pilger auf dem Weg nach Santiago de Compostela. Schon im 14. Jahrhundert entstand die Legende, Franz von Assisi sei hier 1211 während einer Wallfahrt untergekommen. Die Stadt Santiago feierte das 800-jährige Jubiläum pompös und die spanische Post gab sogar eine Sonderbriefmarke heraus. Doch die an der Sorbonne lehrende und auf den Jakobsweg spezialisierte Historikerin Denise Péricard-Méa bestreitet rundum, dass der Heilige jemals nach Santiago gepilgert sei und hält die Geschichte schlicht für einen Marketing-Stunt.

#BAR
### Celta Pulperia

Die galizische Bar bietet ein breites Angebot an Tapas, eine ideale Gelegenheit, verschiedene kleine Köstlichkeiten zu probieren. Wer dabei satt werden will, kommt selten preiswerter weg als mit einem ordentlichen Menü. Immer empfehlenswert ist »pulpo a feira«, gekochter Tintenfisch mit Kartoffeln, besser bekannt als »pulpo a la gallega«.
Di–So 12–0 Uhr ✉ C/ de Simó Oller 3 www barcelta.com

#RESTAURANT
### Matanzas

Im 19. Jahrhundert wanderten Zehntausende meist junge Katalanen auf der Suche nach einer Zukunft in die spanischen Kolonien aus. Manche, wie der Rumfabrikant Facund Bacardí aus Sitges, machten dabei ein Vermögen. Wichtigstes Wanderungsziel war Kuba. Bis heute hält die Insel enge Verbindungen zu Katalonien. Wer eine einfache, aber exotische Küche probieren möchte, kehrt im Matanzas ein. Ein Brathähnchen »pollo a la cubana« mit Mangosalat belastet den Geldbeutel mit 11 Euro.
Täglich 13–16 & 20–2.30 Uhr ✉ Carrer Ample 18
www matanzas-cuban-street-food.negocio.site

4

Di-So

1,6 km

Streetart im Born

#GESCHICHTE #STADTTEILKULTUR #AUSGEHEN

## Cocktails und Picasso

# Das Szeneviertel El Born

**Um die Wende zum neuen Jahrtausend eröffneten im relativ preiswerten Stadtviertel El Born neue Bars und kleine Designerläden. Im Nu sprach man vom »Szenekiez«.**

Unweit des Kreuzfahrthafens fielen sogleich die Tagestouristen über den vermeintlichen Geheimtipp her. Immobilienspekulanten rieben sich die Hände, die Mietpreise schossen binnen kürzester Zeit in unvorstellbare Höhen. Nach ein paar Jahren war der Boom vorbei, das Preisniveau allerdings blieb hoch. Heute scheint noch immer ein alternativer Wind durch das Quartier zu wehen, doch Gastronomie und Einzelhandel haben sich an die Wünsche der Touristen angepasst.

Der deutsch oder englisch anmutende Name »Born« bezeichnet auf Katalanisch einen Ort, wo mittelalterliche Ritterspiele ausgetragen wurden.

### 4.1 Plaça d'Idrissa Diallo

Der Platz ehrte über hundert Jahre lang einen der erfolgreichsten Überseekaufmänner der Stadt. Doch 2016 veröffentlichte ein Historiker die wahre Biographie des Unternehmers und deckte auf, dass Antonio López sein Vermögen mit dem Handel schwarzer Sklaven auf Kuba gemacht hatte. Barcelona stellte sich seiner Vergangenheit und ließ 2018 die Statue des Sklavenhändlers entfernen, nur der Sockel blieb zurück. 2022 erfolgte schließlich die Umbenennung des Platzes zu Ehren des guineanischen Flüchtlings Idrissa Diallo, der 2012 in Abschiebehaft an Herzversagen verstarb.

### 4.2 La Llotja de Mar

Schon im Mittelalter bildete die Loge Herz und Hirn des katalanischen Überseehandels. Hier trafen sich die Kaufleute, um Geschäfte anzubahnen und die Logistik zu organisieren. Die neoklassischen Fassaden täuschen, das Innere prägen weiterhin gotische Hallen. Seit 1775 beherbergt das Gebäude auch die Akademie der Schönen Küns-

Cafeteria Brunells
11 Museu Picasso
Der Killer-Mönch 12
MoCo Museum Barcelona
Casa la Meca 6a
El Born Centre de Cultura i Memòria 5
Parc de la Ciutadella
Passeig de Picasso
Carrer del Comerç
Carrer de Montcada
10
Carrer de Montcada
Passeig del Born 6
Carrer de la Princesa
Carrer dels Banys Vells
Casa Gispert 9
8d
6b Skulptur von Jaume Plensa
4 Estació de França
Metrostation Jaume I
8c
Vermutetes Haus von Christoph Kolumbus
Fossar de les Moreres 8a
Sagàs
Av. del Marquès de l'Argentera
Via Laietana
Basílica de Santa Maria del Mar 7
8b Carrer de l'Anisadeta
Carrer dels Abaixadors
Font del Geni Català 3b
Metrostation Barceloneta
Llotja de Mar 2
Escola Nàutica 3a
Route 11 "La Berceloneta"
3 Pla de Palau
Passeig d'Isabel II
Plaça d'Idrissa Diallo 1
2 Vohnung von Pablo Picasso
Route 3 "Passeig de Colom"
N W O S
50m

4.1 Eine Möwe besetzt den Sockel des Denkmals für Antonio López

4.3 Im Vestibül der Escola Nàutica

te, an der unter anderem Pablo Picasso studierte. Der bewohnte mit seinen Eltern ein Apartment direkt gegenüber im Passeig d'Isabel II. 4. Besuchen kann man die Llotja leider nur im Rahmen einer Führung auf Spanisch oder Katalanisch nach Voranmeldung über die Webseite.

Führungen Sa 10.30 auf Englisch, 11.15 Uhr auf Spanisch, 12.30 Uhr auf Katalanisch, unregelmäßig auch sonntags
Passeig d'Isabel II. 1 Führung: Erw. 15 €, Kinder (7-12 J.) 7,50 € llotjademar.cat

## 4.3 Pla de Palau

Der große Platz bildete einst das wirtschaftliche Zentrum Barcelonas, denn hier stand das Portal del Mar, das Tor durch die Stadtmauer zum Hafen. Das Gebäude am südöstlichen Ende beherbergt bis heute die **Escola Nàutica** [3a], die Schule der Seefahrt. Ein Blick in das ehrwürdige Vestibül lohnt, im Zentrum steht das kunstvoll ausgearbeitete Modell eines Segelschiffs.

Der **Brunnen** [3b] in der Mitte des Platzes verherrlicht den »katalanische Geist«, die sitzenden Frauen repräsentieren die vier katalanischen Provinzen. Einen Tag nach der Einweihung 1856 forderte der Bischof die Entfernung der Geschlechtsteile, die erst 1980 unvollständig wiederhergestellt wurden.

## 4.4 Estació de França

Der monumentale historische Bahnhof aus dem Jahr 1854 hat seine Bedeutung an den 1970 eingeweihten Hauptbahnhof Sants verloren. Mit der für 2023 geplanten Fertigstellung der neuen Station Sagrera wird er sogar auf Platz drei abrutschen. Heute verkehren hier fast nur noch Regionalbahnen, die namensgebende Route nach Frankreich wird inzwischen mit dem Hochgeschwindigkeitszug AVE von Sants aus bedient. In puncto Eleganz wird der Halle der frühen Industriearchitektur aber kein anderer das Wasser reichen können. Man ahnt, dass die einstige Station die gesammelten Tragödien des 20. Jahrhunderts gesehen hat. Von hier versuchten viele Republikaner, den anrückenden Truppen Francos zu entkommen, und die Soldaten der »Division Azul« wurden vom Diktator verschickt, um Nazideutschland beim Angriff auf die Sowjetunion zu unterstützen.

## 4.5 El Born Centre de Cultura

1876 wurde das Gebäude als Obst- und Gemüsegroßmarkt eingeweiht, aber inzwischen zum Kulturzentrum umgestaltet. Abgesehen von temporären Ausstellungen sind im Inneren die Fundamente des Stadtviertels freigelegt, das 1714 auf Anweisung des spanischen Monarchen niedergerissen wurde. Fast ein Fünftel der städtischen Bausubstanz ging verloren. Katalonien hatte sich im Spanischen Erbfolgekrieg auf die falsche Seite geschlagen und wurde dafür abgestraft. Alle Selbstverwaltungsorgane wurden abgeschafft und die Universitäten geschlossen. Der abgeschlagene Kopf des Generals Moragues blieb volle 12 Jahre lang in einem eisernen Käfig auf dem Pla de Palau ausgestellt.

Mrz–Okt: Di–So 10–20 Uhr, Nov–Feb: bis 19 Uhr
Kostenlos · Plaça Comercial 12
elbornculturaimemoria.barcelona.cat

#WISSEN **Der Katalonien-Konflikt:** Obwohl erst durch das gescheiterte Unabhängigkeitsreferendum 2017 ins internationale Rampenlicht gerückt, ist der Katalonien-Konflikt über 500 Jahre alt. Die Heirat und Thronbesteigung der Katholischen Könige Fernando von Aragón-Katalonien und Isabel von Kastilien 1492 einte die beiden Reiche, obwohl sie vorerst weiterhin getrennt regiert wurden. Katalonien hat seitdem eine Reihe von Befreiungskriegen geführt, unterlag aber jedes Mal gegen das übermächtige Spanien. Die Zusammenhänge sind komplex und werden üb-

4.4 Estació de França

4.5 El Born Centre de Cultura

4.5 El Born Centre de Cultura

4.6 Passeig del Born
4.7 Basílica de Santa Maria del Mar
4.7 Basílica de Santa Maria del Mar

licherweise auf die obendrein unrichtige Formel reduziert: »Das reiche Katalonien möchte nicht das arme Spanien finanzieren.« Katalonien ist zwar eine der wenigen industrialisierten Regionen des Landes, in Wahrheit aber rangieren die Realeinkommen aufgrund von Steuerlast und Preisniveau im untersten Viertel der 17 »Autonomen Gemeinschaften«. Entscheidend ist vielmehr die kulturelle Identität der Katalanen, deren Sprache mehrfach verboten wurde.

### 4.6 Passeig del Born

Die kleine Flaniermeile soll bis ins 18. Jahrhundert das soziale Zentrum Barcelonas gewesen sein. Heute mischen sich Einheimische und Touristen zwischen den ansehnlichen Altbauten. Besonders hervorzuheben ist die **Casa Meca** [6a] mit der Hausnummer 17, ein vielfach modifizierter gotischer Prachtbau aus dem 14. Jahrhundert. Schräg gegenüber steht eine als solche auf den ersten Blick gar nicht auffallende **Skulptur** [6b] des weltbekannten Barceloniner Bildhauers Jaume Plensa. Die eiserne Truhe symbolisiert die Handelshäuser, die einst das Viertel bevölkerten, bevor sie von den den Abriss symbolisierenden Bomben unter der gegenüberliegenden Bank vertrieben wurden.

### 4.7 Basílica de Santa Maria del Mar

Seit der Veröffentlichung von Ildefonso Falcones' Erfolgsroman *Die Kathedrale des Meeres* steht die dreischiffige Kirche bei vielen Besuchern ganz oben auf der Liste. Die fiktive Geschichte spielt vor realem Hintergrund. Während Monarchie und Adel mit viel Geld Barcelonas Kathedrale errichten ließen, beschlossen die Bewohner des Unterklasseviertels 1329, eine eigene Kirche zu bauen. Jeder trug freiwillig seine Arbeitskraft dazu bei. Der Innenraum wirkt entsprechend spartanisch. Dazu hat auch beigetragen, dass Anarchisten den Barockaltar im Spanischen Bürgerkrieg in Flammen aufgehen ließen. Fußballfreunde machen sich auf die Suche nach dem Wappen des FC Barcelona, das sich in einem der monumentalen Fenster versteckt.

Täglich 10–20.30 Uhr · 5 €, 10 € mit Besteigung von Kirchturm und Dach · Plaça Santa Maria 1 · santamariadelmarbarcelona.org

### 4.8 Fossar de les Moreres

An der Südostflanke der Kirche erinnert der **Backsteinboden** [8a] an ein Massengrab, wo nach der Belagerung Barcelonas 1714 gefallene

Verteidiger begraben wurden. Der katalanische Nationalfeiertag, »la diada«, am 11. September gedenkt der Niederlage und dem Verlust der politischen Autonomie. Weitere Ausgrabungen legten die Vermutung nahe, dass zu römischen Zeiten genau hier das Amphitheater stand.
Vom Vorplatz der Kirche zweigt nach Südwesten **Barcelonas kürzeste Straße** [8b] ab, der Carrer de l'Anisadeta. Mit kaum fünf Schritten hat man sie in der gesamten Länge abgelaufen. Der Name soll auf die mittelalterliche Tradition zurückgehen, sich am Vormittag an einem informellen Verkaufsstand mit einem Schuss Anisschnaps zu stärken.
Auf der Nordseite von Santa Maria geht es in Gegenrichtung vorbei am Abzweig des Carrer dels Mirallers. Nach Thesen des Historikers Jordi Bilbeny hat **Christoph Kolumbus** [8c] mit Familie im Haus Nummer 11 gelebt. Ein paar Schritte weiter liegt der im Jugendstil dekorierte Laden **Casa Gispert** [8d], der seit 1851 in einem Holzofen Kaffee röstet.

## 4.9 Carrer de Montcada

Obwohl die Fassaden vielfach nachträglich verändert wurden – manch gotische Fenster wurde erst in den 1960er-Jahren eingefügt – bilden Stadthäuser aus dem 13. und 14. Jahrhundert einen wesentlichen Grundstock der Bausubstanz. Im Mittelalter war der Carrer Montcada eher eine Straße der Neureichen als eine der etablierten Oberschicht. Einige der Anwesen lassen sich von innen bewundern, denn sie wurden inzwischen in öffentliche Nutzung überführt. Der Palau Cervelló mit wunderschönem Innenhof beherbergt seit Kurzem einen Ableger des Amsterdamer Museums der Gegenwartskunst. Das höchst populäre Museu Picasso verteilt sich gleich über fünf historische Gebäude.

## 4.10 MoCo – Museu d'Art Modern i Contemporani

Erst 2016 eröffnete das Museum für Moderne Kunst in Amsterdam, doch das Konzept, sich auf visuell mitreißende Werke namhafter Künstler zu konzentrieren, ging sofort auf. Man könnte also von Populärkunst sprechen, jedermann verständlich und befreit von abgehobenen Diskursen. Zusätzlich wird die Faszination der digitalen Welt genutzt. Der im Oktober 2021 in Barcelona an den Start gegangene Ableger verspricht mit Werken von Banksy, Dalí und Warhol an den Amsterdamer Erfolg anzuknüpfen.

Mo–Do 10–20 Uhr, Fr–So bis 21 Uhr · Erw. 14,50 €, Jugendl. (10–17 J.) & Stud. 9,50 € · Carrer de Montcada 25 · mocomuseum.com

4.8b Carrer de l'Anisadeta

4.8d Casa Gispert

4.10 Eingang zum MoCo Barcelona

4.10 *Forgive Us Our Trespassing* von Banksy im MoCo

4.11 Museu Picasso

Brunells

Sagàs

## 4.11 Museu Picasso

Der Name Picasso ist jedem geläufig und steht synonym für die irrsinnige Preisspirale in der Kunstwelt. Darum pilgern alljährlich fast eine Million Besucher in das allein Picasso gewidmete Museum. Nicht wenige werden die Hallen mit einem gewissen Gefühl der Enttäuschung verlassen, denn der kubistische Stil, der den Maler berühmt gemacht hat, ist ausgesprochen unterrepräsentiert. Die Mehrzahl der Werke stammt aus Picassos Zeit in Barcelona, doch seine ganz persönliche Ausdrucksform begann er erst später in Paris zu entwickeln.

Di-So 10-19 Uhr · Erw. 13 €, Sen. & Jugendl. (unter 25 J.) 7 €, Do ab 16 Uhr und jeden ersten Sonntag im Monat Eintritt frei
Carrer de Montcada 15-23 · www.museupicasso.bcn.cat

## 4.12 Der Killer-Mönch

Jede Stadt hat ihre Lieblingsverbrecher, so auch Barcelona. In diesem Fall gar ein Mann des Glaubens. 1835 wurde das Kloster Poblet aufgelöst und gebrandschatzt. Der Büchernarr Bruder Vicenç konnte einen Teil der wertvollen Bibliothek retten und eröffnete mit seinem Schatz einen Buchladen in Barcelona. Zwar brachte ihm das Geschäft ansehnliche Einkünfte, doch er konnte sich emotional nicht von seinen Büchern trennen. Er begann, seine Kunden nach dem Kauf durch die Gassen zu verfolgen, erstach sie und holte sich seine Schmöker zurück. Die Buchhandlung des »Monjo Assassí« soll sich wenige Schritte vom Picasso Museum im Carrer de la Princesa 20 befunden haben.

Folgt man dem Carrer de la Princesa nach Westen, erreicht man in kaum fünf Minuten die Via Laietana mit der Metrostation Jaume I.

#CAFÉ
### Brunells

Schon 1852 eröffnete die Konditorei an dieser Stelle und ist damit eine der ältesten der Stadt. Kaffee, Tee und Teilchen kommen etwas teurer als in einer durchschnittlichen Bar, aber dafür bekommt man auch ungewöhnliche Kreationen und die Auswahl ist immens. Unter 21 verschiedenen Croissants finden sich Geschmacksrichtungen wie Kokos-Mango, Pistazie oder Mojito, das Stück zu 4,90 Euro.

Täglich 9-20 Uhr · Carrer de la Princesa 22
brunells.barcelona

#RESTAURANT
### Sagàs

Ein Gourmet-Sandwich klingt wie ein Widerspruch in sich, doch die Betreiber verstehen etwas vom Kochen. Das Haupthaus Sagàs 100 km nördlich in den niederen Pyrenäen trägt einen Michelin-Stern. Die Kombinationen basieren auf klassischer katalanischer Küche. Ein Baguette mit Bacon, Kapern, Feigen und Rucola kostet glatte 10 Euro. Außerdem stehen internationale Klassiker auf dem Programm, unter anderem Thüringer Rostbratwurst.

Mo-Fr 13-0 Uhr, am Wochenende ab 12 Uhr
Pla de Palau 13 · sagasfarmersandcooks.com

Die Plaça Catalunya

#GESCHICHTE #KUNST

## Der neuralgische Knoten

# Die Plaça Catalunya

**Der fünf Hektar große Platz bildet als Verbindung zwischen Alt- und Neustadt den zentralen Verkehrsknotenpunkt Barcelonas. Jahrhundertelang lag das Terrain außerhalb der Stadtmauern und wurde nur sporadisch genutzt. Erst 1902 begann eine planmäßige Bebauung.**

Ursprünglich war ein regelrechter Palmenwald gepflanzt, den die Einheimischen als »Sellerie« verspotteten. Seitdem ist die Fläche vielfach umgestaltet worden. Im Lauf der Zeit war der Platz immer wieder Zielpunkt von Aufmärschen und Demonstrationen. 1939 wurde die Besetzung Barcelonas durch die faschistischen Truppen mit einer Freiluftmesse gefeiert. 2011 besetzten Hunderte »indignats«, die Entrüsteten, den Platz wochenlang, um für eine grundlegende Reform der spanischen Demokratie zu demonstrieren. Die Räumung mit rabiater Polizeigewalt wurde nachträglich von einem Gericht als ungesetzlich verurteilt.
Wir queren zunächst das Innere der Plaça und nehmen später Teile der äußeren Gebäude unter die Lupe. Start ist am Metroausgang vor dem Café Zurich.

### 5.1 Cafè Zurich

Als 1998 das Einkaufszentrum El Triangle errichtet wurde, stand für alle Beteiligten fest, dass die Institution des Cafè Zurich nicht weichen durfte. 1862 als Kantine für Bahnreisende entstanden, hat es alle Höhen und Tiefen der jüngeren Stadtgeschichte durchlebt. Im 1. Weltkrieg zierte eine riesige Europakarte die Gaststube, auf der die aktuellen Frontlinien eingezeichnet wurden. Unter den Gästen wurden Wetten auf den weiteren Kriegsverlauf abgeschlossen. Den Namen wählte ein früherer Besitzer, der zeitweise in der Schweiz gearbeitet hatte. Er verzichtete auf die Schreibung mit Umlaut, denn solche existieren weder im Spanischen noch im Katalanischen. In seltenen Fällen werden Vokale mit zwei Punkten geschrieben, was allerdings bedeutet, dass zwei Vokale getrennt und nicht zu einem Diphthong vereint ausgesprochen werden. Seit 1920 ist das Zurich im Besitz der selben Familie.

Plaça de Catalunya 1

5.1 Die Terrasse des Café Zurich

5.2b La Deessa - Die Göttin

## 5.2 Die Plaça

Das über zwei Hektar einnehmende Innere des Platzes wird nur selten von Einheimischen besucht. In schöner Regelmäßigkeit denkt man über Umgestaltungen nach, die die Fläche besser ins urbane Leben integrieren könnten. Häufige Gäste sind die »top manta«, fliegende Händler, die gefälschte Markenware feilbieten. Den Platz zieren vier Springbrunnen und nicht weniger als 22 Skulpturen. Fast alle wurden anlässlich der Weltausstellung 1929 aufgestellt. Nur wenige der Künstler dürften außerhalb Kataloniens ein Begriff sein, vielleicht noch Josep Llimona und Frederic Marès.

Das auffälligste, weil abstrakte Monument findet sich in der den Ramblas zugewandten Ecke. Es ehrt den katalanischen Präsidenten **Francesc Macià** [2a], der 1931 die katalanische Republik innerhalb einer noch zu gründenden iberischen Föderation ausrief. Die auf dem Sockel lagernden drei Stufen repräsentieren seine drei Regierungsjahre, die unvermittelt abbrechende Treppe die Geschichte Kataloniens, die im spanischen Faschismus erst einmal ein jähes Ende fand. Beliebter bei Hobbyfotografen ist die Skulptur **La Deessa – die Göttin** [2b], die der Bildhauer Josep Clarà 1929 zur Weltausstellung beisteuerte.

## 5.3 Zentrale Touristeninformation

An der östlichen Ecke des inneren Platzes markiert eine rote Säule die Treppe zum unterirdischen Informationsbüro, wo man sich mit zusätzlichem Kartenmaterial ausstatten und zu aktuellen Veranstaltungen informieren kann.

Täglich 8.30–20.30 Uhr barcelonaturisme.com

## 5.4 Haltestelle des Aerobus

Vor dem monströsen Kaufhaus El Corte Inglés halten die blauen Shuttle-Busse vom und zum Flughafen. Bei der Abreise sollte man sicherstellen, dass man den richtigen Terminal ansteuert, also den neuen T1 oder den alten T2. Die Fahrkarten lassen sich problemlos am Automaten ziehen. Zu den Hauptreisezeiten verkaufen uniformierte Assistentinnen die Tickets. Andernfalls bleibt noch der Fahrer, der theoretisch keine Banknoten von mehr als 20 Euro annehmen darf.

## 5.5 Hotel Colón

An der Nordflanke des Platzes prangte an der Einmündung des Passeig de Gràcia einst das elegante Hotel Colón. Hier waren Albert Einstein, Charles Lindbergh und Winston Churchill abgestiegen. 1924 wurde dort das erste Radiostudio Spaniens eingerichtet. Während des Bürgerkriegs flatterten an der Fassade Portraits von Lenin und Stalin, denn die Kommunisten hatten das Hotel in ihre Parteizentrale verwandelt. Der in den 1940er-Jahren errichtete Neubau beherbergt heute groteskerweise einen Apple Store.

Passeig de Gràcia 1

## 5.6 El Corte Inglés

Eine 1890 eröffnete Schneiderei im Zentrum Madrids ist zu einem milliardenschweren Großunternehmen gewachsen, das allein in Spanien 92 Kaufhäuser betreibt. Der monströse Klotz wird dank seiner gesichtslosen Betonfassade dem Brutalismus zugeschrieben. Spaziert man jedoch einige Meter in den Carrer Fontanella, entdeckt man in der Höhe drei gotisch inspirierte Fenster, die von dem abgerissenen Vorgängergebäude stammen. Das Innere des Kaufhauses ähnelt dem, was man von Kaufhof und Karstadt gewohnt ist. Von der Cafeteria im obersten Stockwerk genießt man einen schönen Panoramablick über den Platz, sofern man einen Tisch am Fenster ergattern kann.

Mo–Sa 9–21 Uhr Plaça de Catalunya 14
elcorteingles.es

5.5 Das ehemalige Hotel Colón

5.6 El Corte Inglés

## 5.7 Der große Bankraub

Das unterhalb des Corte Inglés gelegene Gebäude beherbergte vor dem Media Markt eine Filiale des **Banco Hispanoamericano** [7a]. 1985 grub eine Gruppe von Spaniern und Italienern einen 300 Meter langen Tunnel von einem gemieteten Ladenlokal in den Tresorraum. Die Bande entkam mit einer Beute von geschätzten sechs Milliarden Peseten, etwa 36 Millionen Euro, wurde aber wenige Tage später gefasst.

Carrer Fontanella 6

Das Eckhaus nebenan belegte einst das **Hotel Bristol** [7b], das in den 1930er-Jahren geschätzte 8.000 Juden auf der Flucht vor den Nationalsozialisten in Richtung Amerika aufnahm. Spanien war offiziell neutral, die Franco-Diktatur den Nazis ideologisch aber natürlich sehr nahestehend. Ob ein Flüchtling unbehelligt das Land zur Einschiffung in Lissabon durchqueren konnte oder an die Gestapo ausgeliefert wurde, hing scheinbar vom Zufall ab.

Plaça de Catalunya 16

5.8 Der ehemalige Banco Central

5.9 Monestir de Santa Anna

#WISSEN **Himmelsrichtungen:** Barcelonas Mittelmeerküste verläuft grob von Nordosten nach Südwesten. Die Verkehrsachsen liegen großteils entweder parallel oder radial dazu. Im Eixample ist das Straßennetz perfekt rechtwinklig ausgelegt. Um Komplikationen und Verwechslungen auszuschließen, benutzen die Barceloniner keine Himmelsrichtungen, sondern orientieren sich an vier Kardinalpunkten: Mar (Meer), Muntanya (Gebirge) und die Flüsse Besòs im Nordosten und Llobregat im Südwesten. Will man sich an einer Straßenkreuzung im Eixample verabreden, definiert man die südostliche Ecke beispielsweise als »Mar, Besòs«.

## 5.8 Geiselnahme im Banco Central

An einem Samstagmorgen des Jahres 1981 stürmten elf Maskierte die damalige Filiale des Banco Central und nahmen 300 Geiseln. Sie verlangten die Freilassung der Anführer des drei Monate zurückliegenden gescheiterten Militärputsches, andernfalls würden stündlich fünf Geiseln erschossen. Als die Polizei per Hubschrauber eine Spezialeinheit auf dem Dach absetzte, um das Gebäude zu stürmen, mischten sich die Kidnapper unter die Geiseln. Mindestens zwei konnten auf diese Weise unerkannt entkommen. Die gefassten Täter erklärten, im Auftrag des spanischen Geheimdienstes CESID gehandelt zu haben, was die Justiz nicht weiter verfolgte. Sie wurden zu Haftstrafen zwischen 30 und 40 Jahren verurteilt. Die Planung der Aktion soll einen Steinwurf entfernt im Cafè Zurich stattgefunden haben.

Plaça de Catalunya 23

## 5.9 Monestir de Santa Anna

Gleich neben dem Schauplatz der Geiselnahme führt der winzige Carrer de Rivadeneyra zu einer wahren Insel des Friedens inmitten des brodelnden Stadtzentrums. Das Kloster ist eines der ältesten der Stadt, die Kirche wurde noch im Stil der Romanik um 1170 errichtet. Später kam der gotische Kreuzgang hinzu. Seit Beginn der Coronakrise ist der direkte Zugang von der Plaça Catalunya versperrt, bis auf Weiteres muss man den Umweg über den Portal de l'Àngel und den Carrer de Santa Anna in Kauf nehmen.

Täglich 8.30–19 Uhr · Frei · Carrer de Santa Anna 29

#CAFÉ
### Cafè Zurich

Der historische Klassiker ist kein Gourmettempel, zu den Standardgetränken kann man eine begrenzte Bandbreite von Gebäckstückchen oder belegten Baguettes ordern. Dafür ist immer Betrieb und man kann sich die Zeit mit »Leute gucken« vertreiben.

Täglich 9–22 Uhr, Fr & Sa bis 23 Uhr · Plaça de Catalunya 1 · facebook.com/cafezurichdebarcelona

#RESTAURANT
### La Plaça Gastro Mercat

Das Selbstbedienungsrestaurant im 9. Stock des Kaufhauses El Corte Inglés bietet zwei eindeutige Pluspunkte: Den Ausblick über die Plaça, wenn man einen Fensterplatz erwischt, und die breite Auswahl. Neben traditioneller spanisch-katalanischer Küche findet sich auch Italienisches und Asiatisches, wobei man für Letzteres doch besser ein authentisches Etablissement ansteuert. Es gibt kein Komplettmenü oder einen Festpreis, alle Posten werden summiert. Je nach Auswahl wird man mit 15 bis 20 Euro wegkommen.

Mo–Sa 9–21.30 Uhr · Plaça de Catalunya 14, 9. Stock

6.1 El Portal de l'Àngel

#GESCHICHTE #ARCHITEKTUR #KURIOSES

## Das touristische Herz

# El Barri Gòtic – Das gotische Viertel

**Barcelona ist mit Recht stolz auf seine Geschichte als mediterrane Handelsmacht im Mittelalter. Die real verbliebene Bausubstanz aus diesen Zeiten fällt jedoch weit geringer aus, als man beim ersten Hinsehen glauben möchte.**

Viele Gebäude wurden erst im 19. und 20. Jahrhundert wieder auf Gotik getrimmt. Der Historiker Agustín Cócola spricht sogar von der geplanten Kreation eines Markenimages und der Erfindung einer Tradition. Der Rückbesinnung zugrunde lag der Glaube, nach jahrhundertelanger Stagnation wieder an die frühere Prosperität anknüpfen zu können. Trotz der begrenzten Authentizität ist das Gassengewirr um die Kathedrale ein Genuss für jeden Entdecker. Hobbyfotografen werden am Detailreichtum der Altstadt ihre Freude haben.

### 6.1 El Portal de l'Àngel

Der Name verrät sofort, dass sich unterhalb der Plaça Catalunya eines der Stadttore befand. Angeblich soll hier den hochverehrten mittelalterlichen Wanderprediger Vicenç Ferrer die Vision eines Engels ereilt haben, daher der Name »Engelstor«. Heute werden für den 300 Meter langen Straßenabschnitt die höchsten Ladenmieten Spaniens verlangt, 2018 etwa 275 Euro pro Quadratmeter. Solche Preise können sich nur die globalen Handelsketten leisten, die man überall kennt. Nach 200 Metern biegt man links ab in den unscheinbaren Carrer Montsià.

### 6.2 Els Quatre Gats

Die vier Katzen – auf Katalanisch »die paar Leute« – steht in jedem Reiseführer, kann aber wahrhaftig nicht ausgelassen werden. Nach der Eröffnung 1897 entwickelte sich das Restaurant schnell zum zentralen Künstlertreffpunkt. Gaudí

Metrostation
Plaça Catalunya
M
Plaça de Catalunya
1 El Portal de l'Àngel
Avinguda del Portal de l'Àngel
2 Els Quatre Gats
Carrer de Montsió
Via Laietana
Carrer de Duran i Bas
2a El Petó
Hotel Colón
C. dels Arcs
3 Font de Santa Anna
4 Col·legi d'Arquitectes de Catalunya
5a Plaça Nova
C. dels Comtes
7 Das Wappen der Inquisition
6 La Catedral
8a Plaça del Rei
8b Museu de l'història de Barcelona
M Metrostation Jaume I
La Rambla
5b Aqüeducte Romà
5c Bischofspalast
5d Portal del Bisbe
C. de la Portaferrissa
C. de la Pietat
9 El Pont del Bisbe
C. del Bisbe
C. de Jaume
Route 7 "El Call"
10a Palau de la Generalitat de Catalunya
10b Rathaus - Ajuntament de Barcelona
C. de Ferran
N W O S
50m

6.2 Els Quatre Gats

El món neix en cada besada

und Picasso zählten zu den Stammgästen, Letzterer stellte in den Hallen der Bohème zum ersten Mal sein Werk aus. Das Gebäude entwarf Josep Puig i Cadafalch (sprich »Putsch i Kadafalk«), einer der vielen Jugendstilarchitekten, die von Antoni Gaudí überschattet werden.

Di 11–17 Uhr, Mi–Fr 11–0 Uhr, Sa 12–0 Uhr, So 12–17 Uhr
Carrer de Montsió 3 4gats.com

GLEICH IN DER NÄHE

## El món neix en cada besada

Spaziert man durch die enge Gasse am Südende der Plaça Vuit de Maig, gelangt man gleich zum nächsten Platz. Dort versteckt sich linker Hand ein populäres Kunstwerk mit dem übersetzten Namen »Die Welt wird in jedem Kuss geboren«. Das acht Meter lange Fotomosaik entsprang 2014 der Zusammenarbeit des Fotografen Joan Fontcuberta mit dem Keramikkünstler Toni Cumella. Es ist zusammengesetzt aus 4.000 Selbstporträts von Einwohnern Barcelonas. Daneben prangt ein Zitat des amerikanischen Schriftstellers Oliver Wendell Holmes: »Das Geräusch eines Kusses ist nicht so ohrenbetäubend wie das einer Kanone, aber das Echo hält viel länger an.«

Plaça d'Isidre Nonell

## 6.3 La Font de Santa Anna

Bevor wir links in den Carrer dels Arcs abzweigen, werfen wir einen Blick auf Barcelonas ältesten erhaltenen Brunnen. 1356 errichtet, war er der erste, bei dem man das Wasser nicht in Eimern heraufziehen musste. Stattdessen wird er über einen Kanal von einer Quelle am Berghang des Collserola gespeist. Die ursprüngliche Bauform ist unbekannt, man weiß, dass er direkt auch eine Pferdetränke speiste. Die Kachelung wurde erst 1918 hinzugefügt.

## 6.4 El Col·legi d'Arquitectes de Catalunya

Der im Altbauensemble störend wirkende Betonklotz ist ausgerechnet der Sitz des katalanischen Architektenverbandes. Die Figuren an der Fassade reproduzieren Zeichnungen von Picasso.

✉ Plaça Nova 5

## 6.5 La Plaça Nova

Für den **»Neuen Platz«** [5a] ließen die Stadtherren schon 1355 die dicht gedrängten Wohngebäude niederreißen, um in der Enge ein wenig Luft zu schaffen. Allerdings hatte er zunächst die typisch rechteckige Form. Die Längenausdehnung bis über die Kathedrale hinaus wurde erst in den 1950er–Jahren geschaffen, nachdem viele Gebäude durch die Luftangriffe im Bürgerkrieg schwer beschädigt worden waren. Dabei stieß man auf Mauerreste aus römischer Zeit. In der Südwestecke des Platzes wurde ein Teil des antiken **Aquädukts** [5b] nachgebaut. Genau hier befand sich die Stadtmauer des römischen Barcino. Eine Schautafel vermittelt einen Eindruck, wie die Befestigungsanlagen ausgesehen haben dürften. Gleich daneben erhebt sich die Barockfassade des **Bischofspalastes** [5c], die dem Gebäude aus dem 13. Jahrhundert erst 1784 hinzugefügt wurde. Die beiden Ecktürme bildeten das **Portal del Bisbe** [5d], das Stadttor des Bischofs.

## 6.6 La Catedral

Barcelonas Kathedrale ist der heiligen Eulàlia gewidmet. Im vorchristlichen Barcino soll die 13-jährige Tochter eines Entenzüchters auch unter schlimmster Folter dem Glauben nicht abgeschworen haben. Zu Ehren der Märtyrerin tummeln sich dreizehn Enten im Teich im Innenhof. Der Bau stammt aus dem 13. Jahrhundert, die neogotische Fassade wurde 1888 hinzugefügt. Für kunsthistorisch Interessierte ist das Innere durchaus sehenswert, ansonsten wird die Begehung des Dachs der Höhepunkt des Besuchs sein.

6.3 La Font de Santa Anna

6.4 Picasso-Zeichnungen am Col·legi d'Arquitectes de Catalunya

6.5 Weihnachtsmarkt auf der Plaça Nova

6.5b Fragment des römischen Aquädukts

6.6 Sardanes auf der Plaça de la Catedral

6.7 Das Wappen der Inquisition

6.8a La Plaça del Rei

6.8b Museu d'Història de Barcelona

Führungen auf Englisch sind leider selten, Daten entnimmt man der Webseite.
Wochentags 10–18.30 Uhr, Sa 10–17 Uhr 9 €, Führung 12 € Pla de la Seu s/n catedralbcn.org

## 6.7 Das Wappen der Inquisition

Links neben der Kathedrale ist dem katalanischen Bildhauer Frederic Marès ein Museum gewidmet. Kurz vor dem Ende des Gebäudes prangt in drei Metern Höhe noch das Wappen der Heiligen Inquisition. Der erste Inquisitor wurde 1487 nach Barcelona geschickt, die Stadtherren lehnten die Institution einhellig ab und weigerten sich, den Gesandten zu begrüßen. In einem Teil des ehemaligen Palastes der Könige von Aragón ließ er 13 Zellen und Folterkammern einrichten. Etwa 500 Familien konvertierter Juden flohen in heller Panik aus der Stadt. Im Januar 1488 wurden die ersten Männer und Frauen zum Tode verurteilt, auf der Plaça del Rei hingerichtet und außerhalb der Stadtmauern verbrannt.
Plaça Sant Iu 5

#WISSEN **Die Inquisition:** Schon im 13. Jahrhundert gründeten die Päpste eine Institution, um Glaubensabweichler und damit Konkurrenten der kirchlichen Macht zu verfolgen. Ihre Feindschaft galt vor allem der Laienbewegung der Katharer, die im damals teils zu Katalonien gehörenden Südfrankreich großen Zulauf hatte. Obwohl die Inquisition in allen Teilen Europas agierte, wird sie meist mit Spanien in Verbindung gebracht, wo sie mit besonderer Grausamkeit operierte. Für die spanischen Könige war die Inquisition ein willkommenes Mittel, die ausgenommen heterogene Bevölkerung zur Anpassung an die Zentralmacht zu zwingen und zu homogenisieren. Erst die Invasion Napoleons beendete das erbarmungslose Treiben dreihundert Jahre später. Fernando VII. reaktivierte sie im 19. Jahrhundert sogar noch einmal kurzfristig bis zur endgültigen Abschaffung 1834.

## 6.8 La Plaça del Rei und das historische Museum

Am **»Platz des Königs«** [8a] residierte im Mittelalter der Fürst von Barcelona, der gleichzeitig König von Aragón war. Der Platz wurde so konzipiert, dass direkt vor dem Palast Ritterspiele abgehalten werden konnten. Im Königspalast empfingen die Katholischen Könige Christoph Kolumbus offiziell nach seiner ersten Amerikareise. Einige Tage zuvor hatten sie ihn bereits in einem Kloster im nahegelegenen Badalona getroffen.

In der Südwestecke liegt der Hauptsitz des **Museu d'Història de Barcelona** [8b], das römische und mittelalterliche Fundstücke zeigt. Der Besuch im Palast ist im Ticket eingeschlossen. Das 1515 fertiggestellte Gebäude musste der Schneise der Via Laietana weichen und wurde 1930 Stein für Stein ab- und 130 Meter entfernt wieder aufgebaut.
Di–Sa 10–19 Uhr, So bis 20 Uhr · Erw. 7 €, Sen. & Menschen unter 29 J. 5 €, Jugendl. (unter 16 J.) frei
Plaça del Rei s/n · barcelona.cat/museuhistoria

## 6.9 El Pont del Bisbe

An der Apsis der Kathedrale vorbei und links in den Carrer del Bisbe abgebogen, stößt man auf eines der meistfotografierten Objekte der Stadt: Die neogotische Bischofsbrücke verbindet den Sitz der katalanischen Regionalregierung »Generalitat« mit der Residenz des Präsidenten. Die mittelalterlich anmutende Konstruktion entstand tatsächlich erst im Jahr 1928. Seit 1980 hat kein Präsident mehr in der Casa dels Canonges gewohnt. Warum der Baumeister einen Totenkopf unter dem Brückenbogen anbrachte, bleibt ein Rätsel.

## 6.10 La Plaça de Sant Jaume

Am Zentrum der politischen Macht stehen sich das Rathaus und der Palast der Generalitat Auge in Auge gegenüber. Schon im römischen Barcino kreuzten sich an dieser Stelle die beiden zentralen Verkehrsachsen, der Cardo und der Decumanus. Im 13. Jahrhundert wurde die **Generalitat** [10a] als vordemokratisches Selbstverwaltungsorgan gegründet, im Lauf der Geschichte aber immer wieder von den zentralistischen spanischen Königen aufgelöst. Heute bezeichnet sie die Regierung der Autonomen Region Katalonien. Das Wort hat keine militärische Bedeutung, sondern bezieht sich wie das Adjektiv »generell« auf die Allgemeinheit. Besichtigen kann man den Palast leider nur nach schriftlicher Anmeldung im Rahmen einer spanischen oder katalanischen Führung am zweiten und vierten Wochenende jeden Monats.
Kostenlos · Seiteneingang im Carrer de Sant Honorat
presidencia.gencat.cat

Einen weniger umständlichen Alternativbesuch bietet das **historische Rathaus** [10b], das gleichermaßen mit beeindruckenden mittelalterlichen Sälen aufwartet. Vorherige Anmeldung über die Webseite ist gleichermaßen angeraten.
Einstündige Führung auf Englisch: So 10 Uhr, auf Spanisch: So 11 Uhr · Kostenlos · Haupteingang an der Plaça Sant Jaume · ajuntament.barcelona.cat/en/discover-barcelona-city-council-inside

6.9 El Pont del Bisbe

6.10b Castellers vor dem Rathaus

6.10 Plaça de Sant Jaume mit Palast der Autonomieregierung & Rathaus

6.10b Der Saal des Consell de Cent im Rathaus von Barcelona

200 Meter nordöstlich der Plaça liegt die Metrostation Jaume I. (L4), in entgegengesetzter Richtung stößt man nach gut 300 Metern auf die Ramblas.

#CAFÉ
### Hotel Colón

Für die großartige Aussicht direkt auf die Kathedrale und über die Dächer der Altstadt muss man etwas tiefer in die Tasche greifen. Ein Bier schlägt mit fünf, ein Glas Wein mit 8 Euro zu Buche.
Täglich 11-23 Uhr · Avinguda de la Catedral 7
hotelcolonbarcelona.es

#RESTAURANT
### Els Quatre Gats

Preiswertere und an Touristen orientierte Etablissements finden sich reichlich in der Altstadt, aber wer ein Mittagessen mit historischem Charme verbinden will, wird im 4 Gats hervorragend bedient. Eine Tischreservierung über die Webseite ist allerdings angezeigt.
Di 11-17 Uhr, Mi-Fr 11-0 Uhr, Sa 12-0 Uhr, So 12-17 Uhr
Klassisches Mittagsmenü mit zwei Gängen, Getränk und Dessert: 19 € · Carrer de Montsió 3 · 4gats.com

6.10a Im Palau de la Generalitat

7.3 Tür zur alten Synagoge

#GESCHICHTE #JUDENTUM

## Gassen, Synagogen, Alchimisten

# El Call – Das jüdische Viertel

**Von der Plaça Sant Jaume kann man die Erforschung der Altstadt gleich mit einer Tour durch das ehemalige Judenviertel fortsetzen. Nicht alle Wegpunkte dieser Route beziehen sich auf die jüdische Geschichte.**

Der katalanische Begriff »call« (sprich »kalj«) leitet sich vom hebräischen »kahal« ab, was »Gemeinschaft« bedeutet.
Wann die ersten Juden aus dem östlichen Mittelmeerraum in Barcelona eintrafen, verliert sich im Dunkel der Vergangenheit. Verbrieft ist ihre Anwesenheit im 9. Jahrhundert. Bis zum 14. Jahrhundert wuchs ihre Zahl auf etwa 4.000 bei einer gesamten Einwohnerzahl von rund 25.000. Juden bekleideten in der Stadt wichtige Ämter und stellten mehrfach den Bürgermeister. Mit dem Ausbruch der Pest allerdings verschärfte sich die Hetze katholischer Priester. 1391 fiel ein christlicher Mob über das Viertel her, massakrierte etwa 300 Menschen und beendete praktisch die jüdische Präsenz in Barcelona.

### 7.1 Das Büro des katalanischen Präsidenten

Geht man durch den Carrer de Sant Honrat links am Palast der Generalitat vorbei, fällt sofort die Schräge eines Anbaus ins Auge. Hinter den beiden neogotischen Fenstern in der zweiten Etage geht der katalanische Präsident seinem Tagewerk nach.

### 7.2 Casa Adret

Das älteste bewohnte Haus Barcelonas stammt aus dem 12. Jahrhundert. Der letzte jüdische Eigentümer Astruch Adret trat nach dem Pogrom 1391 gezwungenermaßen zum Christentum über. Heute hat die Europäische Gesellschaft zur Bewahrung des jüdischen Erbes ihren Sitz im Gebäude.

Carrer de Salomó ben Adret 6

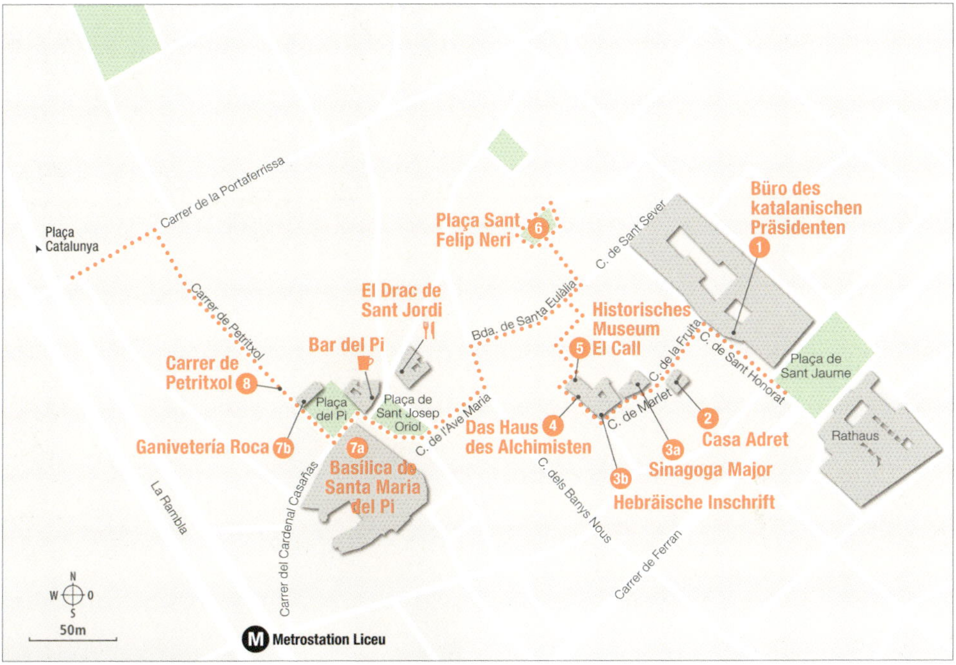

7.2 Casa Adret, das älteste bewohnte Haus Barcelonas

7.4 Das Haus des Alchemisten

## 7.3 Sinagoga Major – Die Hauptsynagoge

Erst 1987 wurde die einstige **Synagoge** [3a] wiederentdeckt, nachdem ein Historiker aus den Aufzeichnungen eines Steuereintreibers ihre genaue Lage rekonstruiert hatte. Inzwischen sind die Gewölbe restauriert und dienen wieder ihrer ursprünglichen Funktion. Besichtigen kann man die Synagoge auf Anfrage im Rahmen einer Führung durch das jüdische Viertel. Wenige Schritte weiter, im Carrer Marlet 1, ist ein **hebräisch beschrifteter Stein** [3b] ins Mauerwerk eingefügt.

✉ Carrer de Salomó ben Adret 7 www sinagogamayor.com

## 7.4 Das Haus des Alchemisten

Die Legende erzählt die tragische Geschichte eines wenige Schritte von der Synagoge lebenden Alchemisten. Ein großzügig zahlender Kunde forderte ein tödliches Gift, mit dem er sich an seiner großen Liebe rächen wollte, die ihn verschmähte. Zu spät erkannte der Giftmischer, dass es sich bei dem Opfer um die eigene Tochter handelte ...

✉ Carrer de l'Arc de Sant Ramon 8

## 7.5 Historisches Museum El Call

Der Ableger des Museums der Geschichte Barcelonas beleuchtet den jüdischen Alltag im Mittelalter und das Verhältnis zur christlichen Bevölkerung. Allerdings öffnen sich die Türen nur an zwei Tagen der Woche.

🕒 Mi 11–14 Uhr, So 11–15 & 16–19 Uhr ● Erw. 2 €, Sen. & Menschen (unter 29 J.) 1,50 €, Jugendl. (unter 16 J.) frei ✉ Pl. de Manuel Ribé s/n 🌐 barcelona.cat/museuhistoria

## 7.6 Plaça Sant Felip Neri

Noch vor wenigen Jahren sah der kleine Platz kaum einen Touristen, doch seit das Wort die Runde machte, wo eine Mordszene von *Das Parfüm* gedreht worden war, ist es mit der Ruhe vorbei. Die unübersehbaren Schäden am Mauerwerk der Kirche verursachte eine mit Schrot geladene Bombe, die bei einem faschistischen Luftangriff 1938 42 Menschen tötete. Unter den Opfern waren zwanzig Kinder einer nahegelegenen Schule, die in der Kirche Schutz suchen wollten. Die Franco-Diktatur streute später die Lüge, die »Roten« hätten hier katholische Priester exekutiert.

## 7.7 Plaça del Pi

Den hübschen Platz dominiert die wuchtige gotische **Kirche Santa Maria** [7a], deren Inneres mit der Schönheit der bunten Glasfenster besticht. Die Fensterrose zählt zu den größten der Welt. Nachdem sie 1936 bei einem anarchistischen

7.5 Historisches Museum El Call

7.6 Plaça Sant Felip Neri

7.6 Bürgerkriegsschäden an der Fassade der Kirche San Felip Neri

7.7 Santa Maria del Pi

7.7 La Ganiveteria Roca

7.8 Im Carrer de Petritxol

El Bar del Pi

Brandanschlag zerstört worden war, rekonstruierte sie der Architekt Josep Maria Jujol, enger Mitarbeiter von Antoni Gaudí.
Unter den Lettern »Solingen, Paris, Barcelona« verbirgt sich das auf Schneidwerkzeuge spezialisierte Geschäft **Ganiveteria Roca** [7b]. Das Traditionsunternehmen widmet sich seit 1911 Messern und Scheren. Im Angebot finden sich auch japanische Filetiermesser für 1.500 Euro.

## 7.8 Die Straße der Leckermäuler

Neben dem Messerladen zweigt der schmale Carrer de Petritxol (sprich »Petritscholl«) ab, in Barcelona prominent für seine hohe Konzentration an Konditoreien. Obwohl die einheimische Küche eher für herzhafte Kreationen bekannt ist, bildet für viele Katalanen der süße Nachtisch den Höhepunkt jeden Mahls. Ein Nachbarschaftsverein hat die Straße mit folkloristischen Keramikkacheln dekoriert. Am Haus Nummer 11 verweist eine Tafel darauf, dass Operndiva Montserrat Caballé hier in jungen Jahren bei einem Fabrikanten von Stofftaschentüchern gearbeitet hatte. Am Ende der Gasse biegt man links in den Carrer de la Portaferrissa und findet sich im Nu inmitten der Rambles.

#CAFÉ

### El Bar del Pi

Die 1927 eröffnete Bar hat ihren altmodischen Charme erhalten. 1936 gründete sich hier die Sozialistische Einheitspartei PSUC, die vom französischen Exil aus weiter das Franco-Regime bekämpfte. Neben den üblichen Getränken werden Snacks, Sandwiches und einfache Tapas zu fairen Preisen serviert.

Di–Do 12–0 Uhr, Fr–So 10–0 Uhr · Plaça Sant Josep Oriol 1
bardelpi.com

#RESTAURANT

### El Drac de Sant Jordi

Der »Drachen des Heiligen Georg« ist auch eher eine Bar als ein Restaurant, aber fast alle Besucher kommen zum Essen. Das Haus ist auf »pintxos« spezialisiert, das baskische Gegenstück zu den Tapas. Ein kleine Scheibe Baguette wird mit raffinierten Kombinationen belegt und das Ganze von einem oder mehreren Zahnstochern zusammengehalten. Man bedient sich selbst am Büffet von insgesamt 80 verschiedenen Modellen. Am Ende wird nach der Zahl der Zahnstocher abgerechnet. Für 10 Euro bekommt man ein Menü von vier Pintxos, einem Getränk und einer Nachspeise.

Täglich 13–22 Uhr · Plaça de Sant Josep Oriol 3
eldracdesantjordi.com

Die Dächer des Raval

#STADTTEILKULTUR #KUNST #ARCHITEKTUR

## Zwischen abgewrackt und aufgemotzt

# Der multikulturelle Raval

**Bis in die 1980er–Jahre galt der Raval als das gefährlichste Quartier Barcelonas. Im Volksmund sprach man ausschließlich vom »barri xino«, der Chinatown. Der Lonely Planet warnte, es sei »der einzige Ort, den man in Barcelona meiden sollte«. Seitdem hat sich vieles verändert, aber auch nicht alles.**

Die Stadt hat saniert und mit neuen Plätzen Licht ins feuchte Dunkel gebracht. Studenten und asiatische Migranten hielten Einzug, allerdings weniger aus China denn aus Indien und Pakistan. Die Veränderungen gingen nicht ohne Konflikte ab. Heute hausen Marginalisierte neben Luxushotels, die Kriminalitätsraten bleiben weiter die höchsten der Stadt und die Polizei ist omnipräsent. Doch der Ruch des multikulturellen Underground zieht Touristen in Scharen an. Anfang der 2000er wurde das Viertel zum Fokus des Mestizo, der musikalischen Bewegung um Manu Chao, die Kulturgrenzen sprengte und alle Stile miteinander vermengte.

### 8.1 Carrer dels Tallers

Wo sich im Mittelalter die Tierzerlegebetriebe konzentrierten, kaufen heute die Subkulturen ein. Nirgends sonst in der Stadt findet sich eine vergleichbare Ballung von Vinyl- und CD-Shops. Dazu kann man sich mit der passenden Kleidung und den entsprechenden Tattoos ausstatten. Die Fluktuation allerdings ist stark, und die erste große Handelskette ist bereits zugezogen.

### 8.2 Centre de Cultura Contemporània - CCCB

Zweimal links abgebogen, erreicht man das in den 90er–Jahren gegründete Zentrum für Gegenwartskultur. Ein umfangreiches Programm unterschiedlichster Kulturveranstaltungen wird hier monatlich abgearbeitet: von Ausstellungen über Konzerte, Lesungen, Kurse, Kino, Konfe-

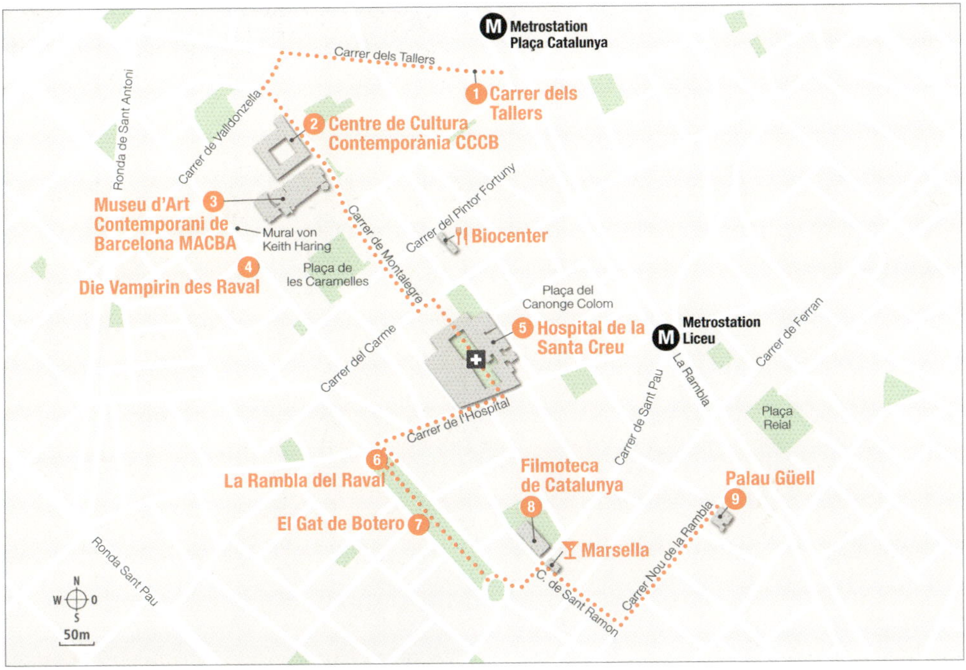
Metrostation Plaça Catalunya
Carrer dels Tallers
1 Carrer dels Tallers
2 Centre de Cultura Contemporània CCCB
Ronda de Sant Antoni
Carrer de Valldonzella
Museu d'Art Contemporani de Barcelona MACBA 3
Mural von Keith Haring
4 Die Vampirin des Raval
Plaça de les Caramelles
Carrer de Montalegre
Carrer del Pintor Fortuny
Biocenter
Plaça del Canonge Colom
5 Hospital de la Santa Creu
Metrostation Liceu
La Rambla
Carrer de Ferran
Carrer del Carme
Carrer de l'Hospital
Carrer de Sant Pau
Plaça Reial
6 La Rambla del Raval
El Gat de Botero 7
Filmoteca de Catalunya 8
Palau Güell 9
Marsella
Carrer Nou de la Rambla
C. de Sant Ramon
Ronda Sant Pau
N W O S
50m

DISCOS REVOLVER
a Barcelona des de 1991
ROCKZONE

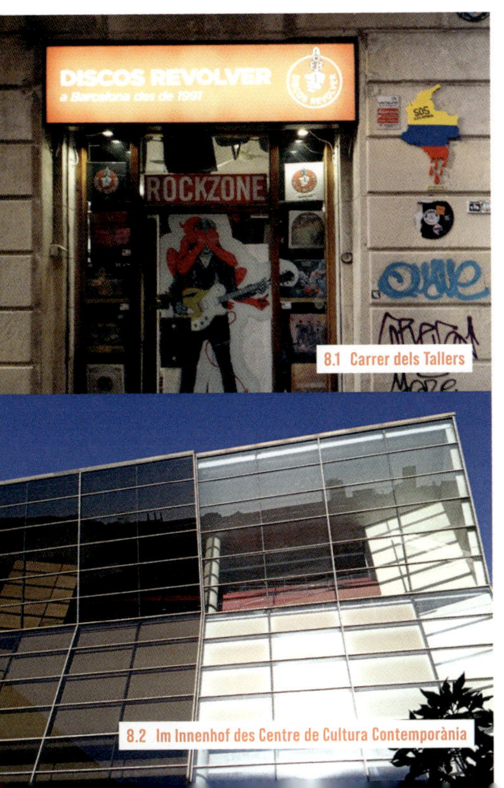

8.1 Carrer dels Tallers

8.2 Im Innenhof des Centre de Cultura Contemporània

renzen bis hin zu Aufführungen im hauseigenen Theater. Ob ein Event den eigenen Interessen entspricht und nicht an der Sprachbarriere scheitert, entnimmt man der Webseite. Der Gebäudekomplex aus dem 16. Jahrhundert hatte zuvor als Priesterseminar, Kaserne und Armenhaus gedient. Bei einem Blick in den Innenhof werden die Reflexionen der dreißig Meter hohen, getönten Glasfassade überraschen.

Di–So 11–20 Uhr Aktuelle Ausstellung: Erw. 6 €, Sen. & Jugendl. (12–25 J.) 4 €, So ab 15 Uhr frei
Carrer Montalegre 5 cccb.org

## 8.3 Museu d'Art Contemporani de Barcelona – MACBA

Als 1992 Licht in das düstere Viertel gebracht werden sollte, drängte sich der Stil des amerikanischen Architekten Richard Meier mit seinen strahlend weißen Gebäuden geradezu auf. Das Museum für Gegenwartskunst avancierte zum Vorzeigeprojekt. Die Sammlung umfasst Werke berühmter Namen wie Robert Rauschenberg, Marcel Duchamp, Gerhard Richter oder Paul Klee, doch mancher Besucher resümiert die Erfahrung mit »so viel Gebäude und so wenig Kunst«. Die oft hochkarätigen wechselnden Ausstellungen können möglicherweise mehr überzeugen. Der

8.3 Museu d'Art Contemporani de Barcelona MACBA

Vorplatz ist einer der wichtigsten Treffpunkte der Skaterszene, wenn sie die Polizei nicht vertreibt. Eine Wand hinter dem Gebäude ziert ein 34 Meter langes Mural des Amerikaners Keith Haring.

Mo & Mi–Fr 11–19.30 Uhr, Sa 10–20 Uhr, So 10–15 Uhr

Erw. 11 €, Stud. 8,80 €, Sen. und Kinder (bis 13 J.) frei

Plaça dels Àngels 1 · macba.cat

## 8.4 Die Vampirin des Raval

Enriqueta Martí wuchs in ärmlichen Verhältnissen im Vorort L'Hospitalet auf, ihre Mutter starb, als sie sechs Jahre alt war, der Vater verging sich an ihr. Sie landete als Prostituierte im Raval, wo sie Kinder entführte und zur Prostitution zwang. Im Lauf der Zeit soll sie ein Dutzend Minderjährige ermordet und zu medizinischen Produkten verarbeitet haben. 1912 wurde sie in ihrer Wohnung im Carrer de Joaquín Costa festgenommen und ein Jahr später in Haft von Mitgefangenen gelyncht.

So jedenfalls lautet die kursierende und immer wieder von Journalisten aufgebauschte schwarze Legende. Die Recherchen ernsthafter Historiker ergaben, dass kaum etwas Wahres daran ist. Vielmehr lege die Geschichte Frauenfeindlichkeit und Klassismus der besseren Gesellschaft Barcelonas vor hundert Jahren offen.

8.4 Das Haus der Vampirin des Raval

8.5 Das ehemalige Hospital de la Santa Creu

8.5 Im Innenhof des ehemaligen Hospital de la Santa Creu

8.6 La Rambla del Raval

Der 2020 in die Kinos gekommene Film *La Vampira de Barcelona* interpretiert die Diffamierung der Frau als Strategie der Aristokratie, um von eigenen Sünden in den Bordellen des Stadtteils abzulenken.

✉ Carrer de Joaquín Costa 29

## 8.5 Hospital de la Santa Creu

Das Wort »Raval« stammt aus dem Arabischen und bedeutet »Siedlung außerhalb der Stadtmauern«. Hierher wurde alles abgeschoben, was innerhalb der Stadt unerwünscht war: Kranke, Marginalisierte und stinkende Industrien. Martí »der Humane«, Graf von Barcelona und König von Aragón, legte 1401 den Grundstein für ein zentrales Hospital, das die existierenden sechs Krankenhäuser zusammenfassen sollte. Es entstand ein beeindruckender Komplex gotischer Architektur, der erst 1926 geschlossen wurde, als er den Anforderungen der modernen Medizin nicht mehr gerecht wurde. Zu den letzten Patienten gehörte Antoni Gaudí, der hier verstarb, nachdem er von einer Straßenbahn angefahren wurde. Heute dienen die Gebäude verschiedensten Kultur- und Bildungsinstitutionen, unter anderem der katalanischen Nationalbibliothek.

✉ Nordeingang beim Carrer del Carme 47

## 8.6 La Rambla del Raval

In Wahrheit handelte es sich hier nie um eine Rambla, also einen Flusslauf, sondern um noch junge städtebauliche Chirurgie. Im Jahr 2000 wurde die Flaniermeile als offiziell erfolgreiche Stadtverschönerung feierlich eingeweiht. Dem Projekt mussten 62 Gebäude und 900 Bewohner weichen, die ob der urbanen Kosmetik gar keine Freude empfanden. Darunter befand sich auch das Haus, in dem Antoni Gaudí seine ersten Jahre in der Stadt verbracht hatte. Eine weitere illustre Persönlichkeit aus dem einstigen Carrer Cadena war die als »la Moños« stadtbekannte Lola Bonella, die den Unfalltod ihrer Tochter um 1880 nicht überwinden konnte und mit liebenswerter Verrücktheit zu einer städtischen Ikone wurde. Ihr Schicksal erzählt der Spielfilm *La Moños* aus dem Jahre 1997.

Abgesehen vom Museum für Moderne Kunst ist die Rambla heute das zentrale Besuchermagnet des Raval.

## 8.7 El Gat de Botero

Der Kolumbianer Fernando Botero ist einer der omnipräsentesten Künstler der Welt. Seine Arbeiten zieren die Straßen und Museen der Hauptstädte der Welt. Millionen posieren vor seinen Figuren und porträtieren sich. Das künstlerische Konzept könnte kaum einfacher sein: Menschliche und tierische Figuren werden bis zur Groteske aufgeblasen und in überdicke Buddhas verwandelt. Sie wirken wie liebenswerte Karikaturen, die Jung und Alt zum Schmunzeln bringen. Boteros fette Katze ziert seit 2003 die Rambla del Raval.

✉ Rambla del Raval, vor der Hausnummer 10

## 8.8 La Filmoteca

Der Carrer Sant Pau dürfte eine der Straßen mit der höchsten Konzentration von Handy-Läden in Europa sein. Daneben florieren Halal-Food, Döner und Flugreisen in die Heimat der Zuwanderer. Der unpassende Betonklotz an der Plaça de Salvador Seguí gehört der Filmoteca, einer Kulturinstitution, die sich der Welt des Films widmet. Neben Forschungsprojekten unterhält sie eine umfangreiche Bibliothek, einen Ausstellungsraum und zwei Kinosäle, wo täglich Klassiker und unbekannte Filme aus aller Herren Länder gezeigt werden, normalerweise in Originalversion mit katalanischen Untertiteln. Die Streifen gehen außerdem auf Tournee und werden in Theatern und Kinos in ganz Katalonien gezeigt. Ein Blick ins aktuelle Programm kann niemals falsch sein.

🕓 Filmbeginn Di–So zwischen 16.30–20 Uhr ● Erw. 4 €, Sen. & Menschen (unter 30 J.) 3 € ✉ Plaça de Salvador Seguí 1-9 www filmoteca.cat

## 8.9 Palau Güell

Im Schatten von Sagrada Família und den Gebäuden am Passeig de Gràcia lässt sich Gaudís Ästhetik im Palast der Unternehmerfamilie Güell (sprich »Gu-elj«) in relativer Ruhe genießen. Allerdings ist offensichtlich, dass das Wohnhaus einer frühen Phase von Gaudís Schaffen entstammt. Der arabische Einfluß ist unverkennbar, und das Spiel mit Rundungen und Spiralen kaum ausgeprägt. Nichtsdestotrotz wirkt die ernsthafte Eleganz der Räumlichkeiten betörend.

🕓 Apr.–Sep.: Di–So 10–20 Uhr, sonst: 10–17.30 Uhr
● Erw. 12 €, Sen. & Stud. 9 €, Schüler (bis 17 J.) 5 €, unter 10 J. frei; jeden ersten Sonntag im Monat Eintritt frei
✉ Carrer Nou de la Rambla 3-5 www palauguell.cat

8.7 El Gat de Botero
8.8 La Filmoteca
8.9 Palau Güell
8.9 Palau Güell

8.9 Auf dem Dach des Palau Güell

8.9 Palau Güell

Biocenter

#CAFÉ
### Bar Marsella

Barcelonas älteste Bar hat einen solchen Stellenwert, dass die Stadt das Lokal kurzerhand kaufte, als der Eigentümer 2013 den Pachtvertrag nicht verlängern wollte. Vor über 200 Jahren eröffnet, labten sich hier schon Hemingway, Dalí und Picasso am Hausgetränk, dem hochprozentigen Absinth.

Di–So 18–1 Uhr · Carrer de Sant Pau 65
facebook.com/people/Bar-Marsella/100049612574981

#RESTAURANT
### Biocenter

Eines der ersten vegetarischen Restaurants der Stadt hat lange durchgehalten, weil es seine Philosophie auch auf die Preisgestaltung anwendet. Ein Teller des Tages zu 7,45 € ist unschlagbar, ein Zwei-Gänge-Menü zu 9,95 € und eines mit drei Gängen zu 11,45 € nähern sich dem an. Wem fleischlose Küche nicht zusagt, stehen im Raval massenhaft Alternativen offen.

Mo–Sa 13–23 Uhr, So 13–16.30 Uhr · Pintor Fortuny 25
restaurantebiocenter.es

La Via Laietana

#KULTUR #GESCHICHTE

## Die Schneise der Macht

# La Via Laietana

**Die einen Kilometer lange, geradlinige Hauptstraße wurde von 1908 bis 1913 quer durch die Wohngebiete geschlagen. Zum einen verlangte die nun im Eixample ansässige Oberschicht nach einem schnellen Verkehrsweg zum Hafen. Auf der anderen Seite sollte die Teilung die ständig rebellierenden Unterschichtviertel einem leichteren Zugriff der Ordnungsmacht öffnen.**

Schon der umfassende Stadterweiterungsplan des 19. Jahrhunderts sah den Durchbruch vor, wenn auch in reduzierten Dimensionen. Dem chirurgischen Eingriff mit der Axt fielen 2.200 Gebäude zum Opfer, darunter gotische Paläste und zwei mittelalterliche Klöster. Rund zehntausend Bewohner mussten sich eine neue Bleibe suchen.
Auf der anderen Seite legten die Arbeiten Teile der römischen Stadtmauer frei. Die absolute Geradlinigkeit des Boulevards und der dichte Verkehr beeinträchtigen leider gefühlt den ästhetischen Wert der repräsentativen Gebäude. Im Lauf des Jahres 2022 soll die Via fußgängerfreundlicher umgestaltet werden.

### 9.1 Plaça d'Urquinaona

An dem »Urkinaona« ausgesprochenen **Platz** [1a] treffen gleich drei Stadtteile aufeinander, der rechte Eixample, die Altstadt und Sant Pere. Das dreieckige Areal überblickt die **Torre Urquinaona** [1b], ein scheinbar vor Kraft strotzendes 22-stöckiges Hochhaus, das 1975 fertiggestellt wurde. Der franquistische Bürgermeister erteilte die Baugenehmigung unter Missachtung der gültigen städtischen Bauvorschriften. Der bis dato wenig bekannte Platz erlangte Berühmtheit durch die »Batalla d'Urquinaona«, eine siebenstündige Straßenschlacht zwischen Polizei und Demonstranten, nachdem am 14. Oktober 2019 zwölf katalanische Politiker wegen der Abhaltung des Unabhängigkeitsreferendums zu bis zu 13 Jahren Haft verurteilt worden waren.

Torre Urquinaona 1b
1a Plaça Urquinaona
Metrostation Urquinaona M
2a Ehemaliger Sitz von La Caixa
2b Nebengebäude von La Caixa
C. de Sant Pere Més Alt
Ronda de Sant Pere
Kinopalast Via Laietana 53 2c
4 Palau de la Música Catalana
Plaça de Catalunya
Bingo Laietana 2d
3 Carmela von Jaume Plensa
7 Mercat de Santa Caterina
Caelis
Casa del gremi dels velers 5
Av. de Francesc Cambó
C. d'En Giralt el Pellicer
8a Capella d'en Marcús
Banco de España 6b
Plaça d'Antoni Maura 6
Casa 9 Cambó
Bar del Pla
8b Alte Straßenschilder Carrer de l'Oli
C. dels Corders
Foment 6a de Treball
10c Reiterstatue König Ramon Berenguer III.
Mauern des 10a Königspalastes
10d Gewerkschaftshaus
10b Römische Stadtmauer
Via Laietana
Reederei 10e Transmediterránea
Metrostation Barceloneta M
La Rambla
Carrer de Jaume I
Hauptpostgebäude 10f
Route 4 "El Born"
Plaça de Pau Vila
Parc de la Ciutadella
Passeig de Picasso
Passeig d'Isabel II
Route 3 "Passeig de Colom"
N W O S
50m

9.1b La Torre Urquinaona

9.2 Der ehemalige Sitz von La Caixa

## 9.2 Der ehemalige Sitz von La Caixa

La Caixa (sprich »Káscha«) ist das größte und wichtigste katalanische Bankhaus und bekannt durch das von Joan Miró entworfene Logo. Inzwischen hat sie ihre Hauptverwaltung längst in zwei Türme an der Avinguda Diagonal verlegt. Das während des Ersten Weltkriegs entstandene **neogotische Gebäude** [2a] zeigt seine spektakulärste Seite erst, wenn man daran vorbeigelaufen ist und zurückschaut. Das nur durch den Carrer de Jonqueres abgetrennte **Haus in hellem Sandstein** [2b] gehört zum selben Komplex und stammt vom gleichen Architekten.
Die auffällig vernachlässigte Fassade auf der gegenüberliegenden Seite der Via Laietana war ein 1923 eingeweihter **Kinopalast** [2c], der seit Jahrzehnten einen neuen Nutzer sucht. Gleich nebenan wartet ein **Bingosaal** [2d] auf Glücksspieler. Das meist mit Großbritannien assoziierte Spiel ist auch in Spanien durchaus populär.

✉ Via Laietana 56

## 9.3 Carmela

Die fast fünf Meter hohe Skulptur vom Gesicht einer Jugendlichen sollte den Vorplatz des Musikpalastes 2016 eigentlich nur fünf Monate lang zieren, doch die verzauberten Barceloniner forderten lautstark den Verbleib. Das geometrisch ausgesprochen kuriose Werk war für die USA bestimmt, doch der einheimische Künstler Jaume Plensa ließ sich von den Bitten erweichen. Bis mindestens 2024 bleibt Carmela an Ort und Stelle.

✉ Carrer de Sant Pere Més Alt 3

9.3 Carmela

## 9.4 Palau de la Música Catalana

Der katalanische Modernisme wird zu Unrecht oft allein auf die Architektur von Antoni Gaudí reduziert. Lluís Domenech schuf 1908 einen Musikpalast, der seinem Namen alle Ehre macht. Die verschnörkelten Fassaden sind in den engen Gassen leider nur aus spitzem Winkel in Augenschein zu nehmen, aber der wahre Schatz findet sich im Inneren. Die verspielte Farbenpracht des Konzertsaals überwältigt mit barockem Detailreichtum. Alternativ zu den Touren mit Audioguide oder menschlichem Führer kann man auch einen Konzertbesuch ins Auge fassen. Stilistisch bewegt sich das Angebot meist im klassischen Orbit, hin und wieder kommen Jazz, Flamenco und Songwriter zum Zug. Die Preise orientieren sich am auftretenden Künstler und liegen zwischen 10 und 120 Euro. Bei einem Besuch mit Audioguide muss der eigene Kopfhörer mitgebracht werden.

🕒 Führungen meist täglich 10-15.30 Uhr Rundgang mit Audioguide: pro Person 13 €, Führung: 19 €, Kinder (unter 10 J.) immer frei ✉ Eingang an der Ecke Carrer de Sant Pere Més Alt und Carrer d'Amadeu Vives www palaumusica.cat/en

## 9.5 Casa del Gremi dels Velers

Mit der Zentralisierung der Macht unter der spanischen Krone erlebte Barcelona ab dem 16. Jahrhundert einen beispiellosen und bis zur Industrialisierung andauernden Niedergang. Darum ist der Barock kaum vertreten, höchstens in Form von Altaren oder nachträglich angebrachten kirchlichen Fassaden. Der Sitz der Innung der Seidentuchfabrikanten bildet in diesem Kontext mit seinen Stuckmalereien eine auffällige Ausnahme. Die Schäden am Mauerwerk um den Haupteingang an der Südfassade stammen noch aus dem Spanischen Bürgerkrieg.

✉ Carrer de Sant Pere Més Alt 1

## 9.6 Plaça d'Antoni Maura

Man ahnt, dass hinter den Bürofenstern der Plaça die Schalter der Macht umgelegt werden. Oder zumindest wurden. Auf der Südostseite sitzt der **Foment de Treball** [6a]. Hinter »Förderung der Arbeit« verbirgt sich der katalanische Unternehmerverband, in Zeiten der Klassenkämpfe ein

9.4 Palau de la Música Catalana

9.5 Fassade der Casa del Gremi dels Velers

9.6a Der Sitz des katalanischen Unternehmerverbandes

9.6b Der ehemalige Banco de España

9.7 Mercat de Santa Caterina

Instrument, dessen Arme in alle Winkel der politischen Macht reichten. Schräg gegenüber pflegte der Banco de España – natürlicherweise mit Sitz in Madrid – seinen Ableger im industriellen Herzen des Landes. Heute gehört das Gebäude dem mächtigen **Banco Bilbao Vizcaya Argentaria – BBVA** [6b] aus Bilbao. 1911 wurde unter der Plaça eine Metrostation gebaut, die allerdings niemals einen Passagier gesehen hat. Seitdem kursieren Gerüchte um Unmengen von Bargeld, die per Schiene im Untergrund verschoben werden. Bei der Fahrt mit der L4 zwischen Urquinaona und Jaume I. kann man mit Glück einen Blick auf den verwaisten Bahnsteig erhaschen.

## 9.7 Mercat de Santa Caterina

Als erste überdachte Markthalle 1884 errichtet, ist Santa Caterina eine Alternative zur von Touristen überrollten und in seiner Angebotsstruktur angepassten Boqueria. Die Warenpalette orientiert sich hier am einkaufenden Normalbürger. Vor wenigen Jahren aufwendig umgestaltet, sitzt der Markt auf den Ruinen eines ehemaligen Klosters gleichen Namens. Beim Umbau wurden auch Reste aus der Bronzezeit und der Antike zutage gefördert. Ein Teil der freigelegten Grundmauern kann im hinteren Bereich besichtigt werden. Die Tafeln zur Erklärung steuerte das Historische Museum bei.

Mo, Mi, Sa 7.30–15.30 Uhr, Di, Do, Fr 7.30–20.30 Uhr, Jul–Aug: Mo–Do 7.30–15.30 Uhr, Fr 7.30–20 Uhr, Sa 8–15 Uhr

Av. Francesc Cambó 16 mercatdesantacaterina.com

#WISSEN **Kaffee und Tee:** Um im urbanen Rennen mitzuhalten, ist Kaffee für die meisten Barceloniner Teil des Alltags. Allerdings gehört der Aufguss nicht zum Nachmittagsplausch, sondern zum Frühstück oder ans Ende einer Hauptmahlzeit. Filterkaffee wird nicht konsumiert, am nächsten kommt ihm der »cafè americà«. Ansonsten wird Wasser unter hohem Druck durch das Pulver gepresst, wodurch das Getränk deutlich an Geschmacksintensität gewinnt.

Ein einfacher »cafè« ähnelt eher einem Espresso, im Sommer oft mit Eiswürfeln als »café amb gel« oder »café con hielo« genossen. In einem kleinen Glas mit Milch verschnitten, wird Kaffee zum katalanischen »tallat« oder zum spanischen »cortado«. Eine größere Tasse mit mehr Milch nennt sich »cafè amb llet« oder »café con leche«. Populär ist die Mischung mit Cognac oder Anisschnaps, die als »cigalò« oder »carajillo« über den Tresen geht.

9.8a La Capella d'en Marcús

9.8b Alte Straßenschilder am Carrer de l'Oli

9.9 La Casa Cambó

Passionierte Teetrinker werden dagegen einige Enttäuschungen erleben, auch wenn qualitätsarme Teebeutel überall vorrätig sind. Wer Kräutertee meint, bestellt eine »infusió«, typischerweise auf der Basis von Kamille (»camamilla«) oder Zitronenstrauch (»marialluïsa«) erhältlich.

## 9.8 La Capella d'en Marcús

Nur wenige romanische Kapellen aus dem Hochmittelalter haben in Barcelona überlebt, ganz anders als in den Mittelgebirgen Kataloniens, wo es noch Hunderte zu bewundern gibt. Die des **Heiligen Markus** [8a] wurde anlässlich der Eroberung Tortosas im Süden der Grafschaft Barcelona im 11. Jahrhundert errichtet. Mangels finanzieller Mittel erhielt sie keinen Turm, sondern nur einen Glockengiebel. Später machte sie die Bruderschaft der Briefträger zu ihrem geistlichen Stützpunkt.

✉ Carrer Carders 2

Der Carrer Carders führt wieder in Richtung Via Laietana zurück. Kurz vorher biegen wir rechts in den Carrer dels Mercaders. An der Ecke zum Carrer de l'Oli finden sich zwei **uralte Straßenschilder** [8b]. Eines aus der Mitte des 19. Jahrhunderts verweist darauf, dass nur Pferde und keine Gespanne in der Gasse zugelassen sind. Das andere nennt »Distrikt 2, Stadtviertel 3« und den Straßennamen. Dieser Typ Schilder diente der Steuerbehörde zur Lokalisierung aller Tributpflichtigen, nachdem die Regierung Barcelonas Bürger 1842 wegen eines Aufstands mit einer Strafsteuer belegt hatte.

✉ Ecke Carrer dels Mercaders / Carrer de l'Oli

## 9.9 La Casa Cambó

Das Gebäude des heutigen Grand Hotel Central hat eine bewegte Geschichte. Errichtet wurde es 1923 vom Unternehmer und Politiker Francesc Cambó, einem Liberalen und entschiedenen Katalanisten. Dessen Fortschrittsglaube spiegelt sich im Baustil wieder, der dem Vorbild der Chicagoer (Architekten-) Schule folgte. Als der Putsch der Faschisten 1936 in Barcelona scheiterte und die Anarchisten das Ruder in der Stadt übernahmen, zog sich Cambó mit Familie sicherheitshalber aufs Land zurück. Tatsächlich besetzte die anarchistische Gewerkschaft CNT noch am selben Tag das Gebäude und machte es bis zur Niederlage der Republik im Bürgerkrieg drei Jahre später zu ihrem Hauptquartier. Die Via Laietana benannten sie kurzerhand in Avinguda Durruti um, zu Ehren des bei Madrid gefallenen Anarchisten, dem Hans Magnus Enzensberger ein literarisches Denkmal setzte.

✉ Via Laietana 32

## 9.10 Die untere Via Laietana

Die verbleibenden 500 Meter bis zum Ende der Via Laietana bieten keine großen Attraktionen, aber eine Reihe monumentaler historischer Gebäude. Ein paar erzählen interessante Geschichten.

9.10f Das Postamt

9.10c König Ramon Berenguer III. auf der gleichnamigen Plaça

Bar del Pla

Schräg gegenüber der Casa Cambó liegt vor den mächtigen rückwärtigen **Mauern des Palau Reial** [10a] die Plaça de Ramon Berenguer III. Man sieht deutlich, wie der Palast auf gut erhaltene Reste der **römischen Stadtmauer** [10b] gebaut wurde. Im Zentrum des Platzes reitet der stolze **König Ramon Berenguer** [10c], genannt »Der Große«. Stolz, weil er als Fürst von Barcelona zu Anfang des 12. Jahrhunderts praktisch ganz Katalonien unter seine Herrschaft brachte, zuzüglich Mallorca, Ibiza und Teilen Südfrankreichs. Wer genauer hinsieht, erkennt, dass der Schweif des Pferdes völlig überdimensioniert ist, Frucht eines abhandengekommenen Originals und einer schlampigen Restaurierung.

Hundert Meter weiter erinnert die Spitze eines dreieckigen **Gewerkschaftsgebäudes** [10d] an New Yorks Flatiron Building. Auffällig ist die Nachbildung eines griechischen Tempels auf dem Dach. Errichtet als Bankgebäude, brachte Franco hier seine faschistischen Arbeiterorganisationen unter, nach dem Übergang zur Demokratie zogen die neuen unabhängigen Gewerkschaften ein.

Via Laietana 20

Das letzte Gebäude auf der linken Seite belegt die **Reederei Trasmediterránea** [10e], die wichtige Fährverbindungen zwischen spanischem Festland, den Balearen, Nordafrika und den Kanaren betreibt.

Via Laietana 2

Gegenüber liegt die Hauptfiliale der spanischen **Post** [10f]. Ein Blick in das palastartige Postamt lohnt sich. Auch hier liegt im Untergrund eine verwaiste Metrostation, die allerdings von 1934 bis 1972 tatsächlich aktiv war.

Via Laietana 1

#BAR
### Bar del Pla

Die besten Gastronomiebetriebe werden mit Liebe und Begeisterung betrieben, ganz egal, auf welchem anvisierten Niveau. Del Pla fällt dem Lokal nach in die Kategorie Bar, aber die Tapes scheinen Werk eines Sternekochs zu sein.

Mo–Do 12–23 Uhr Fr & Sa 12–0 Uhr
Carrer de Moncada 2 bardelpla.cat

#RESTAURANT
### Caelis

Wer sich mal was gönnen und dabei finanziell noch relativ gut wegkommen möchte, reserviert einen Tisch im Michelin-Stern-Restaurant Caelis. Mittags kostet das Menü aus zwei Gängen, Nachspeise, Wein und Kaffee 45 Euro. Am Abend steigt der Preis auf 92 oder 135 Euro.

Mi–Sa 13.30–15 Uhr & 20–22 Uhr Via Laietana 49, im Hotel Ohla caelis.com

10

Täglich

1,9 km

Im Parc de la Ciutadella

#GESCHICHTE #KULTUR #NATUR

## Von Soldaten und Papageien

# El Parc de la Ciutadella

**Im dichtgedrängten Barcelona sind innerstädtische Grünflächen rar. Darum wird der größte Park bei Sonnenschein massenhaft von Spaziergängern, Radfahrern und Hundefreunden aufgesucht.**

Der Name erinnert an die Zitadelle, die der spanische König 1716 errichten ließ, um die aufmüpfigen Katalanen militärisch im Zaum zu halten. Erst 1868 wurde der Abriss beschlossen, den die Stadtkasse bezahlen musste. Dreizehn Jahre später konnte der neue Park eingeweiht werden, der 1888 die erste Weltausstellung beherbergte. Vorbild der Umgestaltung war der Pariser Jardin du Luxembourg. Der Traum der aktuellen Bürgermeisterin ist die Ausdehnung des Parks bis zum Strand, doch mit dem Zoo und der Stadtautobahn stehen zwei potente Hindernisse im Weg.
Startpunkt der Route ist der Ausgang »Roger de Flor« der Metrostation Arc de Triomf.

### 10.1 Arc de Triomf

Der Triumphbogen feiert keine militärischen Feldzüge, sondern den Triumph des Geistes, der Wissenschaft und der Liberalität. Diesen Esprit der Universalität drückt auch die arabeske Gestaltung aus. Das 30 Meter hohe Bauwerk fungierte als Eingangsportal zum Gelände der Weltausstellung 1888. Eine Tür führt ins Innere des Monuments und eine Treppe bis aufs Dach. Besuchern wird diese Möglichkeit nur an einem Wochenende im Jahr eröffnet, zum **Open House Festival** im Oktober. Dann bilden sich allerdings endlose Warteschlangen.

### 10.2 Passeig de Lluís Companys

Der von Palmen und Platanen gesäumte **Fußgängerboulevard** [2a] ist die Heimat einer enormen Kolonie entflohener oder freigelassener Papageien, die lautstark auf sich aufmerksam macht. Inzwischen kreischen sie fast überall in der Stadt, wo Palmen stehen. Der Name der Flaniermeile erinnert an den 1940 hingerichte-

Metrostation Arc de Triomf
Pg. de Sant Joan
Av. de Vilanova
Arc de Triomf 1
2b Justizpalast
Carrer de Trafalgar
Passeig 2a Lluís Companys
Passeig de Pujades
5 Cascada Monumental
La Glorieta de la transsexual Sònia 6
Quiosc-Bar Ciutadella
Parc de la Ciutadella
Castell dels Tres Dragons 3
Desconsol 7
9 Das katalanische Parlament
Das Gewächshaus 4
8
Der Gouverneurspalast
Plaça de Joan Fiveller
Carrer de la Princesa
Passeig de Picasso
10 Der Zoo
Dionisos
N W O S
50m

10.1 Arc de Triomf

10.2 Passeig de Lluís Companys

ten katalanischen Präsidenten Lluís Companys (sprich »Kompansch«). Eine Reihe von Büsten gedenkt weiteren Helden der katalanischen Geschichte. Linker Hand erstreckt sich der klassizistische Bau des **Justizpalastes** [2b], der Kataloniens oberstes Gericht beherbergt. Davor liegen Spielfelder für »petanca«, einer Variante des aus Frankreich importierten Boule.

10.2b Justizpalast

## 10.3 El Castell dels Tres Dragons

Zwei Statuen, die Industrie und Handel verehren, begrüßen den Besucher am Eingang zum Park. Die »Burg der drei Drachen« direkt rechts sollte zur Weltausstellung ein Restaurant beherbergen, wurde aber nicht rechtzeitig fertiggestellt. Zwischen unterschiedlichen Nutzungen stand sie regelmäßig leer, was seit 2017 wieder der Fall ist.

10.3 El Castell dels Tres Dragons

## 10.4 Das Gewächshaus

Gleich nebenan siecht das einst elegante Gewächshaus »hivernacle« vor sich hin, die Glasfenster sind zerstört und die Natur erobert sich die Struktur zurück. Nächtens suchen hier Obdachlose Schutz. Egal, ob man den Anblick melancholisch oder als städtebauliche Schande empfindet, fotogen ist er allemal. Ein 2015 beschlossenes Restaurationsprojekt ist bislang nicht in Angriff genommen worden.

## 10.5 La Cascada Monumental

Wir wenden uns in nordöstliche Richtung und bahnen uns den 200 Meter langen Weg zum monumentalen Brunnen. Die Mehrzahl der reichhaltigen Verzierungen spielen in mystischer Weise auf die Wasserwelt an, doch der Bau wird von einer vergoldeten Quadriga gekrönt, die als Fingerzeig auf den unaufhaltsamen Fortschritt der Demokratie interpretiert wird. Bei der Besteigung des Monuments entdeckt man eine Tür mit dem Hinweis »Aquarium«. Tatsächlich verbergen sich im Inneren eine Reihe künst-

10.4 Das Gewächshaus

10.5 La Cascada Monumental

10.5 La Cascada Monumental

10.6 La Glorieta de la transsexual Sònia

licher Grotten, wo in Wassertanks die Fische der Weltmeere bewundert werden konnten. Gespeist wurden Aquarien und Brunnen durch ein komplexes hydraulisches System, an dessen Entwicklung auch der junge Antoni Gaudí beteiligt war.

## 10.6 La Glorieta de la transsexual Sònia

In dem kleinen Pavillon am Vorplatz des Brunnens spielten einst Musikgruppen zur Weltausstellung auf. 2013 wurde er zu Ehren der transsexuellen Sònia Rescalvo umbenannt, die hier 1991 von rechtsradikalen Skinheads zu Tode geprügelt wurde. Es handelte sich um den ersten Mordfall der noch im Aufbau befindlichen Regionalpolizei Mossos d'Escuadra. Die sechs Täter wurden zu hohen Haftstrafen verurteilt.

## 10.7 Desconsol

Der rechteckige zentrale Teil des Parks war einst der militärische Aufmarschplatz der Garnison, die »plaça d'armes«. Den Blickfang bildet die wohl bekannteste Skulptur der Anlage: Jeder Betrachter von »Desconsol« (»Untröstlichkeit«) des Bildhauers Josep Llimona nimmt sofort die Emotion des Werks auf.

## 10.8 Der Gouverneurspalast

Der Katalonien nach dem Erbfolgekrieg verwaltende Abgesandte des spanischen Königs lebte zur Sicherheit innerhalb der Zitadelle. Dort wuchs auch Domènec Badia als Sohn eines Sekretärs auf. Später wurde er unter dem Namen Ali Bey berühmt als der erste Europäer, der 1807 die für Nicht-Muslime verbotene heilige Stadt Mekka besuchen konnte. Dazu hatte er Arabisch gelernt, sich eigenhändig beschnitten und mit falschen Papieren ausgestattet. Als Araber verkleidet führte seine fünfjährige Reise über London, Marokko, Ägypten nach Arabien und über Jerusalem und die Türkei wieder in die Heimat. Heute beherbergt der Palast ein Gymnasium.

## 10.9 Das katalanische Parlament

Im Wechselspiel zwischen den katalanischen Streifen und den Symbolen der spanischen Monarchie wurde das Wappen über dem Haupteingang bereits etliche Male ausgetauscht. Nach dem Ende der Diktatur zog das Regionalparlament Kataloniens zurück in das ehemalige Waffenarsenal der Zitadelle. Am 27. Oktober 2017 rückte es in den Fokus der Weltnachrich-

10.7 Desconsol

10.9 Das katalanische Parlament

10.10 Im Zoo

10.10 Im Zoo

Quiosc-Bar Ciutadella

Dionisos

ten, als Präsident Carles Puigdemont die Unabhängigkeit der Republik Katalonien ausrief, sie aber im gleichen Atemzug zu Gunsten einer Verhandlungslösung mit dem spanischen Staat aussetzte. Wenige Minuten später erklärte der spanische Regierungschef Mariano Rajoy die Suspendierung der Autonomierechte Kataloniens und das Abgeordnetenhaus für aufgelöst. Das Parlament kann im Rahmen einer auch englischsprachigen Führung besichtigt werden. Vorherige Anmeldung über die Webseite ist zwingend erforderlich.

Kostenlos parlament.cat/aulaparlament/visites

## 10.10 Der Zoo

Barcelonas zoologischer Garten beansprucht etwa ein Drittel der Fläche der ehemaligen Zitadelle. Schon kurz nach der Weltausstellung 1892 eingeweiht, versuchte die Stadt ihn in den vergangenen Jahren an das moderne Verständnis des Tierschutzes anzupassen, was immer wieder hitzige Dispute provoziert. Dem berühmtesten Bewohner soll in Kürze ein Denkmal gesetzt werden: 2003 verstarb im Alter von vermutlich 39 Jahren der weltweit einzige bekannte Albino-Gorilla »Floquet de Neu« (»Schneeflöckchen«). 1966 war er aus der ehemaligen spanischen Kolonie Äquatorialguinea nach Barcelona gebracht worden und erreichte ein weit höheres Lebensalter als der Durchschnitt seiner Artgenossen.

Täglich ab 10 Uhr, Winter: bis 17.30 Uhr, Frühjahr & Herbst: bis 19 Uhr, Sommer: bis 20 Uhr Erw. 21,40 €, Sen. 10,50 €, Kinder (3–12 J.) 12,95 € zoobarcelona.cat

#CAFÉ

### Quiosc-Bar Ciutadella

Kulinarische Genüsse sollte man am Kiosk vor dem Monumentalbrunnen nicht erwarten, aber in der näheren Umgebung findet sich keine weitere Kaffeemaschine und kein Kühlschrank. Ein Hamburger oder ein Bikini können zumindest zeitweise über einen Wolfshunger hinweghelfen.

Täglich 12.30–23 Uhr

#RESTAURANT

### Dionisos

Die im deutschen Sprachraum allgegenwärtigen griechischen Restaurants sind in Katalonien äußerst rar gesäht. Beim Parkausgang trifft man aber zuerst auf Dionisos. Ob er mit dem heimischen Griechen mithalten kann, muss man zur Not selbst ausprobieren.

Täglich 13–16 & 20–0 Uhr Avinguda del Marquès de l'Argentera 27 dionisos.com

# 11

Täglich

3,9 km

Der Strand der Barceloneta

#GESCHICHTE #STRAND #KUNST

## Ghetto am Strand

# La Barceloneta

**Als Tor zum innenstadtnächsten Strand ist die Halbinsel Barceloneta bei Touristen besonders beliebt. Dabei sieht man auf den ersten Blick, dass es sich um ein ehemaliges Fischer- und Arbeiterviertel handelt.**

Es entstand mit geplantem Straßengrundriss 1714, als der spanische König den ganzen Stadtteil für die Ciutadella niederreißen ließ. Ein Teil der vertriebenen Bewohner siedelte auf der Barceloneta. Heute fürchten sich viele wieder vor Vertreibung durch die rasant steigenden Mieten. Die einst niedrigen Einfamilienhäuser sind längst durch Wohnblocks ersetzt worden, wodurch ein architektonisch selten ansehnliches Gemisch unterschiedlicher Stilepochen entstand. Echte Attraktionen bietet die Barceloneta kaum, aber einen atmosphärisch dichten Rundgang durch das Barcelona der Industrialisierung und der Armut. Als Cervantes seinen Don Quijote schrieb, war die Barceloneta noch eine richtige Insel namens Maians. Genau hier wurde Quijote im Kampf besiegt und zu der Entscheidung getrieben, das Leben als Abenteurer aufzugeben.

### 11.1 Mercat de la Barceloneta

Auf dem Weg zur zentralen Markthalle kreuzt man den **Carrer de Ginebra** [1a], dessen Name als Genfer Straße oder als Straße des Gin gedeutet werden kann. Einer Hypothese zufolge war die Gegend im Schmuggel von Wacholderschnaps von der einst britisch beherrschten Insel Menorca verwickelt. Die **Markthalle** [1b] bildet geografisch wie sozial das Zentrum der Barceloneta. Die 1884 errichtete Metallstruktur hat den Luftangriffen während des Bürgerkriegs standgehalten. Die umfassende Renovierung von 2007 dagegen hatte offensichtlich nicht den Anspruch, die historische Form der Halle zu erhalten.

Mo–Do 7–14 Uhr, Fr 7–20 Uhr, Sa 7–15 Uhr

Plaça de Font 1-2 mercatdelabarceloneta.com

### 11.2 La Maquinista Terrestre i Marítima

Der einsame Torbogen ist einer der wenigen Überreste des einst wichtigsten Arbeitgebers

Typischer Straßenzug der Barceloneta

11.1 Mercat de la Barceloneta

11.2 La Maquinista Terrestre i Marítima

11.3 Font Carmen Amaya

des Viertels: Der Hersteller für Maschinen der Textilindustrie errichtete 1861 ein Werk gigantischer Dimensionen, um einen neuen Markt zu erschließen, den Bau von Brücken und Pontons. In Spitzenzeiten beschäftigte die Fabrik 1.200 Arbeiter. 1965 wurde die Anlage abgerissen, außer dem Eingangstor verblieben ein Schornstein und ein Kran.

✉ Am östlichen Ende des Carrer de la Maquinista

## 11.3 Font Carmen Amaya

Der Brunnen ehrt die wohl berühmteste Flamenco-Tänzerin aller Zeiten. Carmen Amaya wuchs in ärmlichsten Verhältnissen auf der Barceloneta auf. Nicht einmal ihr Geburtsjahr steht mit Sicherheit fest. Die Hüttensiedlung namens Somorrostro wurde anlässlich eines Besuchs von Diktator Franco in Barcelona in den 1960er Jahren niedergerissen. Carmen Amaya tanzte sich bis nach Hollywood und ins Weiße Haus. Präsident Roosevelt, Charlie Chaplin und Orson

Welles zählten zu ihren Verehrern. Als kleines Mädchen soll sie täglich an dem später nach ihr benannten Brunnen Wasser geholt haben.
✉ Plaça de Brugada

#WISSEN **Flamenco:** Niemand weiß genau, wie und wo der Flamenco entstand, klar ist aber, dass er mit der traditionellen katalanischen Kultur nichts gemein hat. Da mag es überraschen, dass Barcelona nach Andalusien und Madrid als wichtigste Hochburg der hochgradig komplexen und leidenschaftlichen Musik gilt. Die Stadt hat große Künstler wie Montse Cortés, Mayte Martín oder Miguel Poveda hervorgebracht. Der Grund liegt in der großen Zahl südspanischer Zuwanderer, die sich in bestimmten Vierteln wie La Mina konzentrierten. Abgesehen von den bunten Touristenspektakeln der »Tablaos« ist Flamenco dennoch in Barcelona minderheitlich und nur mit Glück live zu erleben. Dazu muss man die jeweils aktuellen Kulturkalender der Stadt durchforsten, auf Englisch beispielsweise: timeout.com/barcelona

11.4b Cooperativa La Fraternitat

11.5 La Casa de la Barceloneta

Eine Tafel erinnert an den Aufenthalt von Ferdinand de Lesseps

Typisches Wohnhaus der Barceloneta

## 11.4 La Casa de la Farmàcia

Die ansehnlichsten Altbauten der Barceloneta konzentrieren sich auf engem Raum. An der Stelle des schmalen Gebäudes mit der mit Jugendstilelementen verzierten Fassade befand sich die erste Apotheke des Viertels. Bis heute residiert hier eine Apotheke, darum heißt das Haus in der Alltagssprache **»La Casa de la Farmàcia«** [4a]. Auch das Backsteingebäude nebenan bildet eine Ausnahmeerscheinung auf der Halbinsel. Es wurde 1907 von der Einkaufsgemeinschaft **»Cooperativa La Fraternitat«** [4b] erbaut, um Zwischenhändler auszuschalten und den Mitgliedern Konsumgüter zu niedrigeren Preisen bieten zu können.

✉ Carrer de Sant Carles 7

## 11.5 La Casa de la Barceloneta

Schräg gegenüber der Apotheke findet sich das letzte noch existierende Gebäude der Originalbebauung von 1761. Heute residiert hier ein Nachbarschaftszentrum. Die Eigentümer unterteilten ihre Häuser in kleinere Wohneinheiten, sodass die Barceloneta schnell völlig überbevölkert war. Zwar wurde hundert Jahre später die Aufstockung erlaubt, doch teilten sich viele Familien weiterhin einen einzigen Raum. Gewerbetreibende hatten keinen Platz für eine Werkstatt, und bis ins 20. Jahrhundert arbeiteten viele Handwerker auf der Straße unter freiem Himmel.

🕓 Mo & Do 10–13 & 16–21 Uhr, Mi & Fr 16–21 Uhr, Sa 10–14 & 16–20 Uhr ✉ Carrer de Sant Carles 6

www casadelabarceloneta1761.bcn.cat

GLEICH IN DER NÄHE

### Das Haus von Ferdinand de Lesseps

Achtzig Meter weiter lebte der Erbauer des Suezkanals Ferdinand de Lesseps. Von 1842 bis 1848 agierte er als französischer Konsul in Barcelona. Tatsächlich war Spanisch seine Muttersprache, denn die Mutter stammte aus Málaga. Nach dem Erfolg der Wasserstraße zwischen Mittelmeer und Rotem Meer wurde Lesseps 1879 Präsident eines Unternehmens, das einen Kanal vom Atlantik zum Pazifik plante. Unzureichende Planung und Korruption trieben die Firma 1888 in die Pleite. Den Panamakanal stellten letztendlich die USA 1914 fertig.

✉ Carrer de Sant Miquel 41

## 11.6 Plaça del Mar

Die palmenbestandene Plaça mit Meerblick ziert die verstörende »Skulptur« des Bildhauers Juan Muñoz aus Madrid namens **»Una habitació on**

**sempre plou«** [6a] – ein Zimmer, in dem es immer regnet. Fünf menschliche Figuren teilen sich einen käfigartigen Raum, wirken aber dennoch isoliert und einsam – eine Anspielung auf den Zustand der modernen Gesellschaft. Wenige Meter weiter huldigt die **»Homenatge a la natació«** [6b] der Schwimmtradition der Barceloneta. Die Wasserballsektion des wenige Schritte entfernt ansässigen Club Natació Barceloneta hat nicht weniger als 59 spanische Meisterschaften gewonnen und 160 Olympiateilnehmer hervorgebracht.

## 11.7 Transbordador Aeri del Port – Torre Sant Sebastià

Von der Torre Sant Sebastià führt eine 1,3 Kilometer lange Seilbahn auf den Hausberg Montjuïc. Grandiose Ausblicke über Stadt und Hafen sind garantiert, allerdings ist die sechsminütige Reise gefühlt viel zu schnell vorbei. Als Attraktion für die Weltausstellung 1929 geplant, konnte die Seilbahn erst mit zwei Jahren Verspätung fertiggestellt werden. Ein amerikanischer Militärhubschrauber verfing sich 1957 in den Drahtseilen und stürzte ab. Alle neun Insassen kamen ums Leben.

Täglich, Winter: 11-17.30 Uhr, Frühjahr & Herbst: 10.30-19 Uhr, Sommer: 10.30-20 Uhr Einfache Fahrt pro Person 12,50 €, Hin und zurück 20 €

## 11.8 L'estel ferit

Im Sprachgebrauch »els cubs torcits«, also »die krummen Würfel« genannt, wird die Skulptur »Der verletzte Stern« allgemein als Anspielung auf die historische Enge des Viertels verstanden. Die in Michelstadt geborene Künstlerin Rebecca Horn hatte allerdings einen Meteoriten im Sinne, der sich beim Sturz vom Himmel verletzt hat. Sie experimentierte in den 1960er Jahren in Barcelona mit Glasfaser als Ausgangsmaterial für ihre Werke und handelte sich dabei eine schwere Lungenkrankheit ein.

## 11.9 El Passeig Marítim de la Barceloneta

Bis zur radikalen Stadterneuerung für die Olympischen Spiele 1992 war die Barceloneta als armes Schmuddelviertel bekannt. Die Strandlinie säumten Bretterbuden und improvisierte Handwerksbetriebe. Die Stadtherren ließen die ungeliebten Baracken kurzerhand abreißen. Gleichzeitig errichteten sie eine Kläranlage am Unterlauf des Besos, sodass ein Bad an Barcelonas Hausstrand keine akute Gesundheitsgefährdung mehr darstellte. Heute flanieren täglich Tausende über die **Strandpromenade** [9a] und ein Sprung ins erfrischende Nass ist unbedenklich.

11.6a Una habitació on sempre plou

11.6b Homenatge a la natació

11.7 Transbordador Aeri del Port – Torre Sant Sebastià

11.8 L'estel ferit

11.9b Gasometer
11.10c Der Fisch von Frank Gehry
Electricitat
Can Ramonet

Die Promenade erstreckt sich über 1,3 Kilometer bis zum ehemaligen Olympiahafen, der derzeit vollständig umgestaltet wird. Biegt man direkt vor dem Hospital del Mar hundert Meter weit nach links in den Carrer del Gas, entdeckt man die Metallstruktur eines 1868 errichteten **Gasometers** [9b]. Nochmal sechzig Meter weiter steht ein schöner **Wasserturm** [9c] aus dem Jahr 1906.

## 11.10 El Port Olímpic

Der Hafen für die olympischen Segelwettbewerbe wurde später in ein **Amüsierviertel** [10a] verwandelt. Im Lauf der Zeit tauchten die dreißig Ausgehlokale immer wieder mit Gewaltexzessen in den lokalen Schlagzeilen auf, sodass die Stadtverwaltung eine vollständige Umwidmung beschloss. Der fortan autofreie Hafen soll eine neue Verbindung zwischen Stadt und Meer schaffen. Dahinter erhebt sich der Wolkenkratzer des **Hotel Arts** [10b]. Zum weiteren Komplex gehört auch die Skulptur eines 56 Meter langen **Fisches** [10c], eine Arbeit des amerikanischen Stararchitekten Frank Gehry. Der rechte der beiden Türme, die **»Torre Mapfre«** [10d] beherbergt in einem der obersten Stockwerke das Deutsche Konsulat, das großartige Panoramablicke über Stadt und Meer bietet. Für einen Besuch muss man allerdings zuvor einen Termin vereinbaren.
200 Meter nordwestlich des Hotel Arts findet man im Carrer de Ramon Trias Fargas die Metrostation Ciutadella Vila Olímpica.

#BAR
### Electricitat

Nachbarschaftskneipen wie die »Elektrizität« gab es vor wenigen Jahrzehnten zu Hunderten in Barcelona, inzwischen sind sie eine Rarität. Auf Dekoration wird wenig Wert gelegt, dafür sind die Preise zivil. Den höchsten Stellenwert hat das soziale Zusammenleben der Nachbarschaft.
Di–Do 8–16 Uhr, Fr & Sa 8–22.30 Uhr, So 8–17 Uhr
Carrer de Sant Carles 15 instagram.com/barbodegaelectricitat

#RESTAURANT
### Can Ramonet

Schon 1763 als Bodega betrieben, ist Can Ramonet eines der traditionsreichsten Restaurants der Barceloneta und der ganzen Stadt. Das Mittagsmenü zu 18 Euro bietet unter anderem Fischspezialitäten, Dessert und ein Getränk sind inklusive.
Täglich 13–23 Uhr Carrer de la Maquinista 17
canramonet.es

In den Gassen beim Markt von Sant Antoni

#STADTTEILKULTUR #GESCHICHTE #KURIOSES

## Galgen, Bier, Studenten

# Sant Antoni

**Trotz zentraler Lage wird Sant Antoni vom Gros der Touristen übergangen, denn mit Anziehungspunkten auf internationalem Niveau kann das Viertel nicht brillieren. Die Nachbarschaft zumindest ist darüber nicht unglücklich.**

Barcelonas größte Markthalle und die Universität hauchen dem Stadtteil dagegen jede Menge Leben ein. Kaum ein anderes Gebiet kann mit der Dichte an Bars und Restaurants konkurrieren. Aufgrund des jungen Publikums liegt das allgemeine Preisniveau unter dem anderer Innenstadtbereiche. Die Umgebung der zentralen Markthalle wurde in den letzten Jahren radikal verkehrsberuhigt und kann als Modell der urbanen Zukunftsvision von Bürgermeisterin Ada Colau aufgefasst werden.

### 12.1 L'Universitat

Die Bezeichnung Universitat de Barcelona bedeutet keinesfalls, dass diese die einzige Universität der Stadt sei, es gibt noch eine Reihe weitere, private wie staatliche. Mit rund 64.000 Studenten ist sie aber mit Abstand die größte. Bei dem historischen Gebäude handelt es sich um den Hauptsitz und die Fakultäten für Sprachwissenschaften und Mathematik. Andere Institute sind über die ganze Stadt verteilt. Ihre Ursprünge reichen bis ins Jahr 1401 zurück. Nach Kataloniens Niederlage im Spanischen Erbfolgekrieg 1714 ließ der König zur Bestrafung alle Universitäten schließen und errichtete eine – königstreue – im hundert Kilometer entfernten Cervera. Erst 1842 durfte Barcelona eine neue Universität gründen, die 1871 in das Gebäude zog. Man darf problemlos einen Blick ins Studentenleben, den Innenhof und die anliegenden Gärten werfen.

Gran Via de les Corts Catalanes 585 ub.edu

### 12.2 Fàbrica Moritz

Barcelonas erste industrielle Brauerei gründete 1856 der aus dem Elsass zugewanderte Louis Moritz Trautmann an der Ronda Sant Antoni, just vor

Universität Barcelona 1
Metrostation Universitat
Carrer de Pelai
Ronda de la Universitat
Carrer de Balmes
Carrer dels Tallers
Carrer d'Aragó
Carrer de Viladomat
Carrer de Calàbria
Carrer de Rocafort
Gran Via de les Corts Catalanes
Fàbrica Moritz Barcelona 2
Ronda de Sant Antoni
Casa Golferichs 6
Casa de la Lactància 7
Rekons
Carrer del Comte Borrell
Carrer del Comte d'Urgell
Plaça del Dubte 3a
3b Taller de Músics
Els Tres Tombs
C. de la Cendra
C. de Sant Antoni Abat
Mercat de Sant Antoni 5
4a Sitz der Generalitat ab 1593
4b Ehemaliges Kloster Sant Antoni Abad
Metrostation Rocafort
Carrer de Sepúlveda
N W O S
50m

12.1 Universitat de Barcelona

12.1 Innenhof des Hauptgebäudes

12.1 Die Korridore der Sprachwissenschaften

12.1 Skater auf der Plaça de la Universitat

12.2 Fàbrica Moritz

den Toren der Stadt. Im Zuge der Ölkrise musste das Unternehmen aufgeben, doch die Nachkommen erfüllten sich einen Traum und reanimierten die Brauerei im Jahr 2004. Das alte Fabrikgebäude verwandelten sie in einen – wie sie es selbst nennen – »Themenpark zum Thema Bier«.
Seit den 1990er Jahren befindet sich der spanische Bierkonsum in stetigem Wachstum, während der des traditionellen Weins rückläufig ist. Der durchschnittliche Spanier verköstigt weniger als die Hälfte des gleichermaßen durchschnittlichen Franzosen. Dagegen ist die Zahl der Bierproduzenten mit dem Boom der Mikrobrauereien in Katalonien auf über hundert gewachsen.
In der vom Architekten der Torre Agbar Jean Nouvel umgestalteten Brauerei kann man die Produkte der Marke Moritz testen und mehr oder weniger elsässisch speisen. Die Preise liegen durchweg etwas oberhalb derer einer normalen Bar.

Täglich 12-1 Uhr  Ronda de Sant Antoni 41
fabricamoritzbarcelona.com

**#WISSEN** **Ronda:** Immer wieder stößt man auf den Begriff »ronda«, denn in Barcelona gibt es zehn solcher Verkehrswege. Die Ronda de dalt

12.3a Plaça del Dubte

12.3b Taller de Músics

12.4a Ehemaliger Sitz Sitz der Generalitat

12.4b Ehemaliges Kloster Sant Antoni Abad

12.5 Mercat de Sant Antoni

und die Ronda litoral beispielsweise sind die täglich verstopften Ringautobahnen der Stadt. Die Ähnlichkeit mit dem deutschen Wort »Runde« liefert praktisch schon die Erklärung: Die Ronda war in der Geschichte der vorgeschriebene Weg, den die Wachtposten in regelmäßigen Zeitabständen abzuschreiten hatten. Die Fußwege entlang Kataloniens Küsten heißen ebenfalls Camí de Ronda, obwohl sie keineswegs so wie meist in Barcelona eine echte Umrundung bedeuteten. Hier patrouillierten Polizei und Militär, um Schmuggel und Piraterie zu bekämpfen.

## 12.3 Plaça del Dubte

In jeder Stadt finden sich kuriose Straßennamen. Meist haben sie ganz simple historische Hintergründe. So auch der **»Platz des Zweifels«** [3a], der nicht auf einen philosophischen Disput zurückgeht, sondern auf eine Meinungsverschiedenheit um die Eigentümerschaft des Terrains. Weitere befremdliche Adressen Barcelonas sind beispielsweise der Carrer dels Petons – die Straße der Küsse, Carrer Ja hi som – die Wir-sind-schon-da-Straße oder Carrer del Perill – die Straße der Gefahr. Wenige Schritte entfernt besuchte die Grammy-Preisträgerin Rosalia die Musikschule **Taller de Músics** [3b] im Carrer de Requesens 3.

## 12.4 Portal de Sant Antoni

Vom ehemals wichtigsten Tor der Stadtmauer ist nichts mehr zu sehen, man kann sich nur vor dem geistigen Auge vorstellen, wie Könige und Rittersleute in die Stadt einritten. An dieser Stelle begann die Überlandstraße nach Zaragoza, denn der Graf von Barcelona war im Mittelalter gleichzeitig König von Aragón. Direkt vor dem Tor wurde 1634 Joan de Serrallonga nach 100 Peitschenhieben gevierteilt, genug um den Straßenräuber zum katalanischen Robin Hood oder Klaus Störtebeker zu stilisieren. Seit dem Mittelalter war der Ort ein Hinrichtungsplatz. Nach Beendigung des öffentlichen Spektakels verblieben die Kadaver der Exekutierten noch einige Tage an Ort und Stelle. An der wichtigsten Überlandverbindung Barcelonas sollten ortsfremde Ankömmlinge nachhaltig darauf hingewiesen werden, dass sie sich an die Regeln zu halten haben.

Der spätgotische **Palast** [4a] im Carrer Sant Antoni Abad 54 war ab 1593 Sitz der Generalitat. Heute betreiben die Piaristen hier eine katholische Privatschule. Die gotische Fassade gegenüber gehört zu den Resten des ehemaligen **Klosters Sant Antoni Abad** [4b], das dem Stadtviertel seinen Namen gab.

12.5 Mercat de Sant Antoni

## 12.5 Mercat de Sant Antoni

Barcelonas größte Markthalle ergänzen der Modemarkt »els Encants« und der sonntägliche Bücherflohmarkt. Nach über acht Jahren Restaurierungsarbeiten wurde die Perle der Industriearchitektur 2018 wiedereröffnet. Im Viertel allerdings herrschte panische Angst, der Markt könne sich in eine zweite Boqueria verwandeln und massenhaft Touristen anlocken. Das Rathaus schenkte den Sorgen Gehör. Lizenzen für neue Souvenirshops werden keine vergeben und auch die roten Busse der Stadtrundfahrten stoppen hier nicht. Wohlgemerkt, niemand fürchtet Individualreisende, sehr wohl aber Gruppeninvasionen.

Mo–Sa 8–20.30 Uhr · Carrer del Comte Urgell 1 · mercatdesantantoni.com

12.5 Mercat de Sant Antoni

## 12.6 La Casa Golferichs

Ein außergewöhnliches Beispiel, dass Modernisme nicht immer verschnörkelt und spektakulär sein muss, ist dieses 1901 erbaute Einfamilienhaus, das auch als düstere Szenerie für einen Horrorfilm dienen könnte. Im Gegensatz zu den Prunkbauten von Gaudí wurde es seinerzeit mit dem Architekturpreis der Stadt ausgezeichnet. Heute beherbergt das Gebäude ein Stadtteil-Kulturzentrum, das Ausstellungen und Veranstaltungen aller Art bietet. Somit kann man problemlos hineinspazieren und sich kostenlos umsehen.

Mo–Fr 10–20 Uhr, Sa 10–14 Uhr · Gran Via de les Corts Catalanes 491 · golferichs.org

12.6 La Casa Golferichs

## 12.7 La Casa de la Lactància

Das »Haus des Stillens« wurde ab 1907 als Geburtsklinik und Heim für obdachlose Kinder errichtet. Das Dachrelief illustriert just diesen Zweck. Heute dient das Gebäude als Seniorenheim und kann dementsprechend nicht von innen besichtigt werden. Die Aufstockung wurde 1968 vorgenommen und wäre nach heutigen Vorschriften sicher nicht mehr möglich. 1972

12.7 La Casa de la Lactància

12.8 Estació de Metro Rocafort

Els Tres Tombs

Rekons

kaufte der Immobilienhai und ehemalige Barça-Präsident Nuñez das Gebäude, um es abreißen zu lassen. Massive Proteste der Nachbarschaft konnten das historische Bauwerk retten. Auffälligstes Merkmal des Modernisme ist die blaue Kachelung der Fassade.

Gran Via de les Corts Catalanes 475

## 12.8 Estació de Metro Rocafort

Die Metrostation Rocafort ist bei Gespensterjägern ein besonders beliebtes Revier. Abends gegen 23 Uhr soll der Geist eines ballspielenden Jungen sein Unwesen treiben. Aufgrund der düsteren Legenden fand die U-Bahngesellschaft zeitweise kein Personal, das bereit war, in der Station zu arbeiten. Fakt ist, dass der Bahnhof immer wieder vom Unglück heimgesucht wurde. Schon beim Bau stürzte ein Tunnel ein und begrub elf Arbeiter. Im Bürgerkrieg wurde das Gebiet wiederholt von der italienischen Luftwaffe bombardiert. Die nationale Blindenvereinigung ONCE hat in der Nähe ihren Sitz, was eine erhöhte Unfallhäufigkeit bedingt. Bei einer Suizidwelle in den 60er Jahren sollen hier im Schnitt vier Selbstmorde im Monat stattgefunden haben. Ein Ort also, den man vielleicht schnell, aber sicher verlassen sollte.

#CAFÉ
### Els Tres Tombs

»Die drei Runden« beziehen sich auf das Stadtteilfest zu Ehren des heiligen Namenspatrons Sant Antoni Abat, dem Beschützer der Haus- und Nutztiere. Jährlich am 17. Januar dreht eine Reitergesellschaft drei gleiche Runden durch das Stadtviertel. Die Bar ist seit Jahrzehnten ein beliebter Treffpunkt der Nachbarschaft und ein wichtiges soziales Zentrum.

Täglich 6–0.30 Uhr Ronda de Sant Antoni 2

#RESTAURANT
### Rekons

Argentinier stellen mit über 30.000 Menschen die größte Gruppe ausländischer Zuwanderer in Barcelona. Wie in vielen Ländern Lateinamerikas gehören die mit Fleisch und Gemüse gefüllten Teigtaschen »empanadas« zum zentralen Bestandteil der Küche. Für 2,30 Euro pro Stück kann man sich schmackhaft, aber preiswert in dem einfachen Schnellrestaurant den Bauch füllen.

Di–So 12–0 Uhr Carrer del Compte d'Urgell 32

empanadasrekons.com

13

Täglich

3,4 km

Abenddämmerung im Eixample

#GESCHICHTE #KURIOSES #AUSGEHEN

## Buffalo Bill und das Ende des Modernisme

# L'Esquerra de l'Eixample

**Die linke, also die westliche Hälfte des Eixample ist gleichzeitig der lebendigere Teil. Manche Straßen wie etwa der Carrer Enric Granados sind mit Restaurants und Caféterrassen derart vollgestopft, dass man schon von einer Monokultur spricht.**

Eine Sprecherin des Rathauses verkündete Ende 2021, vergleichbare Agglomerationen sollen in Zukunft andernorts durch gewissenhaftere Lizenzvergabe verhindert werden. Ein Grund für die Konzentration der Gastronomie mag in der Nähe der Universität liegen, ein anderer ist die Entwicklung des »Gaixample«. Von einem Homosexuellenviertel kann man sicher nicht sprechen, doch in diesem Bereich der Stadt trifft sich die Szene. An echten Attraktionen ist die Gegend arm, aber ein Rundgang illustriert interessante Epochen und kuriose Momente der jüngeren Stadtgeschichte.

### 13.1 Zwei Denkmäler an der Gran Via

Gleich rechts an der Kreuzung erblickt man **Joan Güell** [1a], den Gründer der Industriellendynastie, die als Mäzen von Antoni Gaudí auftrat. Sechzehn Jahre nach dessen Tod 1872 wurde das Denkmal gesetzt. Ob es noch lange erhalten bleibt, ist fraglich. Barcelona arbeitet seine Geschichte auf und Güell war ebenfalls in den kubanischen Sklavenhandel verstrickt.

Fünfzig Meter in der entgegengesetzten Richtung erinnert eine moderne **Metallskulptur** [1b] an die Opfer der 194 faschistischen Luftangriffe. Genau an dieser Stelle hatte eine Bombe im März 1938 einen mit Sprengstoff beladenen LKW getroffen und Dutzende Menschen in den Tod gerissen. Den Angriff der italienischen Luftwaffe hatte Mussolini persönlich angeordnet. Die Skulptur ist eine Arbeit der 2013 verstorbenen katalanischen Künstlerin Margarita Andreu.

✉ Kreuzung Rambla de Catalunya und Gran Via de les Corts Catalanes

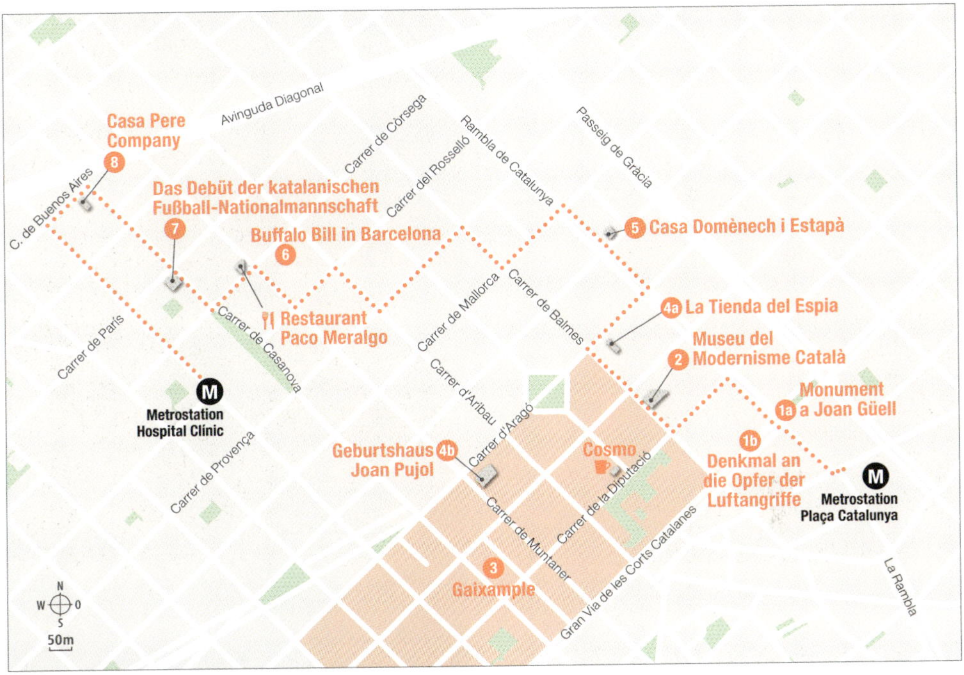

Casa Pere Company
Avinguda Diagonal
Carrer de Còrsega
Rambla de Catalunya
Passeig de Gràcia
C. de Buenos Aires
Das Debüt der katalanischen Fußball-Nationalmannschaft
Carrer del Rosselló
Buffalo Bill in Barcelona
Casa Domènech i Estapà
Restaurant Paco Meralgo
Carrer de Casanova
Carrer de París
Carrer de Mallorca
Carrer de Balmes
La Tienda del Espia
Museu del Modernisme Català
Metrostation Hospital Clínic
Carrer d'Aribau
Monument a Joan Güell
Carrer d'Aragó
Cosmo
Geburtshaus Joan Pujol
Carrer de Provença
Carrer de la Diputació
Denkmal an die Opfer der Luftangriffe
Metrostation Plaça Catalunya
Carrer de Muntaner
Gran Via de les Corts Catalanes
Gaixample
La Rambla
50m

13.1b Denkmal für die Opfer der Luftangriffe auf Barcelona

13.2 Museu del Modernisme Català

## 13.2 Museu del Modernisme Català

Das 2010 eröffnete Museum beleuchtet die dekorative Kunst im katalanischen Jugendstil, die in der öffentlichen Wahrnehmung im Schatten der Architektur steht. Auf zwei Etagen werden Gemälde, Skulpturen, Möbel und Glasarbeiten einer Vielzahl unterschiedlicher Künstler vorgestellt.

Mo-Sa 10-14 & 16-20 Uhr · Erw. 12 €, Sen. und Menschen (unter 25 J.) 9 €, Kinder & Jugendl. (6-16 J.) 6 €
Carrer de Balmes 48 · mmbcn.cat

## 13.3 Gaixample

Westlich des Carrer Balmes erstreckt sich über insgesamt 18 Blocks der »Gaixample«, Treffpunkt der LGTBQI-Gemeinde. Im Viereck zwischen Gran Via, Balmes, Aragó und Compte d'Urgell konzentriert sich das schwul-lesbische Nachtleben, wenn auch keinesfalls exklusiv. Die Betreiber von entsprechenden Bars, Restaurants, Saunas und Geschäften haben sich in einem lokalen Unternehmerverband zusammengeschlossen.

gaixample.org

## 13.4 La Tienda del Espía

Der **Laden für Spione** [4a] bietet allerlei kuriose Technologie für den Nachwuchs-James Bond vom Kugelschreiber mit integriertem Aufnahmegerät über unsichtbare Ohrhörer zu versteckten GPS-Trackern. Manche Apparate tendieren eher in Richtung Spielzeug, andere sind professionell und entsprechend teuer. Vierhundert Meter westlich, an der Ecke von Carrer Aragó und Carrer Muntaner wurde ein echter Meisterspion geboren: Unter dem Decknamen »Garbo« agierte **Joan Pujol** [4b] im Zweiten Weltkrieg als Doppelagent für Deutschland und Großbritannien. Seine Falschinformationen machten die deutsche Führung glauben, die bevorstehende Invasion der Alliierten würde am Ärmelkanal bei Calais und nicht in der Normandie stattfinden. Die Deutschen haben Pujol nie als Doppelagenten entlarvt und ihm sogar das Eiserne Kreuz verliehen.

Mo-Fr 10-13.50 & 17-20.30 Uhr, Sa nur vormittags

Carrer Aragó 240 latiendadelespia.es

## 13.5 Casa Domènech i Estapà

Das siebenstöckige Wohngebäude ist ein schönes Beispiel einer gänzlich anderen Interpretation des Modernisme. Die Fassadengestaltung betont gerade Linien, die verglasten Galerien geben dem ohnehin schlanken Block eine enorme Vertikalität. Im Gegensatz zur Hauptströmung des Modernisme fehlen Skulpturen, Stuck, Keramikdekoration und Vielfarbigkeit. Architekt Josep Domènech i Estapà, der auch selbst im Haus residierte, manifestierte so seine Opposition gegen die Verspieltheit und Romantik seiner Zeitgenossen.

Carrer de València 241

## 13.6 Buffalo Bill in Barcelona

Die Wildwest-Show von William Cody, genannt Buffalo Bill, gastierte fünf Wochen mit überwältigendem Erfolg in Barcelona. Am 18. Dezember 1889 landeten die 200 Darsteller und ebenso viele Tiere per Schiff aus Marseille an. Sich der Bedeutung des Ortes offenbar nicht bewusst, stellte sich Buffalo Bill einer Pressekonferenz unter der Kolumbus-Säule. Einige der Indianer allerdings bezeugten ihr Missfallen mit eindeutiger Gestik. Einer erklärte, »der Tag von Kolumbus' Ankunft in Amerika war der verfluchteste unserer Geschichte.« Buffalo Bill selbst hatte sich zuvor mit dem Ausspruch nicht gerade beliebt gemacht, mit nur 30.000 Sioux könnte er die Spanier aus Kuba vertreiben. Das erledigte letztendlich die amerikanische Armee neun Jahre später.

Mit Rodeos, indianischen Tänzen, nachgestellten Schlachten und Raubüberfällen verbreitete das Spektakel in Europa den Mythos vom Wilden Westen. Trotz horrender Eintrittspreise wohnten zweitausend Zuschauer den täglichen Shows auf

13.4 La Tienda del Espía

13.5 Casa Domènech i Estapà

13.8 Casa Pere Company

eilig gezimmerten Holztribünen bei. Die einstige Brachfläche wurde später dicht bebaut, von dem Spektakel bleiben nur Zeitungsberichte und einige äußerst rare Filmaufnahmen.

Der Eingang lag auf der Ostseite des Carrer Muntaner zwischen Rosselló und Còrsega

## 13.7 Das Debüt der katalanischen Fußball-Nationalelf

Auch den historischen Schauplatz des ersten Stadions des RCD Espanyol hat das städtische

Cosmo

Paco Meralgo

Wachstum Barcelonas überwuchert. Am 6. April 1904 trat erstmals eine Auswahl des damals sogenannten katalanischen »Foot-ball«-Verbandes zu einem Spiel an. Die Besatzung des im Hafen liegenden britischen Schiffes Cleopatra wurde mit drei zu null besiegt. Eine erste wirklich internationale Begegnung gegen Frankreich ließ noch bis 1912 auf sich warten und ging mit sieben zu null verloren. Die Eins-zu-null-Revanche gelang wenige Monate später. Das spanische Nationalteam dagegen trug sein erstes Spiel erst 1920 aus.

✉ An der Kreuzung vom Carrer Paris mit dem Carrer Casanova

#WISSEN **Die katalanische Nationalmannschaft:** Die Regionalauswahl bleibt im Fußball von internationalen Wettbewerben ausgeschlossen und darf ausschließlich Freundschaftsspiele austragen. Das gilt für die meisten katalanischen Nationalmannschaften, allerdings nicht im Hallenfußball, Korfball und Berglauf. Spaniens Diplomatie hat immer alle Hebel in Bewegung gesetzt, um eine internationale Anerkennung der Teams zu verhindern.

Insgesamt drei Mal durfte Katalonien im Fußball gegen Spanien antreten, das letzte Mal 1947, kurioserweise mitten in der Franco-Diktatur. Im Gegensatz zu den anderen beiden Partien wurde das Spiel mit drei zu eins gewonnen. Prominentester Trainer war bislang Johan Cruyff, unter dem sogar Argentinien und Kolumbien besiegt wurden. Viele Stars des FC Barcelona sind sowohl im spanischen wie im katalanischen Trikot aufgelaufen.

## 13.8 Casa Pere Company

So wie jede kulturelle Bewegung und jede Mode erreichte auch der katalanische Modernisme eine Phase der Dekadenz. Gleichzeitig formierte sich eine neue Strömung, die der verspielten Romantik überdrüssig war und ihr die Rationalität der Industriegesellschaft entgegenstellte. Ausgerechnet Joan Puig i Cadafalch, einer der bedeutendsten Baumeister des Modernisme, brachte den »Noucentisme«, die Bewegung des neuen Jahrhunderts, in Fahrt. Beim Entwurf der Casa Pere Company reduzierte er 1906 radikal die farbliche und ornamentale Dekoration. Das im mediterranen Raum eher seltene Spitzgiebeldach verweist auf eine Zuwendung zu nordischer Nüchternheit. Obwohl stilistische Tendenzen noch bis in 1920er Jahre überlebten, markiert das Einfamilienhaus den Anfang vom Ende des Modernisme.

✉ Carrer Buenos Aires 56

In weniger als zehn Minuten erreicht man über den Carrer Villarroel die Metrostation Hospital Clinic.

#CAFÉ
### Cosmo

Man bemerkt die Nähe der Universität am oft studentischen Publikum und der Selbstdefinition als Café mit Kunstgalerie. Neben den üblichen Getränken kann man sich an kleinen Snacks stärken, vom Croissant über Joghurt und Kuchen bis zum Sandwich.

🕓 Täglich 10–22 Uhr ✉ Carrer Enric Granados 3
www galeriacosmo.com

#RESTAURANT
### Paco Meralgo

Auf den ersten Blick vermutet man den Namen des Eigentümers, doch mit minimalen Spanischkenntnissen lässt sich das Wortspiel entschlüsseln: Das erfolgreiche Tapas-Restaurant heißt »um etwas zu essen«. Für die fein angerichteten Rationen muss man etwas tiefer in die Tasche greifen, besonders wenn es um Fisch und Meeresfrüchte geht.

🕓 Täglich 13–0 Uhr ✉ Carrer Muntaner 171
www restaurantpacomeralgo.com

# 14

Di-So

1,8 km

Passeig de Gràcia vom Dach der Casa Milà

#ARCHITEKTUR #GESCHICHTE #SHOPPING

## Schick und teuer im Superlativ

# El Passeig de Gràcia

**Der Passeig de Gràcia (»Passetsch«) bildet die zentrale Nord-Süd-Achse des Eixample. Heute ist der Prachtboulevard die zweitbekannteste Straße der Stadt. Zwischen Meisterwerken des Modernisme reihen sich die teuersten Läden weit und breit auf.**

Ursprünglich verlief hier die Straße oder besser gesagt der Feldweg von Barcelona in den Nachbarort Gràcia. Als er zu Anfang des 19. Jahrhunderts in eine von Gaslaternen erleuchtete Chaussee umgestaltet wurde, stürzte sich die Aristokratie auf die Baugrundstücke. Schwer vorstellbar, dass die Bürgersteige bis 1908 keine feste Oberfläche hatten und sich bei Regen in braune Bäche verwandelten. Bis heute trägt Barcelona darum in ländlichen Regionen den Kosenamen »Can Fanga«, frei übersetzt »Matschhausen«. Startpunkt ist einer der westlichen Ausgänge der Metrostation Passeig de Gràcia oder die Plaça Catalunya.

### 14.1 Edifici de La Unión y El Fénix Español

Die monumentale Architektur sticht sofort ins Auge, ist der Passeig de Gràcia doch eher von sanften und feingeistigen Formen geprägt. Erbauer war das namensgebende Versicherungsunternehmen aus Madrid, das seine Niederlassungen unbescheiden mit prachtvollen Statuen krönen ließen, die Ganymedes, den »Schönsten aller Sterblichen«, auf dem Vogel Phoenix reitend zeigten. Das Unternehmen ging 1998 in der deutschen Allianz auf.

Passeig de Gràcia 21

### 14.2 Der Sitz der Falange

Kein Mensch vermutet, dass das Hotel Oriental Mandarin einst eine Schaltzentrale des spanischen Faschismus war. Noch am Tag des Einmarsches der Franco-Truppen in Barcelona 1936 wurde das Gebäude konfisziert. Fortan diente es als Sitz der Falange, der von Franco instrumentalisierten faschistischen Partei. Gegründet hatte sie der Sohn des Militärdiktators Primo de Rivera, der 1923 nach einem Putsch für sechs Jahre

14.1 Edifici de La Unión y El Fénix Español

14.2 Der Sitz der Falange

14.3 L'Illa de la Discòrdia

Spanien regierte. 1940 empfing die Parteizentrale den Reichsführer SS Heinrich Himmler, bevor er sich zum Montserrat auf die Suche nach dem Heiligen Gral begab. Die Falange wurde 1977 im Übergang zur Demokratie verboten, etliche Nachfolgeorganisationen mit leicht abgewandelten Namen sind weiterhin lautstark aktiv.

Im Haus betreibt Star-Köchin Carme Ruscalleda das Restaurant »Moments«. Sie ist die einzige Frau, die mit ihren drei Gourmetpalästen in Barcelona, Sant Pol de Mar und Tokio insgesamt sieben Michelin-Sterne anhäufen konnte.

✉ Passeig de Gràcia 38

## 14.3 L'Illa de la Discòrdia – Der Zankapfel

Die große Zeit des Passeig begann zu Anfang des 20. Jahrhunderts, als die Geschäfte der Bourgeoisie florierten und der Optimismus keine Grenzen kannte. Die Häuserzeile zwischen den Querstraßen Carrer d'Aragó und Consell de Cent wurde ab 1905 zum »Zankapfel«, wie sich der katalanische Name präzise übersetzen lässt. Allerdings bezeichnet »mansana«, also Apfel, auch jeden einzelnen quadratischen Baublock des Eixample. Ausgetragen wurde das Gezänk zwischen den wohlhabenden Bauherren und ihren Architekten um die Frage, wer sich mit der extravagantesten Fassade schmücken würde. Begleitet wurde der

Wettstreit vom beißenden Spott der Bevölkerung und der satirischen Presse. Keiner der folgenden drei Konkurrenten war ein Neubau, sondern Umgestaltungen bestehender Gebäude. Der Besuch der Casa Batlló ist rundum empfehlenswert, wenn auch unverschämt teuer.

✉ Passeig de Gràcia 35 bis 45

## 14.4 Casa Lleó Morera

Das erste der fünf Nachbargebäude würde man eher der Neogotik zuordnen. Die Dekoration spielt immer wieder auf den Namen der Bauherrenfamilie an, Morera ist der Maulbeerbaum und die Blüten sind allenthalben zu entdecken. Seinen wahrhaft modernistischen Charakter enthüllt das Gebäude erst im Inneren, doch wegen der technisch heiklen Installation einer Rollstuhlrampe erfüllt das Gebäude nicht die Bauvorschriften und darf Besuchern seit 2016 nicht mehr zugänglich gemacht werden. Die Webseite bietet einen eindrucksvollen virtuellen Rundgang.

✉ Passeig de Gràcia 35 www casalleomorera.com

## 14.5 Casa Amatller

Baumeister Josep Puig i Cadafalch bediente sich bei seinem Entwurf dem Modernisme an sich fremden Vorbildern. Die Zeichnung der Fassade spielt auf den Barock an und gestufte Giebel findet man eher in Brüssel oder Amsterdam. Viele Details der Dekoration lassen sich erst mit Fernglas oder Teleobjektiv entdecken. Anspielungen auf den Familiennamen Amatller (Mandelbaum) sind ebenfalls reichlich auszumachen. Für die Besichtigung ist eine Reservierung über die Webseite angezeigt. Die auch englischsprachige App »Casa Museo Amatller« sollte man rechtzeitig herunterladen.

Führung mit Audioguide: Di–Sa 10.30–13 & 16.30–18.30 Uhr, So 10.30–13.00 Uhr Erw. 19 €, Kinder (7–12 J.) 9,50 €

✉ Passeig de Gràcia 41 www amatller.org

## 14.6 Casa Batlló

Wer den Wettstreit um die extravaganteste Fassade gewonnen hat, dürfte klar sein. Warum Antoni Gaudís Ästhetik nicht selten als Zuckerbäckerstil belächelt wird, ebenso. Seine Umgestaltung des 1875 erbauten Hauses war so umfassend wie radikal. Gaudí fügte eine fünfte Etage und einen Keller hinzu, veränderte die Form aller Räume und eliminierte alle rechten Winkel. Das Gesamtkunstwerk spielt auf die Legende des Drachentöters Sant Jordi, also Sankt Georg, an. Leicht zu erkennen sind die grünen Dachziegel, die den Schuppen eines Reptils gleichen. Das Türmchen repräsentiert die tödliche Lanze, die Dachpartie

14.4 Casa Lleó Morera

14.5 Casa Amatller

14.5 Casa Amatller

14.6 Digitalshow der Casa Batlló

14.6 Casa Batlló

14.6 Casa Batlló

14.7 Fundació Antoni Tàpies

darum ist blutrot verfärbt. Zum Ende des Besuchs wartet eine beeindruckende 3D-Digitalshow. Um Wartezeiten zu vermeiden, sollte man unbedingt über die Webseite reservieren, außerdem kommt das extrem überteuerte Ticket etwas billiger.

Täglich 9–21.30 Uhr, letzter Einlass um 20.45 Uhr
Erw. 39 €, Sen. 36 €, Stud. & Jugendl. (13–17 J.) 33 €
Passeig de Gràcia 43 casabatllo.es

## 14.7 Fundació Antoni Tàpies

Der 2012 verstorbene Antoni Tàpies avancierte als Autodidakt zu einem der weltweit bedeutendsten Avantgarde-Künstler des 20. Jahrhunderts. In jungen Jahren schwer an Tuberkulose erkrankt, begann er, seine Fieberträume in Kunstwerken darzustellen. Bereits 1959 war er neben Picasso, Kandinsky und Magritte bei der Documenta 2 in Kassel vertreten. Tàpies' Abstraktion ist nicht leicht zugänglich, er gehört zu den klassischen »Und-das-soll-Kunst-sein?«-Künstlern.

Das Gebäude der Dauerausstellung gilt als eines der ersten des Modernisme, realisiert 1880 von Lluís Domènech i Montaner.

Di–Sa 10–19 Uhr, So 10–15 Uhr Erw. 8 €, Sen. & Stud. 6,40 €, Jugendl. (bis 16 J.) frei Carrer Aragó 255
fundaciotapies.org

## 14.8 Die Exilregierung des Baskenlands

Im Spanischen Bürgerkrieg fiel das Baskenland bereits im August 1937 in die Hände der Truppen Francos. Geschätzte 150.000 Basken flohen zunächst nach Frankreich, wo sie in Lagern interniert wurden. Viele zerstreuten sich in alle Himmelsrichtungen, besonders nach Mexiko und Venezuela. Etwa 100.000 siedelten zumindest kurzfristig in Katalonien. Auch die Regierung des Baskenlandes kam für die eineinhalb verbleibenden Jahre des Krieges im Passeig de Gràcia unter. Sie widmete sich neben der Organisation des Widerstands vor allem der Flüchtlingshilfe in Fragen der Unterbringung, der Gesundheits- und Lebensmittelversorgung. Zwei Gedenktafeln jeweils auf Baskisch und Katalanisch erinnern an die kurze Episode.

✉ Passeig de Gràcia 60

## 14.9 Casa Milà – La Pedrera

Die letzte zivile Konstruktion von Antoni Gaudí, bevor er sich seinem Lebenswerk, der Sagrada Família widmete, sprengte alle bekannten Konventionen. Die scheinbar massive Fassade wurde selbsttragend aus leichtem Sandstein errichtet, denn die Gebäudestruktur lagert auf Eisenträ-

14.8 Die Exilregierung des Baskenlands

14.9 Casa Milà

14.9 Casa Milà

14.9 Casa Milà

14.10 Palau Robert

Da Gallo

gern, ähnlich wie bei modernen Hochhäusern. Gaudís Entwurf war derart ungewohnt, dass er sich mit allen überwarf: vom Bauherrn musste er sein Honorar einklagen, die Baubehörde verhängte empfindliche Strafen für die Nichteinhaltung gültiger Normen und die Öffentlichkeit verspottete das Gebäude als Steinbruch – »La Pedrera«. Die Nachbarn fürchteten, der Wert ihrer Immobilien könnte sinken. Seit 1984 aber gehört der Bau zum Weltkulturerbe. 1975 drehte Michelangelo Antonioni entscheidende Szenen seines Films »Reporter« mit Jack Nicholson zwischen den skurrilen Schornsteinen auf dem Dach.

Der Besuch erfordert ebenfalls den Erwerb des Tickets über die Webseite, bei dem jeweils 3 Euro Ermäßigung gewährt werden. Nächtens wird die Erfahrung durch Videoprojektionen aufgepeppt.

Täglich 9–18.30 & 19–22 Uhr · Erw. 35 €, Sen. & Stud. 29 €, Kinder (10–12 J.) 22,50 €, nachts: Erw. 38 €, Kinder 20,50 € · Passeig de Gràcia 92 · lapedrera.com

## 14.10 Palau Robert

Die ehemalige Residenz eines Unternehmers und Aristokraten beherbergt heute ein Informations- und Kulturzentrum der Generalitat. Wechselnde Ausstellungen beleuchten unterschiedlichste Themen der Kultur Kataloniens. Nach der Einnahme Barcelonas im Bürgerkrieg organisierten die Faschisten von hier aus die politische Repression. 1940 wurde die Villa der Besitzerfamilie zurückgegeben. Der kleine Garten bildet eine Insel der Ruhe an der wichtigen Verkehrsader Diagonal.

Mo–Sa 9–20 Uhr, So 9–14.30 Uhr · Passeig de Gràcia 107 · palaurobert.gencat.cat

#CAFÉ

### Da Gallo

Einen Block östlich verführt das Eiscafé mit vielfältigen Eis-, Kuchen und Gebäckkreationen italienischer Art.

So–Do 13–21.30 Uhr, Fr & Sa bis 22 Uhr · Carrer de Mallorca 277 · gelateriadagallo.com

#RESTAURANT

### Can Boneta

Statt einmal im Sterne-Restaurant zu speisen, kann man auch dreizehn Mal hintereinander bei Can Boneta zum Mittagsmenü einkehren, muss vom Passeig de Gràcia aber zehn Minuten Fußweg in Kauf nehmen. Für 14 Euro bekommt man zwei Gänge, Nachtisch, Brot und ein Getränk.

Mo–Fr 13–15.30 & 20.30–22 Uhr · Carrer de Balmes 139 · canboneta.com

# 15

Täglich

2,4 km

In Gràcia

#STADTTEILKULTUR #LITERATUR #AUSGEHEN

## Die Anmut der kleinen Plätze

# Gràcia

**Bei der Suche nach »Gràcia« spuckt das Wörterbuch die Übersetzungen Anmut, Witz und Liebreiz aus. Als Charakterisierung sind die Ergebnisse durchaus treffend, besonders im Blick auf die vielen kleinen Plätze.**

Gràcia ist zwar keine herausgeputzte Schönheit, aber eines der populärsten und sympathischsten Pflaster Barcelonas. Bis zur Eingemeindung 1897 war die »Vila de Gràcia« eine eigenständige und industrialisierte Kleinstadt, seinerzeit mit 62.000 Einwohnern, immerhin ein Fünftel mehr als in der Gegenwart. Noch heute beantworten viele Bewohner die Frage nach ihrer Herkunft mit Gràcia und nicht mit Barcelona.
Gràcia bietet keine Attraktionen oberer Kategorie, doch die Erkundung der Kleinstadt in der Großstadt ist ein Wohlfühl-Erlebnis. Die Bevölkerungsmischung aus Senioren, Studenten und jungen Familien erinnert an den Prenzlauer Berg. Die Leser des Londoner Magazins *Time Out* wählten Gràcia auf Platz 24 der coolsten Stadtviertel der Welt. Das Kleinstadt-Idyll ist allerdings nicht allein von Harmonie geprägt. Die Plätze sind auch Zentren des Nachtlebens und immer im Konflikt mit der Ruhe suchenden Nachbarschaft. Überregional bekannt sind die ausgelassenen »Festes« Mitte August. Anwohnervereinigungen schmücken ihre Straßen und tragen einen Schönheitswettbewerb aus. Gràcia ist sowohl ein Stadtviertel als auch Namensgeber des größeren Distrikts, der vier weitere Stadtteile einschließt.
Der Rundgang durch Gràcia beginnt am Schnittpunkt von Diagonal und Passeig de Gràcia und kann direkt an die Route 11 angeschlossen oder mit den Metros L3 und L5 zur Station Diagonal erreicht werden.

### 15.1 Plaça Cinc d'Oros

Nach dem Sieg der Faschisten im Spanischen Bürgerkrieg wurde die Kreuzung flugs in Plaça de la Victòria umbenannt. Den ursprünglich der Republik gewidmeten Obelisken krönte fortan ein imperialer Adler. Im Volksmund hieß der Platz alsbald »Plaça del Lloro«, der Platz des Papagei-

15.1 Obelisk auf der Plaça Cinc d'Oros

15.2 Casa Fuster

en. Umgangssprachlich assoziiert man mit dem Federtier ein Plappermaul. Ab 1981 ehrte sie den spanischen König Juan Carlos I., doch 2016 wurde dem korrupten Monarchen die Huldigung entzogen. Seitdem trägt die Kreuzung wieder den ursprünglichen Namen Cinc d'Oros.

## 15.2 Casa Fuster

Am Ende der Gärten verengt sich der Boulevard und der Passeig de Gràcia geht in den Carrer Gran de Gràcia über, die Hauptstraße des Viertels. Den Endpunkt des Passeig markiert die Casa Fuster, ein luxuriöses Gebäude mit einer zurückhaltenden Interpretation des Modernisme und starken Anklängen an die Gotik. Die Abrisspläne der 1960er Jahre wurden glücklicherweise nicht umgesetzt. Seit der Jahrtausendwende beherbergt ein 5-Sterne-Hotel zahlungskräftige Gäste. Woody Allen stieg hier 2007 für die Dreharbeiten von *Vicky Christina Barcelona* ab und blies in der Hotelbar »Café Vienés« die Klarinette. An jedem Donnerstag wird weiterhin Live-Jazz in gediegenem Ambiente zelebriert, die 24 Euro Eintrittspreis beinhalten ein Glas Champagner.

Café Vienés täglich 9-1 Uhr   Passeig de Gràcia 132
hotelcasafuster.com

## 15.3 Der spanische NSDAP-Chef

Die Auslandsorganisation der NSDAP designierte 1934 den in Schwelm geborenen und in Gràcia wohnenden Hans Hellermann zum Chef des katalanischen Parteiablegers. Ziel war, die etwa zehntausend in Katalonien lebenden Deutschen auf die Parteilinie einzuschwören. Das war keine übermäßig schwierige Aufgabe, hatten doch bei den Reichstagswahlen 1933 über 65 % der Wahlberechtigten auf einem zum Wahllokal umfunktionierten Schiff im Hafen für Adolf Hitler gestimmt. Hellermann organisierte Parteiveranstaltungen im Palau de la Música und agierte als Agent der Gestapo. 1936 wurde er zum Parteichef für ganz Spanien ernannt, nach Ausbruch des Bürgerkriegs aber nach Mexiko geschickt. Dort verlor sich seine Spur.

Carrer de Jesús 6

## 15.4 Plaça de la Vila de Gràcia

Im Zentrum des Platzes erhebt sich eines der Wahrzeichen des Stadtteils, der Uhrenturm **»Torre del Rellotge«** [4a]. In den 1860er Jahren besaß keine der Kirchen einen Glockenturm, der hoch genug war, um eine allseits einsehbare Uhr anzubringen. Der neue Turm überragte fortan alle existierenden Gebäude um das doppelte. 1870 wurde der Glockenturm erheblich beschädigt, als vorwiegend Mütter gegen eine Wehrpflicht ihrer Söhne protestierten. Sie stürmten das Rathaus und verbrannten alle Dokumente, die der Rekrutierung dienen könnten. Bis heute hat die durch Soldatenschüsse versehrte Glocke einen heiseren Klang. Das himmelblaue Gebäude an der Südfront der Plaça war **Gràcias Rathaus** [4b], gegenwärtig sitzt hier die Distriktverwaltung.

## 15.5 Plaça del Sol

Einer der größten Plätze Gràcias ist zugleich einer der populärsten. Allabendlich füllen sich die Terrassen der Bars bis in den letzten Winkel. Dafür gibt es tatsächlich einen physikalischen Grund: Bei Sonnenschein heizen sich die Steinplatten des Bodens auf und strahlen die Wärme abends langsam wieder ab. So ist die Plaça einer der Hotspots des »botellón«, des in Barcelona verbotenen Trinkens unter freiem Himmel. Um diese unerwünschte Nutzung des Platzes zu beschränken, errichtete die Stadtverwaltung einen Kinderspielplatz.

## 15.6 Plaça de la Revolució de Setembre del 1868

Der Platz mit den roten Steinplatten erinnert an die spanische Revolution, die die Königin Isabel II. stürzte und in die 23 Monate währende

15.3 Das Haus des spanischen NSDAP-Chefs

15.4 Uhrenturm auf der Plaça de la Vila de Gràcia

15.5 Plaça del Sol

15.6 Plaça de la Revolució de Setembre del 1868

Erste Republik mündete. Besonders attraktiv erstrahlt die Plaça, wenn im Frühjahr die Palisanderholzbäume lila blühen. Ein Bodenmosaik zeigt historische Szenen der lokalen Festes. Erst 1994 wurde beim Bau einer Tiefgarage ein Luftschutzbunker aus dem Bürgerkrieg wiederentdeckt. Nur ein kleiner Teil konnte erhalten werden. Den allerdings kann man im vierten Untergeschoss kostenlos besuchen, wenn man bei der Distriktverwaltung an der Plaça de la Vila um den Schlüssel bittet. Zumindest die Handytaschenlampe sollte man dabei haben.

## 15.7 La Plaça del Diamant

Der kleine Platz erlangte internationale Bekanntheit durch den gleichnamigen Roman von Mercè Rodoreda, der wohl einflussreichsten katalanischen Schriftstellerin des 20. Jahrhunderts. Das Buch wurde in 30 Sprachen übersetzt und 1982 verfilmt. Es erzählt einfühlsam die Geschichte einer jungen Frau im Spanischen Bürgerkrieg. Der ist auf der Plaça noch präsent in Form zweier Eingänge zum Luftschutzbunker, den die Anwohner eigenhändig mit Hacke und Schaufel gruben. An der Westseite porträtiert eine Skulptur die Protagonistin des Romans.

## 15.8 Carrer d'Astúries und Carrer de les Carolines

Über den lebendigen **Carrer d'Astúries** [8a] gelangen wir zum **Carrer de les Carolines** [8b]. Der Straßenname erinnert an eine längst vergessene Episode gemeinsamer spanischer und deutscher Geschichte. Portugiesische Seefahrer hatten die Inselgruppe der Karolinen im Westpazifik 1526 »entdeckt«. Spanien nahm sie später formell in Besitz, außer einer Handvoll Missionare hat aber kaum ein Spanier die Eilande je betreten. 1885 landete das deutsche Kanonenboot Iltis und hisste die Reichsflagge. Entrüstet entsandte der König Kriegsschiffe von den Philippinen, die damals zu Spaniens Kolonialbesitzungen gehörten. Ein kriegerischer Konflikt konnte durch einen Schiedsspruch des Papstes verhindert werden. Die Karolinen blieben weiterhin spanisches Hoheitsgebiet unter der Bedingung, dass deutschen Unternehmen Handelsprivilegien eingeräumt wurden. 1899 schließlich kaufte das Deutsche Reich den Archipel für 16,5 Millionen Goldmark.

## 15.9 Casa Vicens

Der weniger bekannte, aber unbedingt sehenswerte Bau Antoni Gaudís stammt aus dessen Frühphase als Architekt. Er hatte 1878 gerade

15.7 Skulptur auf der Plaça del Diamant

15.8 Carrer d'Astúries

15.8 Carrer d'Astúries

15.9 Casa Vicens

15.9 Casa Vicens

Café del Sol

A Pluma

seinen Studienabschluss absolviert, als er mit den Entwürfen des Einfamilienhauses begann. Stilistisch fällt sofort die Dominanz orientalischer Einflüsse und gerader Linien auf, beide Elemente verloren im Lauf von Gaudís späterer Karriere immer mehr an Bedeutung. Bei der Fertigstellung 1885 war das alleinstehende Gebäude noch von Feldern umgeben. Mit der industriellen Expansion der Gemeinde Gràcia wuchs die Nachfrage nach Bauland und der Eigentümer Manuel Vicens verkaufte Parzellen des ursprünglich weitläufigen Gartens. Seit 2005 gehört das Haus zum Weltkulturerbe. Abgesehen vom Besuch mit Audioguide kann man täglich um 10 Uhr an einer unwesentlich teureren Führung auf Englisch teilnehmen.

Apr.-Okt.: Täglich 10-20 Uhr, sonst: Mo 10-15 Uhr, Di-So 10-19 Uhr · Beim Kauf über die Webseite: Erw. 21 €, Sen. & Stud. (bis 25 J.) 19 €, Kinder (bis 11 J.) frei, an der Kassse jeweils 2 € teurer · Carrer de les Carolines 20-26
casavicens.org

In fünf Fußminuten erreicht man über die Avinguda de la Riera de Cassoles die Metrostation Lesseps.

#CAFÉ

## Café del Sol

Die Zahl der Bars in Gràcia ist schier unermesslich und das über hundertjährige Café del Sol bietet im Prinzip das gleiche wie alle anderen: Getränke und Tapas. Ein Metalltisch in der Sonne ist hier dennoch besonders verführerisch, denn in Ruhe das Leben auf der Plaça zu beobachten, ist ein Privileg.

Täglich 11-2.30 Uhr, Fr & Sa bis 3 Uhr · Plaça del Sol 16
www.cafedelsoldenit.es

#RESTAURANT

## A Pluma

Inhaber Eugeni de Diego erlernte die hohe Kochkunst im »Bulli« an der Costa Brava, das etliche Male zum besten Restaurant der Welt gekrönt wurde. Nach dessen Schließung eröffnete der Kochbuch-Autor seinen eigenen, aber erschwinglichen Gourmet-Tempel, spezialisiert auf Hühnchen. Eine exotische Variante ist »Pollo Mole«, ein mexikanischer Klassiker aus Puebla mit Kakao-Chili-Soße zum Preis von 10,45 €.

So & Di 12.30-16 Uhr, Mi-Sa 12.30-16 & 19.30-23 Uhr
Carrer Gran de Gràcia 7 · apluma.com

Schöne Fassaden im rechten Eixample

#ARCHITEKTUR #GESCHICHTE

## Das wirklich wahre Leben

# La Dreta de l'Eixample

**Der rechte, also östliche Teil des Eixample ist architektonisch der interessantere. Die Geschichte der geplanten Stadterweiterung reicht bis zum Beginn des 19. Jahrhunderts zurück, als katastrophale soziale und hygienische Zustände in der hoffnungslos überbevölkerten Stadt herrschten.**

Cholera und Gelbfieberepidemien kosteten Zehntausende Menschenleben. Erst 1855 erlaubte die Regierung in Madrid das Schleifen der Stadtmauern und eine urbane Expansion in die umliegenden Felder. Der staatliche Bauingenieur Ildefons Cerdà legte ein umfassendes Konzept einer wohlgeordneten, licht- und luftdurchfluteten Neustadt vor. 1862 wurden die ersten Gebäude der quadratischen Baublocks mit 113 Metern Kantenlänge errichtet. Im Lauf der Zeit wurde der Distrikt immer weiter verdichtet, die Häuser aufgestockt und in den als Gärten gedachten Hinterhöfen entstanden weitere Wohnblöcke. Mit 36.000 Einwohnern pro Quadratkilometer übersteigt die Siedlungsdichte bei Weitem die von Manhattan. Wie in New York gilt auch hier: Immer wieder den Blick nach oben richten, denn der Stadtteil ist gespickt mit herrlichen Fassaden.

### 16.1 La Casa de les Punxes

Vorbei an dem modernistischen **Palau del Baró de Quadras** [1a] in der Avinguda Diagonal 373 entdeckt man auf der gegenüberliegenden Straßenseite das **»Haus der Dornen«** [1b], das offiziell Casa Terradas heißt. Die sechs spitzen Türme erinnern an ein Märchenschloss. Offenbar von Neuschwanstein inspiriert, entwarf es der Jugendstilarchitekt Josep Puig i Cadafalch 1903. Seit einigen Jahren residiert in den repräsentativen Hallen ein Co-Working-Projekt der Oberklasse, das seit Kurzem keine Besichtigungen mehr erlaubt.

Avinguda Diagonal 420 · casalespunxes.com

Entrepanes Díaz
1b Casa de les Punxes
Avinguda Diagonal
La Muscleria
Carrer de Mallorca
Carrer de València
Passeig de Sant Joan
1a Palau del Baró de Quadras
M Metrostation Diagonal
Carrer de Roger de Llúria
Llibreria Jaimes 3
Mercat de la Concepció 6
Die Festnahme von Salvador Puig Antic 7
2 Delegació del Govern
Plaça de Tetuan
Passeig de Gràcia
Queviures Múrria 4
Església de la Concepció 5
Carrer de Girona
8b Torre de les Aigües
8a Zugang zum Hinterhof
Gran Via de les Corts Catalanes
Rambla de Catalunya
Carrer d'Aragó
Carrer del Consell de Cent
Carrer de la Diputació
Carrer de Casp
Carrer del Bruc
9 Casa Calvet
N W O S
50m
Metrostation Urquinaona M
Route 9 "Via Laietana"

16.1 La Casa de les Punxes

16.2 Delegació del Govern

16.3 Llibreria Jaimes

## 16.2 Delegació del Govern

Die spanische Regierung unterhält in jeder Provinzhauptstadt eine offizielle Vertretung, die die vom Zentralstaat abhängigen Behörden dirigiert und kontrolliert. Angesichts des Dauerkonflikts zwischen Spanien und Katalonien kann man sich leicht ausmalen, dass die Regierungsvertretung immer wieder Schauplatz der politischen Aktivität ist. Bei fast jeder Entscheidung der Regierung, bei der sich die Unabhängigkeitsbefürworter benachteiligt fühlen, kommt es zu Mahnwachen, Demonstrationen und regelrechten Belagerungen. Im Dezember 2019 wurde beispielsweise zu einer massenhaften Verbrennung der spanischen Verfassung aufgerufen. Die Delegation dagegen geht gerichtlich gegen jeden vermeintlich rechtswidrigen Ausdruck des Separatismus vor. Zweimal verklagte sie das Rathaus von Barcelona, weil es die gesetzlich vorgeschriebenen Büsten des spanischen Königs aus dem Stadtparlament entfernt hatte.

✉ Carrer de Mallorca 278

## 16.3 Llibreria Jaimes

Als der auch internationale Literatur bietende Buchladen 1941 seine Pforten öffnete, hielt sich

16.4 Queviures Múrria

16.5 Església de la Concepció

Spanien gerade aus dem Zweiten Weltkrieg heraus, stand aber ideologisch klar auf Seiten des Nationalsozialismus. Die Diktatur verbot, eine Firma in einer anderen Sprache zu benennen als auf Spanisch, Deutsch oder Italienisch. So legte die Verwaltung auch gegen den gewünschten Namen »Librería James« ihr Veto ein. Der Inhaber fügte den Buchstaben »i« hinzu und der Name »Jaimes« wurde genehmigt, bedeutet er doch auf Spanisch »Jakob« im Plural.
Mo-Sa 10-14 & 16-20 Uhr  Carrer de València 318
jaimes.cat

### 16.4 Queviures Múrria

Beim Betreten des akribisch aufgeräumten Lebensmittelgeschäfts glaubt man sich auf einer Zeitreise hundert Jahre zurück in die Vergangenheit. Seit 1898 lagern auf den Mahagoniregalen Spezialitäten, Konserven und Getränke aus Katalonien und dem Rest der Welt. Der historische Laden wird mit Auszeichnungen nur so überschüttet. Neuerdings schlägt der Kolonialwarenladen mit einem kleinen Gastrobereich den Bogen vom 19. ins 21. Jahrhundert.
Di-Sa 10-14 & 17-20 Uhr  Carrer de Roger de Llúria 85
colmadomurria.com

### 16.5 Església de la Concepció

Die 1871 geweihte Kirche ist an sich keine Attraktion, wäre da nicht ein kurioses Schild an der Seitenwand in der kleinen Stichstraße: »Se prohibe tirar escombros y ensuciarse« verbietet, seinen Müll abzuladen und sich zu beschmutzen. Das Verbot illustriert auf deutlichste Weise, dass die Nachbarschaft hier noch vor wenigen Jahrzehnten mit Vorliebe ihren Abfall entsorgte. Das »sich beschmutzen« bezieht sich nicht auf die Kleidung, sondern darauf, dass man die Müllhalde nicht zusätzlich als Toilettenersatz missbrauchen sollte.
Passatge del Doctor Oliveras s/n

### 16.6 Mercat de la Concepció

Wer von historischen Markthallen noch nicht genug hat, kann hundert Meter weiter im Carrer d'Aragò das nächste schöne Beispiel bewundern. Der zur Weltausstellung 1888 eingeweihte Markt strahlt nach seiner Renovierung in neuem Glanz.
Mo 8-15 Uhr, Di-Fr 8-20 Uhr, Sa 8-15 Uhr  Carrer d'Aragó 313-317  laconcepcio.cat

### 16.7 Die Festnahme von Salvador Puig Antic

Der Kinofilm *Salvador – Kampf um die Freiheit* mit Daniel Brühl hat das Schicksal des 25-jährigen

Salvador Puig Antic auch außerhalb Kataloniens bekannt gemacht: Der aus bescheidenem Elternhaus stammende junge Mann wandte sich nach dem – sicher mehr als meinungsbildenden – Militärdienst 1971 dem aktiven Kampf gegen die Diktatur zu. Mit einer Gruppe Anarchisten überfiel er mehrere Banken, um mit der Beute die Publikation antifranquistischer Propaganda zu finanzieren. Die Polizei lauerte Salvador vor der damals schon existierenden Bar Funicular auf und drängte ihn in den Hauseingang der Nummer 70. Dort kam es zu einem Schusswechsel, bei dem ein Polizist getötet und Salvador verletzt und festgenommen wurde. Späht man durch die Glasscheibe, erkennt man deutlich die Einschlagstelle eines Projektils an der dritten Stufe. Ein Militärgericht verurteilte Salvador wenig später zum Tode. Am 2. März 1974 wurde er im Gefängnis »Model« im Eixample durch die Garrotte hingerichtet.

✉ Carrer de Girona 70

## 16.8 Torre de les Aigües

Selten hat man die Möglichkeit, einen Blick in die Hinterhöfe des Eixample zu werfen. Sie vermitteln ein bedeutend genaueres Gefühl dafür, wie das Leben der Barceloniner im Alltag funktioniert, als die aufpolierten Fassaden der Straßenseite. Der direkt von der Straße zugängliche **Hinterhof** [8a] steht als öffentlicher Park unter Verwaltung der Stadt. Eine Schönheit ist die Gartenanlage allerdings nicht zu nennen. Den Blickfang bildet der 1870 errichtete 24 Meter hohe **Wasserturm** [8b], der die Nachbarschaft mit Trinkwasser versorgte.

Nov-Mrz: 10-19 Uhr, Apr.-Okt. 10-21 Uhr · Frei

✉ Eingang Carrer de Roger de Llúria 56

## 16.9 Casa Calvet

Antoni Gaudís erstes und konservativstes Gebäude im Eixample zieht kaum Besucher an, manch Barceloniner weiß nicht einmal von seiner Existenz. Das sonst so typische Spiel von Formen und Farben glänzt durch Abwesenheit. Auch ein Gaudí musste den Wünschen seiner Auftraggeber nachkommen. Die Fassade aus Sandstein vom Montjuïc kann dennoch als elegant bezeichnet werden. Das Innere bekommt man nur bei einem Abendessen im chinesischen Restaurant China Crown zu Gesicht. Der Preis für das Abendmenü liegt bei 48 Euro.

✉ Carrer de Casp 48

16.6 Mercat de la Concepció

16.7 Die Festnahme von Salvador Puig Antic

16.8 Torre de les Aigües

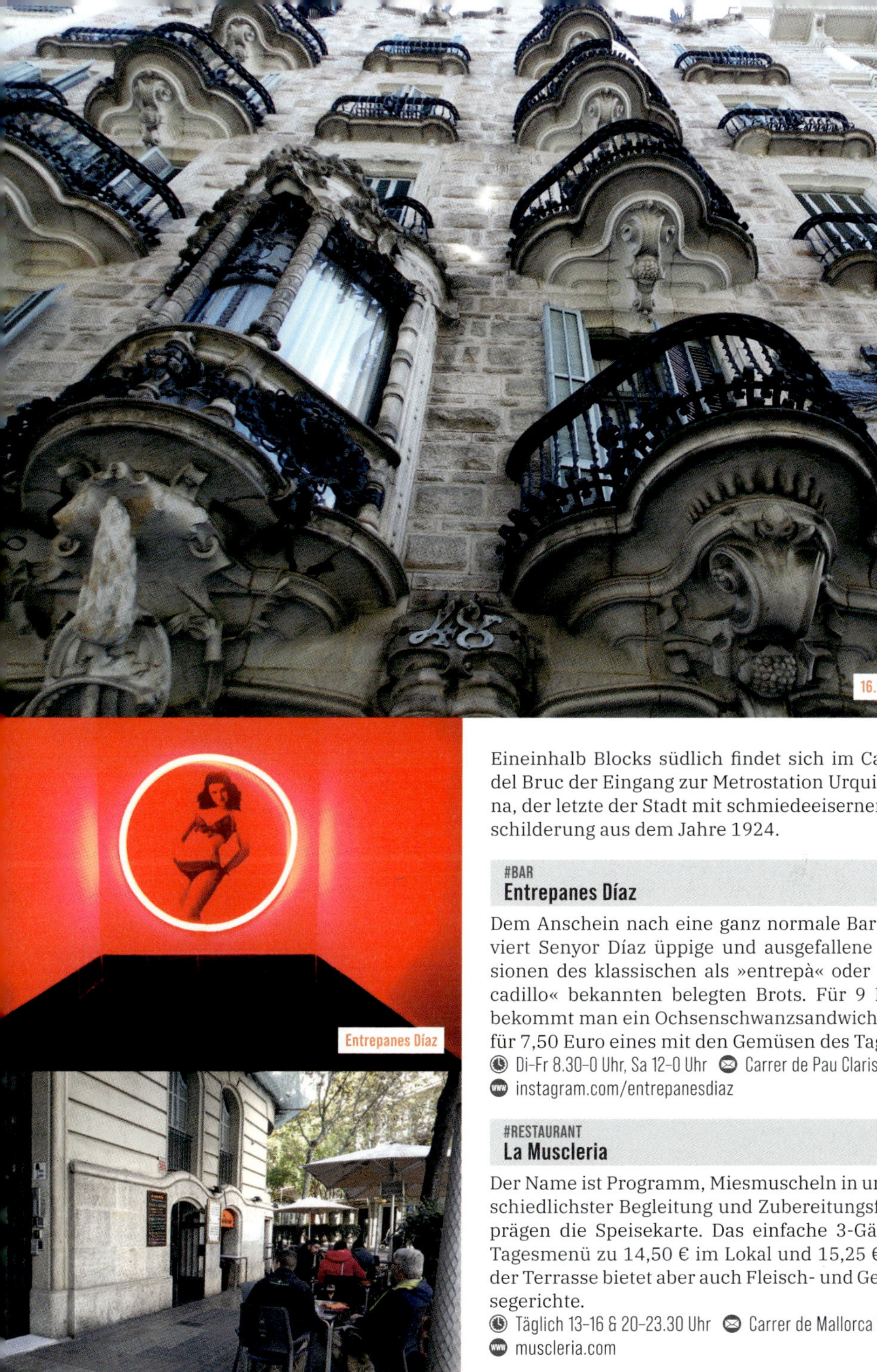
16.9 Casa Calvet

Entrepanes Díaz

La Muscleria

Eineinhalb Blocks südlich findet sich im Carrer del Bruc der Eingang zur Metrostation Urquinaona, der letzte der Stadt mit schmiedeeiserner Beschilderung aus dem Jahre 1924.

#BAR
## Entrepanes Díaz

Dem Anschein nach eine ganz normale Bar serviert Senyor Díaz üppige und ausgefallene Versionen des klassischen als »entrepà« oder »bocadillo« bekannten belegten Brots. Für 9 Euro bekommt man ein Ochsenschwanzsandwich und für 7,50 Euro eines mit den Gemüsen des Tages.
Di–Fr 8.30–0 Uhr, Sa 12–0 Uhr · Carrer de Pau Claris 189
instagram.com/entrepanesdiaz

#RESTAURANT
## La Muscleria

Der Name ist Programm, Miesmuscheln in unterschiedlichster Begleitung und Zubereitungsform prägen die Speisekarte. Das einfache 3-Gänge-Tagesmenü zu 14,50 € im Lokal und 15,25 € auf der Terrasse bietet aber auch Fleisch- und Gemüsegerichte.
Täglich 13–16 & 20–23.30 Uhr · Carrer de Mallorca 290
muscleria.com

In der Umgebung der Sagrada Familia

#ARCHITEKTUR #KULTUR

## Manche mögen's monumental

# Das Viertel der Sagrada Família

**Der gesamte Stadtteil trägt den Namen des monumentalen Kirchengebäudes, gehört aber zum Distrikt Eixample. Das rechtwinklige Straßenmuster ist das gleiche, doch eitle Paläste der Bourgeoisie finden sich hier nicht. Dafür treffen wir im Lauf dieser Route auf drei architektonische Ikonen, die das Image Barcelonas neben der Sagrada Família nachhaltig prägen.**

Unweit der Sagrada Família erhebt sich mit dem ehemaligen Krankenhaus Santa Creu der größte modernistische Gebäudekomplex überhaupt. Vorbei an der Stierkampfarena »La Monumental« und über den flohmarktartigen Basar »Els Encants« geht es zur Torre Glòries, bis vor wenigen Jahren noch als Torre Agbar bekannt. Entscheidet man sich für die unbedingt empfehlenswerten Besuche der beiden Highlights des Modernisme und schlendert eine Weile über den Markt, ist für diese Route mindestens ein halber Tag einzuplanen. Startpunkt ist der Ausgang »Cartagena« der Metrostation Sant Pau – Dos de Maig.

### 17.1 Hospital de la Santa Creu i Sant Pau

Der umfangreichste Gebäudekomplex des katalanischen Modernisme gehört seit 1997 zum Weltkulturerbe und umfasst nicht weniger als 19 Gebäude. Erbaut wurde der Krankenhauscampus zwischen 1902 und 1930. Die erste Phase, in der die spektakulärsten Bauten entstanden, plante Lluís Domènech i Montaner, die zweite sein Sohn Pere Domènech i Roura. Dass der Stadterweiterungsplan des Eixample nicht nur Freunde hatte, lässt sich an der Ausrichtung des Eingangsgebäudes ablesen. Domènech Montaner boykottierte mit voller Absicht die Vorgaben an die Geometrie von Neubauten.

Ab der Wende zum 21. Jahrhundert wurde der Umzug in zeitgemäße Räumlichkeiten geplant. Nach umfassender Renovierung zogen ab 2014

1 Hospital de la Santa Creu i Sant Pau
2 Avinguda Gaudí
M Metrostation Sant Pau - Dos de Maig
Carrer de Cartagena
Avinguda Meridiana
Avinguda de Gaudí
Carrer de Provença
Gran Via de les Corts Catalanes
Carrer del Consell de Cent
Carrer de Lepant
Carrer de Nàpols
Carrer d'Aragó
Plaça de les Glòries Catalanes 9
3 Sagrada Família
Els "Pollos" de Llull
Carrer de Sardenya
Mercat dels Encants 7
10 Torre Glòries
8 Museu del Disseny
La Monumental
5
M Metrostation Glòries
4 Escola Ramon Llull
Carrer de la Marina
Llanterna
Av. Meridiana
Avinguda Diagonal
6b Teatre Nacional de Catalunya
C. r de Casp
L'Auditori 6a
N W O S
50m

17.1 Hospital de la Santa Creu i Sant Pau

neue Nutzer ein, unter anderem Büros der UNO und der WHO. Die Anlage kann mit Audioguide auf eigene Faust erkundet werden.
Täglich 10–17 Uhr  Erw. 16 €, Sen. & Personen bis 29 J. 11,20 €, Kinder (unter 12 J.) frei, Miete Audioguide 4 €
Carrer de Sant Antoni Maria Claret 167
santpaubarcelona.org

## 17.2 Avinguda Gaudí

Auch die Flanier- und Shoppingmeile bricht mit der Originalplanung des Eixample, doch das Rathaus erkannte schon in den 1920er Jahren, dass eine Direktverbindung zwischen den monumentalsten Bauten des Modernisme beachtliche kommerzielle Perspektiven eröffnet. 1927 zunächst zu Ehren des Diktators als Avinguda General Primo de Rivera genannt, wurde sie während der Zweiten Republik Antoni Gaudí gewidmet. Wie von den Stadtherren vorausgesehen, orientiert sich das kommerzielle und gastronomische Angebot an den Interessen internationaler Touristen. Auch die Avinguda Gaudí hat eine Geisterstation der Metro im Untergrund, die schon vor Inbetriebnahme als Fehlplanung erkannt wurde und somit niemals einen Passagier gesehen hat. Die Stadtverwaltung vermietet die Location für Werbe- und Filmaufnahmen.

## 17.3 La Sagrada Família

Auch der auf 136 Jahre nach Baubeginn angepeilte Fertigstellungstermin 2026 wird nicht eingehalten werden können. Das tut dem Besucheransturm keinen Abbruch, genauso wenig wie Kräne und Baulärm. Noch vor der Alhambra und dem Museo del Prado ist der Sakralbau das meistbesuchte Monument Spaniens, denn der Magie der wuchtigen und gleichzeitig organischen Ästhetik kann sich kaum jemand entziehen. Schon mindestens zwanzig Jahre vor der Fertigstellung erklärte die UNESCO den Tempel zum Weltkulturerbe. Für den Architekten Antoni Gaudí war die Sagrada Família der krönende Abschluss seines Lebenswerks. Elf Jahre lang bewohnte er ein Zimmer im Untergeschoss und liegt auch dort begraben. Sein Atelier gibt Aufschluss über seine Denk- und Arbeitsweise. Statt auf statische Berechnungen setzte er auf praktische Experimente mit Sandsäcken, die er an einer Art Mobile aufhängte.

Als er 1926 von einer Straßenbahn angefahren wurde und wenig später seinen Verletzungen erlag, reckte sich erst ein einziger Turm in den Himmel. Der Weiterbau war von hitzigen Disputen begleitet. Namhafte Künstler und Architekten kritisieren, man habe sich von den Originalent-

17.2 Avinguda Gaudí
17.3 La Sagrada Família

17.3 La Sagrada Família

17.3 La Sagrada Família

würfen viel zu weit entfernt.

Dem faszinierenden Äußeren steht das Innere in nichts nach. Ein Besuch ist unbedingt angeraten. Für die Fahrstuhlfahrt auf einen der Türme werden zusätzliche 10 Euro verlangt. Zwar ist die Aussicht durch die kleinen Fenster begrenzt, doch der Abstieg über die schneckenartige Wendeltreppe ist ein Erlebnis. Unbedingt sollte man sich die Eintrittskarte mit dem vorherigen Kauf über das Internet sichern. Eine geführte Tour ist nur vier Euro teurer als die mit Audioguide.

Apr–Sept: Mo–Sa 9–20 Uhr, So 10.30–20 Uhr, Mrz & Okt: Mo–Sa 9–19 Uhr, So 10.30–19 Uhr, Nov–Feb: Mo–Sa 9–18 Uhr, So 10.30–18 Uhr Erw. 26 €, Sen. 21 €, Stud. und Menschen unter 30 Jahren 24 €, Kinder (unter 11 J.) frei Carrer de Mallorca 401 sagradafamilia.org

## 17.4 Escola Ramon Llull

Die Grundschule rückte am 1. Oktober 2017 in den Focus der Weltöffentlichkeit, als die Polizei bei der Unterbindung des Unabhängigkeitsreferendums mit brachialer Gewalt gegen Abstimmungswillige vorging. Schon am frühen Morgen versammelten sich Hunderte, um ihre Stimme abzugeben. Die spanische Nationalpolizei kreiste die Menschenmenge ein, stürmte das Schulgebäude und konfiszierte die Wahlurnen. Danach ging sie mit Schlagstöcken gegen die Zivilisten vor. Auch die in Katalonien verbotenen Gummigeschosse kamen zum Einsatz, ein junger Mann verlor ein Auge. Offiziellen Angaben zufolge wurden bei Polizeieinsätzen katalonienweit 1.066 Menschen verletzt, darunter 23 Senioren im Alter von über 80 Jahren.

Avinguda Diagonal 275

## 17.5 La Monumental

Die knapp 20.000 Zuschauer fassende Stierkampfarena aus dem Jahre 1914 besticht durch ihre orientalisch inspirierte Fassade. Die letzte »corrida« fand 2011 statt, drei Monate bevor das katalanische Abgeordnetenhaus Stierkämpfe offiziell aus Tierschutzgründen verbot. Inoffiziell ging es natürlich auch um eine wenig katalanische Kulturtradition. Fünf Jahre später hob das Verfassungsgericht das Gesetz mit der Begründung auf, ein Regionalparlament könne »nationales Kulturerbe« nicht verbieten. Dennoch finden keine Stierkämpfe mehr statt, denn die Bevölkerung ist so weit sensibilisiert, dass sich die Veranstaltung kaum lohnen würde. Stattdessen wird die Arena unregelmäßig für Konzerte, Zirkusaufführungen und als Open-Air-Diskothek genutzt.

Gran Via de les Corts Catalanes 749

## 17.6 L'Auditori und El Teatre Nacional de Catalunya

Das **Auditori** [6a] – der Hörsaal – ist ein moderner Konzertsaal und Sitz des Symphonieorchesters Barcelona. Das musikalische Programm begrenzt sich nicht auf klassische Musik, auch Jazz und Avantgarde sind hin und wieder an der Reihe. Aus der Entfernung unansehnlich überrascht der moderne Lichthof vor dem Haupteingang.

Je nach Künstler 15–55 € Carrer Lepant 150
www.auditori.cat

Das **Nationaltheater** [6b] wurde von der Regionalregierung 1996 mit einem klaren Auftrag ins Leben gerufen: die katalanische Sprache und Theatertradition zu pflegen und auf ein höheres Niveau zu heben. So ist die Mehrheit der Aufführungen auf Katalanisch, seltener kommen auch spanische oder englische Werke zum Zug. Besonderes Augenmerk gilt jungen oder längst vergessenen Autoren. Das Gebäude entwarf der bekannte Barceloniner Architekt Ricard Bofill, der sich auch für den neuen Terminal 1 des Flughafens verantwortlich zeichnete.

Je nach Aufführung 10–30 € Plaça de les Arts 1
tnc.cat

## 17.7 Mercat dels Encants

Flohmarkt ist nicht mehr die passende Beschreibung, denn spätestens mit dem Bau der Überdachung 2013 hat sich das Marktleben vollständig professionalisiert. Dennoch empfindet man das Gemisch der 300 Läden und Marktstände von neu und gebraucht als willkommene Alternative zu den glitzernden Shopping-Malls. Auf drei Ebenen verteilen sich Ramschhändler, Antiquariate und Outlets. Montags, mittwochs und freitags werden zwischen 8 und 9 Uhr die Reste von Haushalts- und Geschäftsauflösungen versteigert. Mitbieten kann man nur nach vorheriger Anmeldung. Die Ursprünge des Markts reichen bis ins 13. Jahrhundert zurück.

Mo, Mi, Fr, Sa 9–20 Uhr Frei Plaça de les Glòries s/n
encantsbarcelona.com

## 17.8 Museu del Disseny

Das Design-Museum entstand 2014 durch die Zusammenfassung von vier kleinen Museen der dekorativen Künste, Keramik, Textilien und Grafik. Hinzu kommen temporäre Ausstellungen zu allen denkbaren Sparten des Designs, von Architektur über Graffiti bis Schmuck. Das jeweils aktuelle Programm entnimmt man der Webseite.

Täglich 10–20 Uhr Erw. 6 €, Sen. & Stud. 4 €, Jugendliche (unter 16 J.) frei Plaça de les Glòries Catalanes 37
ajuntament.barcelona.cat/museudeldisseny

17.4 Escola Ramon Llull
17.5 La Monumental
17.7 Mercat dels Encants

## 17.9 Plaça de les Glòries Catalanes

Die allgemein gefeierte Stadterweiterung des Eixample hatte durchaus ihre Schwachpunkte. »Glòries« war vermutlich der größte. Als Schnittpunkt der drei zentralen Verkehrsachsen Diagonal, Meridiana und Gran Via war sie zum Verkehrskollaps prädestiniert. In regelmäßigen Abständen versuchten sich Bürgermeister an

17.8 Das Designmuseum mit der Torre Glòries

Llanterna

Els Pollos de Llull

letztendlich erfolglosen Umgestaltungen. Mal sollte hier das neue Stadtzentrum entstehen, mal eine Weltausstellung ausgerichtet werden. Nach acht Jahren Bauzeit wurde im Sommer 2022 ein geradezu pharaonischer Umbau abgeschlossen. Teile des Straßenverkehrs verlaufen nun unterirdisch, und das gewonnene Terrain wurde in einen öffentlichen Park verwandelt. In den Plan eingeschlossen wurde der Neubau von drei Schulen, 564 Wohnungen und die Integration neuer Kulturzentren. Die Ursprünge der Planungen gehen bis auf das Jahr 2003 zurück, die Neugestaltung überspannte die Amtszeiten von vier Bürgermeistern.

## 17.10 Torre Glòries

Der 142 Meter hohe Turm wurde bei seiner Eröffnung 2005 als neue Ikone der Skyline Barcelonas gefeiert. 4.000 LED-Paneele lassen das Gebäude des französischen Architekten Jean Nouvel in der Dunkelheit in bunten Farben erstrahlen. Doch 2015 zog die Wassergesellschaft Barcelonas, die ursprünglich namensgebende AGBAR, aus. Die Umwandlung in ein Hotel scheiterte ebenso wie die Ansiedlung der Europäischen Arzneimittel-Agentur EMA. Der Eigentümer stieß auf unerwartete Probleme, die 34 Stockwerke Büroflächen zu vermieten. Immerhin wurden mit Facebook und Oracle zwei prestigeträchtige Pächter gefunden. Fast zwei Jahrzehnte lang ärgerte sich die Öffentlichkeit, dass eines der Wahrzeichen Barcelonas Normalsterblichen verschossen blieb. 2022 schließlich eröffnete eine Aussichtsetage im 30. Stock, 125 Meter über dem Straßenniveau. »Cloud Cities« ist eine Installation des Künstlers Tomás Saraceno. Die (kostenpflichtige) Begehung der kuriosen Kombination von Kunstwerk und Klettergerüst erfordert eine gewisse Sportlichkeit.

Apr–14. Okt: täglich 10–21 Uhr, sonst: 9.30–18.30 Uhr
Erw. 15 €, Sen. & Stud. 12 €, Jugendliche (unter 18 J.) frei
Avinguda Diagonal 211 miradortorreglories.com

Die Metrostation Glòries liegt zweihundert Meter zurück zwischen Museu del Disseny und Mercat dels Encants.

#BAR
### Llanterna

Abseits jeden Trubels versteckt sich im Innenhof des Auditori eine pieksaubere Cafeteria. Die etwas höheren Preise für einen Kaffee und einen kleinen Happen lassen sich hoffentlich verschmerzen.

Täglich 9–19 Uhr Carrer de Llepant 150

#RESTAURANT
### Els Pollos de Llull

Preiswerte Restaurants in der Umgebung der Sagrada Família sind Mangelware. Die Portionen bei »Els Pollos« sind nicht überreichlich, aber wenn man ein halbes Hähnchen mit Kartoffeln oder einem Teller Suppe kombiniert, kommt man fürs Essen mit zehn bis zwölf Euro weg.

Mo, Di, Do 12–18 Uhr, Fr & Sa bis 23 Uhr, So bis 20 Uhr
Carrer Nàpols 272 elspollos.com

Im Poble-sec

#GESCHICHTE #STADTTEILKULTUR #AUSGEHEN

## Das gar nicht so trockene Dorf

# El Poble-sec

**Das Stadtviertel am Hang des Montjuïc gilt als die erste Stadterweiterung Barcelonas.**

Die Industrielle Revolution zog im frühen 19. Jahrhundert zunächst Arbeitskräfte aus den ländlichen Regionen Kataloniens in die Stadt. Vor ihren Toren entstanden Barackendörfer, die allmählich zu festen Behausungen heranwuchsen. In dieser Zeit entstand auch der Name: das »trockene Dorf«: Die rasant wachsende Textilindustrie verbrauchte so viel Wasser, dass die natürlichen Quellen an der Ostseite des Montjuïc austrockneten. Später trafen weitere Migrationswellen ein, jedes Mal aus größerer Entfernung. Arbeitssuchende kamen zunächst aus den benachbarten Regionen Valencia und Aragón, dann aus Süd- und Zentralspanien und schließlich aus anderen Erdteilen, vor allem aus Lateinamerika, Nord- und Westafrika. So hat der Poble-sec immer seine weltoffene, tolerante und multikulturelle Atmosphäre bewahrt. Touristische Anziehungspunkte oberer Güteklasse finden sich keine. Einzig der Carrer del Blai gilt als stadtbester Laufsteg für den »Tapeo« – den Umzug von Bar zu Bar, um in jedem Etablissement ein Getränk und einen Snack zu sich zu nehmen. Lange Fußwege muss man dafür nicht antreten: Die durchschnittliche Entfernung zwischen den Kneipen dürfte zwanzig Meter nicht übersteigen.
Unsere Route beginnt wiederum an der Metrostation Drassanes und dem gleichnamigen Ausgang. Vorbei am Museu Marítim geht es zur Avinguda del Paral·lel, so genannt weil die Verkehrsachse in Ost-West-Richtung praktisch parallel zum 41. Breitengrad verläuft.

### 18.1 Die Stadtmauer

Schon im Carrer del Portal de Santa Madrona stößt man auf das längste und am besten erhaltene Stück Befestigung der ganzen Stadt. Dabei handelt es sich zunächst um ein **neuzeitliches Bollwerk** [1a] aus dem 17. Jahrhundert. Nach dem Abzweig in die Avinguda del Paral·lel schließen sich fließend mittelalterliche Wehranlagen an. Nach knapp 150 Metern folgt das einzige er-

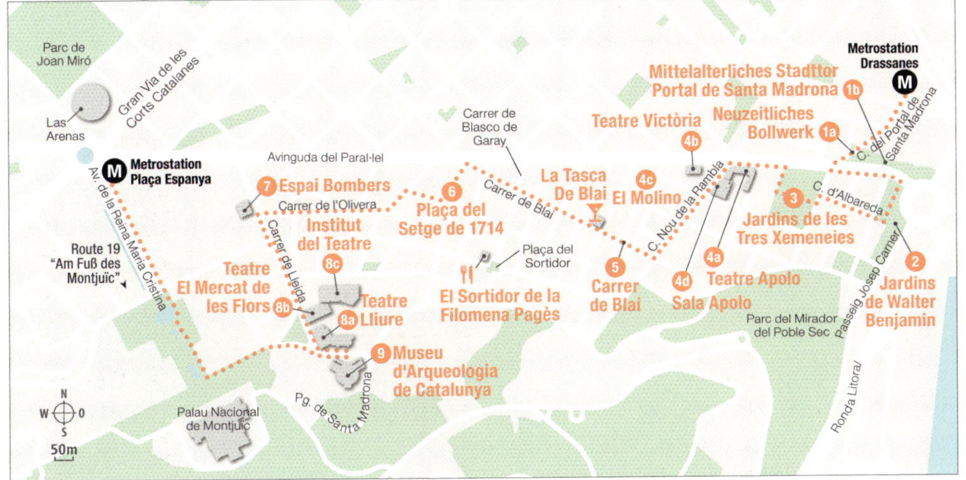


haltene **Stadttor** [1b]: »El Portal de la Santa Madrona« stammt aus dem 14. Jahrhundert. Überraschenderweise wird der historisch-romantische Spot weder von Einheimischen noch von Ortsfremden in größerer Zahl besucht.

18.1 Neuzeitliches Bollwerk am Carrer del Portal de Santa Madrona

18.2 Grafitti in den 2 Jardins de Walter Benjamin

## 18.2 Jardins de Walter Benjamin

Der jüdisch-deutsche Philosoph Walter Benjamin kam auf der Flucht vor den Nationalsozialisten 1940 in der 170 Kilometer nördlich gelegenen Grenzstadt Portbou ums Leben. Ob Selbstmord oder Erschöpfung die Todesursache war, konnte bis heute nicht geklärt werden. In dem nach ihm benannten Garten wachsen die kuriosen Florettseidenbäume. Wegen des dickbäuchigen wasserspeichernden Stamms werden sie auf Spanisch »palo borracho« genannt, also etwa »betrunkener Pfahl«. Den hinteren Teil des Gartens begrenzt eine Mauer, die Graffiti-Künstler nach Anmeldung als öffentliche Leinwand nutzen dürfen. Nach Ablauf einer Frist von einigen Wochen darf ein anderer Künstler das Bild mit einer neuen Kreation übermalen.

✉ Plaça de les Drassanes s/n

## 18.3 Jardins de les Tres Xemeneies

Zu Füßen der drei Schornsteine erstreckt sich das neuralgische Zentrum der Street-Art-Kultur Barcelonas. Auf dem einstigen Industriegelände treffen sich Graffiti-Künstler, Skateboarder und Breakdancer zu Konzerten, Wettbewerben und Märkten. Auch hier ist das Besprühen von Wänden legal, aber geregelt. Die drei mächtigen Schornsteine gehörten zum ersten Kraftwerk Barcelonas und waren bis 1989 in Betrieb. Betreiber war ein kanadisches Unternehmen, das von der Franco-Diktatur per gezielter Gesetzgebung in den Ruin getrieben wurde, um es kostengünstig zu übernehmen. 1919 erstritten die Arbeiter mit einem 42-tägigen Streik auf dem Gelände den Acht-Stunden-Tag.

## 18.4 Barcelonas Broadway – Der Paral·lel

Der Paral·lel ist eine feste Größe im Kultur- und Nachtleben der Stadt. Früher reihten sich die Theater und Kabaretts wie an einer Perlenschnur auf, immerhin eine Handvoll hat bis heute überleben können. Darunter sind so historische Schauspielhäuser wie **Apolo** [4a], **Victoria** [4b] oder **El Molino** [4c]. Wenige Schritte vom Teatre Apolo findet sich der gleichnamige 1946 eröffnete **Tanzsaal** [4d], der trotz täglich wechselnder Musikrichtung fast immer prall gefüllt ist.

## 18.5 Carrer de Blai

Auf knapp 500 m verkehrsberuhigter Zone konzentrieren sich Bars und Restaurants wie sonst nirgendwo in der Stadt. Einheimische wie Auswärtige pilgern allnächtlich von Spelunke zu Spelunke und erfreuen sich an vergleichsweise konsumentenfreundlichen Preisen. Das entspannt-fröhliche Ambiente kann allerdings auch umschlagen, denn – wie überall – sind die Anwohner von lautstarken Nachtschwärmern genervt. Rücksicht auf die Mitmenschen gehört also unbedingt ins Gepäck.

## 18.6 Plaça del Setge de 1714 – Der Platz der Belagerung von 1714

Für die Katalanen war 1701 klar, dass die Thronbesteigung eines Bourbonen in Madrid das Ende ihrer Eigenständigkeit bedeuteten würde. Um die Einkeilung zwischen bourbonischem Frankreich und Spanien zu verhindern, setzten sie im Spanischen Erbfolgekrieg auf den österreichisch-habsburgischen Kandidaten und verloren. Nach einjähriger Blockade gingen die bourbonischen Truppen 1714 zur massiven Belagerung Barcelonas über. Die militärische Situation wurde so ausweglos, dass nur noch ein Wunder die Stadt retten konnte. Auch die symbolische Übertragung des Oberbefehls auf die Jungfrau Maria vermochte die Katastrophe nicht abzuwenden. Am 11. September eroberten die Truppen Barcelona und Katalonien verlor jedwede Autonomie. Heute wird das Datum als Nationalfeiertag begangen. Der üblicherweise lebendige »Platz der Belagerung von 1714« ist alljährlich ein Fixpunkt der Demonstrationen für kulturelle und politische Eigenständigkeit.

## 18.7 Espai Bombers – Das Feuerwehrmuseum

Die erste moderne Feuerwache Spaniens entstand 1929 anlässlich der unweit ausgetragenen Weltausstellung. Zur Jahrtausendwende war das Gebäude nicht mehr zeitgemäß, wurde als Lager der Polizei genutzt und stand eine Zeit leer, bis 2013 entschieden wurde, der städtischen Feuerwehr die gebührende Ehre zukommen zu lassen. Die Idee, die Geschichte der Brandbekämpfung mit Aufklärungsarbeit zur Unfallvorsorge zu verbinden, erwies sich als mäßig erfolgreich. Man kann sich an vielfältigen Multimediainstallationen unterhalten und den ersten motorisierten Feuerwehrwagen aus dem Jahre 1921 bewundern.

Di–Fr 10–14 Uhr, Mi & Fr auch 16–20 Uhr, Sa 11–15 & 16–20 Uhr, So 11–15 Uhr · Erw. 2,50 €, Schüler & Stud. (bis 26 J.) 1,50 €, Sen. & Jugendl. (unter 16 J.) frei · Carrer de Lleida 30 · ajuntament.barcelona.cat/espaibombers

18.3 Jardins de les Tres Xemeneies

18.4a Teatre Apolo am Paral·lel

18.5 Carrer de Blai

## 18.8 La Ciutat del Teatre

Die »Theaterstadt« ist natürlich keine Stadt, sondern eine Konzentration von Schauspielhäusern und verwandten Institutionen. Das Herz bildet das städtische »Freie Theater« **Teatre Lliure** [8a] im ehemaligen Landwirtschaftspavillon der Weltausstellung von 1929. Das Gebäude im Renaissancestil mit einer zwölf Meter durchmessenden Kuppel wurde eigens für das Ereignis errichtet. Wenige Schritte entfernt widmet sich die Bühne im ehemaligen Blumengroßmarkt **Mercat de les Flors** [8b] vor allem der Welt des Tanzes. Daneben befindet sich das **Institut del Teatre** [8c], das in wechselnden Ausstellungen die Geschichte der darstellenden Künste dokumentiert.

**Institut del Teatre** Mo-Fr 9-20 Uhr Frei Plaça de Margarida Xirgu s/n cdmae.cat

**Teatre Lliure** Pl. de Margarida Xirgu 1 teatrelliure.com

**Mercat de les Flors** Carrer Lleida 59 mercatflors.cat

18.6 Plaça del Setge de 1714

18.8a Das Teatre Lliure

La Tasqueta de Blai

## 18.9 Museu d'Arqueologia de Catalunya

Auf 4.000 m² Fläche zeigt das Museum Fundstücke aus ganz Katalonien und den Balearen von der Vorgeschichte bis zum Mittelalter. Darunter findet sich beispielsweise der Kiefer eines etwa 15-Jährigen, der vor 53.000 Jahren bei Sitges in einer Höhle gelebt hatte. Das Schwergewicht liegt dank der Fülle der Fundorte natürlich auf der Antike und reicht von den Iberern über phönizische Seefahrer zu Griechen und Römern. Darüber hinaus beleuchten temporäre Ausstellungen bestimmte Themen und Epochen der Frühgeschichte.

Di-Sa 9.30-19 Uhr, So 10-14.30 Uhr Erw. 6 €, Sen. & Stud. 4 €, Jugendl. (unter 16 J.) frei Passeig de Santa Madrona 39-41 macbarcelona.cat

Zum Ende der Route kann man sich auf Sicht zum Nationalen Kunstmuseum orientieren und in wenigen Minuten zur Metrostation an der Plaça Espanya hinabsteigen.

#BAR

### La Tasqueta de Blai

Unter der Vielzahl der Lokale am Carrer de Blai fällt die Entscheidung nicht leicht, zumal sich die meisten in Angebot und Preisniveau gleichen. In der Taverne bedient man sich am Tresen wieder selbst mit »pintxos«. Die Rechnung bestimmt die Summe der Hölzchen zuzüglich der Getränke. Die meisten Pintxos kosten weniger als zwei Euro, was preiswerter nur schwer zu finden sein wird.

Täglich 12-1 Uhr Carrer de Blai 15-17
latasquetadeblai.com

#RESTAURANT

### El Sortidor de la Filomena Pagès

Hinter der modernistischen Glasfassade verbirgt sich seit 1908 ein Restaurant, das in der Nachbürgerkriegszeit Filomena Pagès übernahm, die Großmutter des heutigen Betreibers. Serviert wird verfeinerte katalanische Küche. Zum Probieren empfohlen sei beispielsweise »Fricandó«, dünne Kalbfleischscheiben in Mandelsoße.

Di-So 13-16 Uhr, Fr & Sa auch 20-0 Uhr
Plaça del Sortidor 5 www.elsortidor.com

19

Di-So

3,3 km

Blick auf das Gelände der Weltausstellung

#KULTUR #GESCHICHTE #KUNST

## Monumente einer Ausstellung

# Am Fuß des Montjuïc

**Die palastartigen Gebäude zwischen Plaça Espanya und Montjuïc scheinen allein durch ihr monumentales Auftreten Bedeutung zu demonstrieren und damit jede Menge Reisende anzulocken.**

Es handelt sich tatsächlich um das Gelände der Weltausstellung von 1929 und nicht um Residenzen von Monarchen. Die Stadt bereitete die Wiederholung des Großereignisses von 1888 seit Jahren vor und freute sich auf die Ausrichtung 1923. Doch der Militärputsch Primo de Riveras vereitelte das Event und führte zum Aufschub um volle sechs Jahre. Man kann sich vorstellen, wie damit die städtischen Kassen belastet und eine Zahl von Unternehmern in den Ruin getrieben wurden. Auch architektonisch war keineswegs eine prahlerische Selbstdarstellung imperialer Größe geplant, doch der Staatsstreich drehte alle politischen Vorzeichen ins Gegenteil. Dennoch ist ein Besuch der ansässigen Kulturinstitutionen uneingeschränkt empfehlenswert.

### 19.1 Plaça d'Espanya

Der 130 Meter durchmessende siebenspurige Kreisverkehr ist der zentrale Verkehrsknoten im Westen der Stadt. Bis zur Weltausstellung 1929 war die Umgebung ein Barackendorf. Als Vorbild der Umgestaltung diente der römische Petersplatz. Der monumentale Brunnen im Zentrum wurde von Josep Maria Jujol gestaltet, einem der wichtigsten, aber nahezu unbekannten Mitarbeiter Antoni Gaudís. Er repräsentiert die drei Meere, die die Iberische Halbinsel umspülen, das Mittelmeer, den Atlantik und das Kantabrische Meer, sprich der Golf von Biskaya. Die Orientierung im unterirdischen Bahnhof fällt nicht eben leicht, verkehren hier doch zwei Metrolinien und sechs Regionalbahnen.

### 19.2 Las Arenas

Die 1900 eingeweihte Stierkampfarena sah 77 Jahre später ihren letzten Kampf. Jahrzehn-

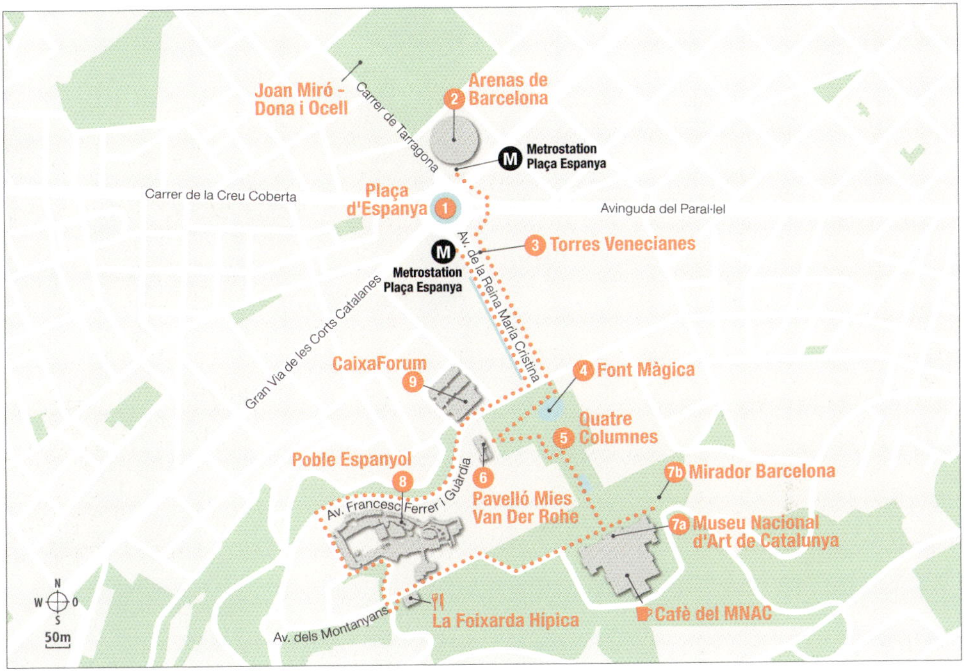

Joan Miró - Dona i Ocell
Arenas de Barcelona
Carrer de Tarragona
Metrostation Plaça Espanya
Plaça d'Espanya
Carrer de la Creu Coberta
Avinguda del Paral·lel
Torres Venecianes
Metrostation Plaça Espanya
Av. de la Reina Maria Cristina
Gran Via de les Corts Catalanes
CaixaForum
Font Màgica
Quatre Columnes
Poble Espanyol
Mirador Barcelona
Pavelló Mies Van Der Rohe
Av. Francesc Ferrer i Guàrdia
Museu Nacional d'Art de Catalunya
La Foixarda Hípica
Cafè del MNAC
Av. dels Montanyans
N W O S
50m

19.1 Blick von Las Arenas auf die Plaça Espanya und den Montjuïc

telang wusste niemand, was mit dem gewaltigen Gebäude anzufangen sei, mehrfach wurde der Abriss vorgeschlagen. Schließlich optierte die Stadt für die Erhaltung und Umgestaltung zur Einkaufsmeile, die der Architekt des Centre Pompidou Richard Rogers übernahm. Dabei wurde wenig mehr als die Fassade erhalten. Von der Aussichtsterrasse schweift der Blick über die Plaça Espanya hinüber zum Montjuïc.

Geschäfte Mo–Sa im Winterhalbjahr etwa 9–21 Uhr, im Sommer 10–22 Uhr, Restaurants bleiben länger geöffnet

Gran Via de les Corts Catalanes 373-385

arenasdebarcelona.com

19.2 Las Arenas

GLEICH IN DER NÄHE

### Dona i Ocell von Joan Miró

Schon 1968 verabredete Joan Miró mit dem Rathaus die Errichtung von drei Skulpturen, die die auf dem Luft-, See- und Landweg eintreffenden Besucher begrüßen sollten. Zuerst entstand 1970 das Mosaik am heutigen Flughafenterminal 2 und sechs Jahre später das Bodenmosaik auf den Rambles. Das dritte Werk sollte die Avinguda Diagonal schmücken, wurde aber letztendlich auf das Gelände eines ehemaligen Schlachthofs verlegt. Die Einweihung ließ noch bis 1983 auf sich

Dona i Ocell von Joan Miró

19.3 Torres Venecianes

19.4 Font Màgica de Montjuïc

19.5 Les quatre Columnes

warten. »Frau und Vogel« war das letzte Kunstwerk Joan Mirós im öffentlichen Raum. Die 22 Meter hohe abstrakte Skulptur brilliert durch die farbenfrohe Mosaikdekoration des Keramikers Joan Gardy Artigas.

Carrer de Tarragona, in Höhe der Hausnummer 125

## 19.3 Torres Venecianes

Die Pavillons der Weltausstellung entlang der Avinguda de la Reina Maria Cristina werden bis heute als Messehallen genutzt. Allerdings finden die großen internationalen Messen inzwischen im Vorort L'Hospitalet statt. Den Eingang zum Gelände markieren die beiden identischen »venezianischen Türme«, offenbar vom Markusturm in Venedig inspiriert. Ursprünglich sollten sie nach Ende der Veranstaltung zurückgebaut werden, weshalb sie mit einfachen Backsteinen auf Sandsteinsockel ausgeführt sind. Seinerzeit fungierten sie als 47 Meter hohe Aussichtsplattformen, leider werden sie heute Besuchern nur noch in Ausnahmefällen geöffnet.

## 19.4 Font Màgica de Montjuïc

In der Planungsphase der Weltausstellung orientierten sich Barcelonas Architekten am Noucentisme, einem eher spartanischen und zurückhaltenden Baustil, der auch das Messegelände dominieren sollte. Doch nach dem Militärputsch Primo de Riveras trat der gesamte Planungsstab zurück. Die Leitung übernahm der Architekt Carles Buïgas, der dem Gelände eine monumentale Handschrift aufdrückte. Sein Werk ist auch der 65 Meter durchmessende Springbrunnen. Nächtens verwandeln ihn 120 Scheinwerfer mit drehbaren Farbfiltern stundenweise in ein buntes Lichterspektakel, unter Touristen eines der populärsten Zugpferde Barcelonas.

Jun–Sept: Mi–So 21.30–22.30 Uhr, Okt: Do–Sa 21–22 Uhr, Weihnachten–Ende Mrz: 20–21 Uhr barcelona.cat/fontmagica

## 19.5 Les quatre Columnes

Vier ionische Säulen oberhalb eines Springbrunnens dürften kaum irgendwo in der Welt Gegenstand erbitterter Konflikte sein, in Katalonien aber sehr wohl. 1919 errichtet, symbolisieren sie die vier roten Streifen der katalanischen Flagge. Die wurde von Diktator Primo de Rivera nach der Machtübernahme umgehend aus dem öffentlichen Leben verbannt, ebenso wie die katalanische Sprache. Viele Straßen Barcelonas und eine ganze Reihe von Ortschaften wurden eilends ins Spanische umgetauft. Erst seit 2011 stehen die vier Säulen wieder, einige Meter von ihrem ursprünglichen Standort entfernt.

## 19.6 Pavelló Mies van der Rohe

Ludwig Mies van der Rohe, geboren 1886 in Aachen, zählt zu den einflussreichsten Architekten des 20. Jahrhunderts. Kurzfristig leitete er das Dessauer Bauhaus bevor er 1938 in die USA emigrierte, wo er zum Pionier gläserner Wolkenkratzer avancierte. Für die Weltausstellung entwarf er den deutschen Pavillon, der in seiner Schlichtheit als Meilenstein der Architekturgeschichte gefeiert wird. Wie geplant, wurde das Gebäude nach dem Ende der Veranstaltung abgerissen. Angesichts der historischen Bedeutung formierte das Rathaus 1980 eine Expertenkommission zur Wiedererrichtung, sicher auch um ein Gegengewicht zur benachbarten national-imperialen Architektur zu bilden. Sechs Jahre später war der originalgetreue Nachbau fertiggestellt.

Täglich Mrz-Okt: 10-20 Uhr, im Winter 10-18 Uhr
Erw. 8 €, Schüler & Stud. 4 €, Jugendl. (unter 16 J.) frei, am 1. Sonntag jeden Monats kostenlos Avinguda Francesc Ferrer i Guàrdia 7 miesbcn.com

## 19.7 Museu Nacional d'Art de Catalunya – MNAC

Das Zentralgebäude der Weltausstellung versammelte zunächst die 5.000 bedeutungsvollsten Werke der Kunstgeschichte Spaniens, ausgeliehen von Museen, Archiven und Privatsammlungen des ganzen Landes. 1934 wurde der Bau zum **Nationalen Kunstmuseum Kataloniens** [7a] umgewidmet. Seine Aufgabe war fortan, die gesamte Kunsthistorie des Landes zu dokumentieren. Mit dem Ausbruch des Bürgerkriegs 1936 mussten die Werke zur Sicherheit in auswärtige Kirchen und Bauernhäuser ausgelagert werden. Ab 1995 wurde das Museum schrittweise wiedereröffnet. Es liefert eine umfassende Übersicht der künstlerischen Epochen von der Romanik bis zur Mitte des 20. Jahrhunderts. Stars der Sammlung sind mittelalterliche Fresken aus den romanischen Kirchen des Pyrenäentals von Boí, die zum Weltkulturerbe der UNESCO gehören. In der Nordostecke des Vorplatzes genießt man vom **Mirador de Barcelona** [7b] Aussichten über das Häusermeer der Stadt.

Mai-Sept: Di-Sa 10-20 Uhr, So 10-15 Uhr, Okt.-Apr.: Di-Sa 10-18 Uhr, So 10-15 Uhr Erw. 12 €, Stud. 8,40 €, Sen. und Jugendl. (unter 16 J.) frei, Sa ab 15 Uhr und am 1. Sonntag des Monats kostenlos Parc de Montjuïc s/n
museunacional.cat

## 19.8 Poble Espanyol

Eine der Hauptattraktionen der Weltausstellung war der Nachbau eines »idealen« spanischen Dorfes mit Befestigungsmauern, Kirche, Kloster, Plätzen und Straßen. Um der kulturellen Vielfalt gerecht zu werden, baute man repräsentative Gebäude aus 15 verschiedenen Regionen relativ detailgenau nach. Das Freiluftmuseum sollte »Iberona« heißen, doch Diktator Primo de Rivera setzte den Namen »Pueblo Español« durch, der nach der Rückkehr zur Demokratie als »Poble Espanyol«

19.6 Pavelló Mies van der Rohe

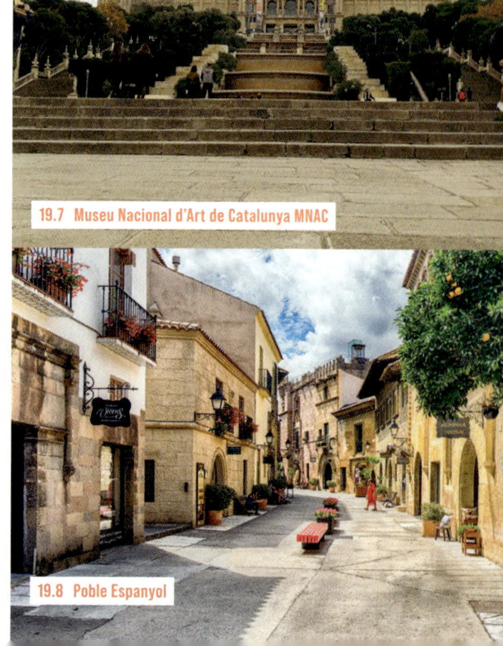

19.7 Museu Nacional d'Art de Catalunya MNAC

19.8 Poble Espanyol

katalanisiert wurde. Im Spanischen Bürgerkrieg nutzte die Republik das ummauerte »Dorf« als Gefangenenlager. Auf dem fünf Hektar großen Gelände kann man traditionellen Handwerkern bei der Arbeit zuschauen und in etlichen Gastronomiebetrieben einkehren. Vor allem im Sommer finden in unregelmäßigen Abständen Konzerte statt.
Mo 10–20 Uhr, Di–So 10–0 Uhr · Erw. 14 €, Kinder (4–12 J.) 10 €, bei Onlinekauf mindestens am Vortag 11,20 € bzw. 9 € · Avinguda Francesc Ferrer i Guàrdia 13 · poble-espanyol.com

19.9 CaixaForum

Cafeteria des MNAC

La Foixarda Hípica

## 19.9 CaixaForum

Das von der Stiftung von Kataloniens wichtigster Bank La Caixa betriebene Kulturzentrum bietet oft bedeutsame temporäre Ausstellungen zur Kunst der Moderne. Manche, wie beispielsweise die von Salvador Dalí, zogen mehrere Hunderttausend Besucher an. Meist laufen mehrere gleichzeitig mit einer Dauer von drei bis sechs Monaten. Das Gebäude ist eine ehemalige Tuchfabrik, die nach ihrer Schließung 1920 als Garage der spanischen Polizei genutzt wurde. Die Eröffnung des Ausstellungszentrums erfolgte 2002.
Täglich 10–20 Uhr · Erw. 6 €, Jugendl. (unter 16 J.) frei · Avinguda de Francesc Ferrer i Guàrdia 6–8 · caixaforum.org

Über die Avinguda de la Reina Maria Cristina geht es auf gleichem Weg wieder zurück zur Metrostation Plaça Espanya.

#CAFÉ
### Cafeteria des MNAC

Die einfache Freiluftbar am Eingang des Museums ist bei Touristen wegen der Aussicht beliebt, aber überteuert. In der etwas bequemeren Cafeteria im Inneren bekommt man wochentags auch ein Mittagsmenü zu 15 €. Beide haben die gleichen Öffnungszeiten.
Di–Sa 10–18 Uhr, So 10–15 Uhr

#RESTAURANT
### La Foixarda Hípica

Der Touristenzulauf in der Gegend zwischen Plaça Espanya und Montjuïc lässt die Preise der Gastronomie steigen und leider auch oft die Qualität sinken. Allerdings kommt kein Auswärtiger darauf, dass sich hinter dem Poble Espanyol ein Reiterhof mit Restaurant versteckt. Neben verschiedenen Paella-Varianten stehen vor allem klassische Grillspezialitäten wie Kaninchen zu 10,60 € auf dem Speiseplan. Vor dem MNAC wendet man sich nach Westen, am Parkplatz vorbei zweigt nach 300 Metern linker Hand eine Treppe ab. Beim Abstieg entdeckt man das simple Restaurant schon.
So–Do 10–18 Uhr, Fr & Sa 10–23 Uhr · Avinguda dels Montanyans 1 · restaurantelafoixarda.es

Der Bergpark Montjuïc

#PANORAMA #SPORT #NATUR

## Der Hausberg

# Auf den Montjuïc

**Der Montjuïc zieht an Wochenenden Tausende Besucher an, die der Enge der Stadt entfliehen, frische Luft atmen und Weitblicke genießen wollen. Neben dem Grün der Parks findet sich auch eine Vielzahl historischer und kultureller Attraktionen.**

Einige Höhlen des 177 Meter hohe Bergs waren schon in grauer Vorzeit besiedelt. Die Iberer und Römer brachen hier die Sandsteine, mit denen sie die Stadt erbauten. Erst 1957 wurde der Abbau eingestellt. Ob der Name Montjuïc dem römischen Gott Jupiter oder der Präsenz eines jüdischen Friedhofs geschuldet ist, bleibt umstritten. Zwischen 1969 und 1975 wurde auf den Straßen vier Mal der Große Preis von Spanien der Formel-1-Weltmeisterschaft ausgetragen. Legendär ist das jährliche 24-Stunden Motorradrennen, bei dem sich zwischen 1955 und 1986 zwei Piloten ein Motorrad teilten und sich als Fahrer abwechselten. Schließlich beherbergt der Montjuïc die wichtigsten Austragungsstätten der Olympischen Spiele von 1992, die allesamt in der Gegenwart weiterhin genutzt werden.

### 20.1 Die Auffahrt

Die aufregendste Form der Bergbesteigung ist zweifellos die Seilbahnfahrt vom Hafen mit dem **Telefèric del Port** [1a]. Allerdings liegt die Bergstation [1b] auf halber Höhe am Hang, gut 110 Höhenmeter unterhalb der Festung. Daher sei empfohlen, die Seilbahnfahrt auf die Rückkehr in die Stadt zu verlegen. Der bessere Weg hinauf ist, an der Metrostation Paral·lel die Standseilbahn **Funicular de Montjuïc** [1c] zu besteigen. In zwei Minuten ist die Endstation **Parc de Montjuïc** [1d] erreicht. Am Eingang zur Untergrundbahn am Paral·lel muss man zunächst zwei Stufen nach oben steigen. Die Erhöhung hat tatsächlich einen Sinn, sie soll verhindern, dass bei Starkregen das Wasser die Metrostation flutet.

Sommer: Mo–Fr 7.30–22 Uhr, Sa & So 9–22 Uhr, Winter: Mo–Fr 7.30–20 Uhr, Sa & So 9–20 Uhr 2,40 €, Sammelkarten der Metro sind gültig

Direkt neben der Endstation geht es mit der Seilbahn **Telefèric de Montjuïc** [1e] weiter bis zur

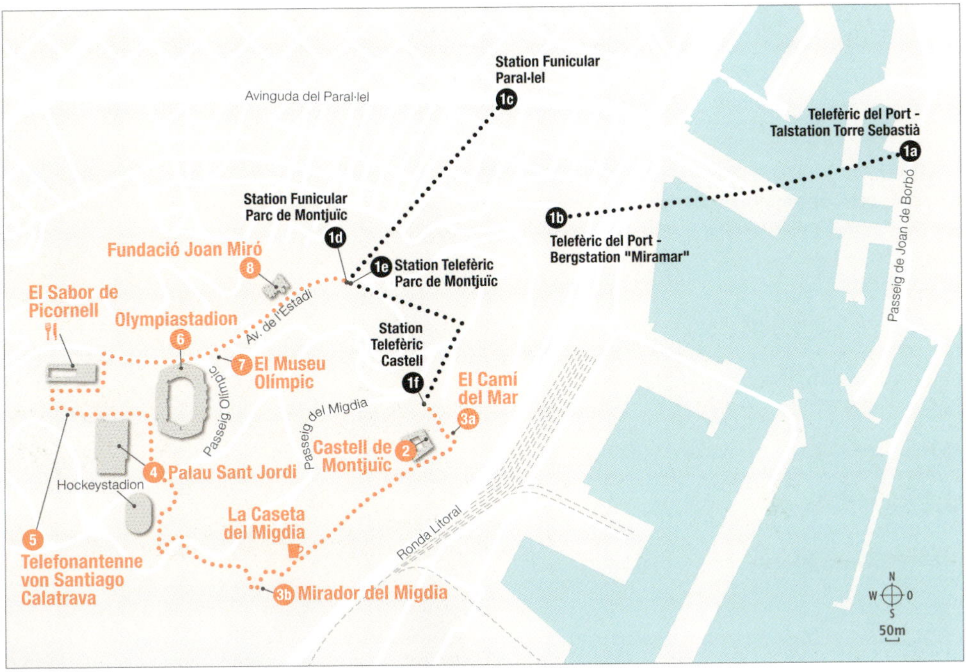

Avinguda del Paral·lel
Station Funicular Paral·lel 1c
Telefèric del Port - Talstation Torre Sebastià 1a
1b Telefèric del Port - Bergstation "Miramar"
Passeig de Joan de Borbó
Station Funicular Parc de Montjuïc 1d
1e Station Telefèric Parc de Montjuïc
Fundació Joan Miró 8
El Sabor de Picornell
Olympiastadion 6
Av. de l'Estadi
7 El Museu Olímpic
Passeig Olímpic
Station Telefèric Castell 1f
El Camí del Mar 3a
Passeig del Migdia
Castell de Montjuïc 2
4 Palau Sant Jordi
Hockeystadion
La Caseta del Migdia
5 Telefonantenne von Santiago Calatrava
3b Mirador del Migdia
Ronda Litoral
N W O S
50m

20.1 Telefèric de Montjuïc

20.2 Ausblick vom Castell de Montjuïc

zweiten **Station** namens **Castell** [1f]. Alternativ kann man in zwanzig Minuten auch zu Fuß zur Festung aufsteigen. Allerdings ist der Weg nur unzulänglich beschildert, Google Maps hilft nur bei der groben Orientierung, und teilweise muss man auf der – allerdings wenig befahrenen – Straße laufen. Zu beachten ist, dass die Seilbahn ihren Betrieb erst um 11 Uhr vormittags aufnimmt.

Täglich, Mrz-Mai & Okt.: 11-18.30 Uhr, Jun.-Sept.: 11-19 Uhr, Nov.-Feb. 11-18 Uhr Einfache Fahrt: Erw. 10 €, Kinder (4-12 J.) 8 €, Hin- und Rückfahrt: Erw. 15 €, Kinder (4-12 J.) 11 €, 10 % Rabatt beim Kauf über die Webseite
telefericdemontjuic.cat

## 20.2 El Castell de Montjuïc

In der katalanischen Seele ist die Festung als wiederholter Kriegsschauplatz und Symbol der Unterdrückung tief verankert. Eine erste provisorische Burg wurde 1640 errichtet, als Katalonien einen spanisch-französischen Krieg nutzen wollte, um eine eigenständige Republik auszurufen. Statt die Unabhängigkeit zu erlangen, verlor es seine Territorien nördlich der Pyrenäen an Frankreich. Die heutige Festung errichtete der spanische König 1751, um Barcelona militärisch unter Kontrolle zu halten. Nach dem Bürgerkrieg wurden politische Gefangene eingekerkert. Der letzte republikanische Präsident Lluís Companys wurde 1940 vor der Nordmauer des Castells hingerichtet.

Beim Besuch kann man die Festungsmauern begehen, die schöne Ausblicke auf Meer und Hafen bieten. Die Artilleriegeschütze stammen größtenteils aus dem Bürgerkrieg. Das »Centre d'Interpretació« genannte kleine Museum erklärt die Blutspur, die das Castell durch die Geschichte zog.

Der Turm diente im 19. Jahrhundert der optischen Telegrafie. Die nächsten Stationen lagen etwa 15 Kilometer entfernt. Die Übermittlung einer Nachricht an die Luftlinie gut 130 Kilometer entfernte französische Grenze dauerte 20 Minuten.

Täglich, Mrz-Okt.: 10-20 Uhr, Nov.-Feb. 10-18 Uhr

Erw. 9 €, ermäßigt 6 €, unter 8 Jahren frei, kostenlos So ab 15 Uhr und jeden ersten So im Monat

ajuntament.barcelona.cat/castelldemontjuic

#WISSEN **Die katalanische Sprache:** Obwohl Katalanisch manchmal fälschlich als spanischer Dialekt abgetan wird, ist es eine vollkommen eigenständige Sprache. Tatsächlich ist es in verschiedener Hinsicht dem Französischen und Portugiesischen näher als dem Spanischen. Beispielsweise heißt »bitte« »si us plau«, ganz ähnlich wie auf Französisch. Grammatik und Rechtschreibung sind teilweise ziemlich verzwickt. Des Öfteren stößt man auf seltsame Buchstabenkombinationen, die aber wie das »sch« im Deutschen zu einem einfachen Laut zusammengezogen werden. Zwei Punkte auf einem Vokal sind ein Hinweis auf seine Betonung und keine Umlaute, wie man vermuten möchte. Beim Wort »Montjuïc« werden »u« und »i« getrennt nacheinander ausgesprochen und nicht zu einem Diphthong verbunden. Die richtige Aussprache lautet also »Mont-dju-ík«.

## 20.3 El Camí del Mar

Zweihundert Meter südlich der Seilbahnstation Castell zweigt nach links ein **Fußweg** [3a] ab, der unterhalb der Festung am Hang entlang nach Südwesten führt. Zwischen typisch mediterraner Vegetation von Opuntien und Kiefern bieten sich immer wieder herrliche Ausblicke aufs Mittelmeer. Nach einem guten Kilometer stößt man auf den **Mirador de Migdia** [3b] mit Panoramaaussicht über Flug-, Petroleum- und Industriehafen. Ins Inland blickt man auf die Vorstadt L'Hospitalet de Llobregat, mit 265.000 Einwohnern immerhin

20.2 El Castell de Montjuïc

20.3b Mirador de Migdia

20.4 Palau Sant Jordi

20.5 Telefonantenne von Santiago Calatrava

20.6 Estadi Olímpic Lluís Companys

auf Nummer 16 der bevölkerungsreichsten spanischen Städte und größer als Granada, Pamplona oder Almería.
Vom Aussichtspunkt wendet man sich vom Meer ab. Sobald der Parkplatz in Sicht kommt, führt ein Fußweg halb links den Berg hinunter. Man verfolgt dem Verlauf vorbei am Friedhof, bis rechter Hand der hölzerne Palisadenzaun endet und biegt scharf nach rechts.

## 20.4 Palau Sant Jordi

Im »Olympischen Ring« erreicht man zuerst Spiel- und Trainingsstätten für Leichtathletik und dem in Katalonien sehr populären Rollhockey. Dann kommt die Sporthalle Palau Sant Jordi in Sicht, wo unter anderem die olympischen Turnwettbewerbe ausgetragen wurden. Die knapp 17.000 Zuschauer fassende Halle hat seit 1990 unterschiedlichste Sportereignisse gesehen, wird in erster Linie aber für Konzerte der populärsten Art genutzt. Von Bruce Springsteen bis Kiss und U2 sind hier die größten Namen aufgetreten.

✉ Passeig Olímpic 5-7 www palausantjordi.barcelona

## 20.5 Torre de Comunicacions de Montjuïc

Der Sinn der 136 Meter hohen futuristischen Metallstruktur ist auf den ersten Blick nicht zu erfassen. Schließlich handelt es sich um ein Frühwerk des valencianischen Stararchitekten Santiago Calatrava. Er soll sich beim Entwurf der Telefonantenne 1992 die Silhouette eines eine Medaille aufhebenden Athleten vorgestellt haben. Calatravas aufsehenerregende Bauten zieren inzwischen die Weltstädte von New York bis Jerusalem. Immer wieder sind sie aber auch Gegenstand heftiger Polemik, denn oft wird Funktionalität der Optik geopfert und die realen Baukosten übersteigen bei Weitem die ursprünglich veranschlagten.

## 20.6 Estadi Olímpic Lluís Companys

Seit der zweite Fußball-Erstligist Espanyol Barcelona 2009 in sein neues Stadion im Vorort Cornellà gezogen ist, sind Sportereignisse im 55.000 Zuschauer fassenden Olympiastadion selten geworden. Hin und wieder gibt sich die katalanische Fußballnationalmannschaft die Ehre. 2010 wurde hier die Leichtathletik-Europameisterschaft ausgetragen. Für die Saison 2023/24 wird sich der glorreiche FC Barcelona während des Umbaus des Camp Nou einmieten. Hin und wieder kommen internationale Stars der Popkultur wie Madonna, Pink Floyd oder der Papst zum

20.6 Estadi Olímpic Lluís Companys

Zuge. Das nördliche Tor steht meistens offen, und man kann einen kostenlosen Blick in die Arena werfen.

Apr-Okt: täglich 10-17 Uhr · Frei · Passeig Olímpic 15-17 · estadiolimpic.barcelona

## 20.7 El Museu Olímpic

Das moderne und interaktive Museum zelebriert den Sport und seine Stars als multimediales Spektakel. Zu sehen sind außerdem echte olympische Medaillen und persönliche Ausrüstungsgegenstände meist spanischer Sportler, beispielsweise ein Badeanzug der Synchronschwimmerinnen, den ein Porträt von Salvador Dalí ziert. Das Museum trägt den Beinamen des langjährigen Präsidenten des Olympischen Komitees Joan Antoni Samaranch. Er holte zwar die Spiele 1992 nach Barcelona, war aber ansonsten keine sonderlich beliebte Persönlichkeit. Als persönlicher Freund von Diktator Franco stieg er bis zum Staatssekretär auf und verteidigte das Regime noch im Nachhinein. Das Nobelpreiskomitee in Oslo lehnte seine Nominierung zum Friedenspreis ab.

Apr-Sept: Di-Sa 10-19 Uhr, So 10-14.30 Uhr, sonst: Di-Sa 10-18 Uhr, So 10-14.30 Uhr · Erw. 5,80 €, Schüler und Stud. 3,60 €, Kinder (unter 7 J.) frei · Avinguda de l'Estadi 60 · museuolimpicbcn.cat

20.7 El Museu Olímpic

## 20.8 Fundació Joan Miró

Das Museum dokumentiert die Schaffensgeschichte des berühmten Barceloniner Künstlers von noch sehr gegenständlichen Anfängen zu späteren farbenfrohen abstrakten Gemälden. Im Skulpturengarten stehen nicht weniger abstrakte Werke anderer Künstler wie Jaume Plensa oder Tom Carr.

Di-So 10-18 Uhr · Erw. 14 € Schüler & Stud. (15-30 J.) 7 €, unter 15 Jahren frei · Parc de Montjuïc s/n · fmirobcn.org

20.7 El Museu Olímpic

20.8 Ausblick von der Fundació Joan Miró

20.8 Fundació Joan Miró

La Caseta del Migdia

El Sabor de Picornell

Nur 250 Meter weiter trifft man wieder auf die Station der Standseilbahn, die zurück zum Ausgangspunkt an der Avinguda del Paral·lel bringt. Über den Passeig de Santa Madrona kann man auch zum Ethnologischen Museum absteigen und der Route 19 in umgekehrter Richtung folgen. Zur Bergstation der Hafenseilbahn folgt man der Avinguda Mirarmar bis zu ihrem Ende am Kreisverkehr in 1,1 Kilometern Entfernung.

#CAFÉ

## La Caseta del Migdia

Am Camí del Mar, kurz vor dem Aussichtspunkt Migdia, liegt die primitive, aber uneingeschränkt liebenswerte Caseta del Migdia. Zumindest am Wochenende bietet die Bar, die eher an eine Strandkneipe erinnert, Getränke und ein simples, aber kostengünstiges Mittagsmenü und erfreut sich einer eingeschworenen Fangemeinde. Abends erklingt des Öfteren Livemusik im Orbit von Flamenco, Rumba und Salsa.

Ende Juni–Mitte Sept.: täglich 12–16.30 Uhr, Winter: Sa & So 12 Uhr bis Sonnenuntergang · Mirador del Migdia s/n · lacaseta.org

#RESTAURANT

## El Sabor de Picornell

In den schicken Ausflugslokalen mit Panoramaterrasse an der Nord- und Ostseite des Montjuïc wie El Xalet oder Miramar wird man für ein Mittagsmahl um mindestens 30 Euro erleichtert. Eine simple Alternative für den schmaleren Geldbeutel bietet das Restaurant des olympischen Schwimmstadions »Piscines Bernat Picornell«. Statt über die Dächer der Stadt schweift der Blick über das 50-Meter-Becken. Ein einfaches Menü aus zwei Gängen, Dessert und Erfrischungsgetränk wird zu unschlagbaren 9,80 Euro serviert.

Mo–Fr 8–22 Uhr, Sa 9–19 Uhr, So 9–16 Uhr · Avinguda de L'Estadi 30-38 · elsabordepicornell.com

El Park Güell

#ARCHITEKTUR #GESCHICHTE #PANORAMA

## Vom Schiffbruch zum Weltkulturerbe

# Der Park Güell

**Dass eine der meistbesuchten Attraktionen einem unternehmerischen Fehlschlag entsprang, mag überraschen.**

Der Großunternehmer Eusebio Güell erwarb ein 19 Hektar großes Gelände am Berghang und beauftragte Antoni Gaudí mit dem Entwurf einer Gartenstadt für Barcelonas Oberklasse. Das Konzept vermischte die in den USA weit verbreitete Idee der »gated communities« mit der britischen Gartenstadt, darum auch die englische Schreibung des Wortes Park mit »k«. Der Zugang zu dem ummauerten Areal sollte von Wachleuten kontrolliert werden.

Gaudí stellte sich eine friedliche utopische Gesellschaft in harmonischem Zusammenleben mit der Natur vor. Oberhalb eines monumentalen Eingangsbereichs als sozialem Zentrum verteilten sich sechzig Parzellen, die nicht der römischen Geometrie folgten, sondern sich dem Terrain anschmiegten und der Struktur einen organischen Eindruck verliehen. Nur ein Sechstel jeden Grundstücks durfte bebaut werden, unternehmerische Aktivitäten waren untersagt.
Im Jahr 1900 begannen die Bauarbeiten. Gaudí selbst bewohnte später das zuerst entstandene Musterhaus. Doch Barcelonas Oberschicht zog lieber in andere Neubaugebiete, etwa in das durch eine Straßenbahn angebundene Areal des Doctor Andreu am Fuß des Tibidabo. Am Ende fand nur eine einzige Parzelle einen Käufer. 1914 wurde das Vorhaben schließlich aufgegeben, das Gelände später von der Stadt erworben und in einen öffentlichen Park verwandelt.
Bis 2013 war der Besuch kostenlos, doch die Stadtherren sahen sich gezwungen, den Massenandrang zum UNESCO-Weltkulturerbe zu bremsen und Eintrittspreise zu erheben. Im Angesicht der Popularität des Parks ist unbedingt empfehlenswert, sich sein Ticket im Voraus zu sichern. Der Zugang ist strikt zeitgebunden, 30 Minuten nach der festgelegten Uhrzeit erhält man keinen Einlass mehr und die Karte verfällt. Nach dem

Eintritt kann man sich so lange im Park aufhalten, wie man möchte.

Die einfachste Anreise ist mit der L3 bis Vallcarca. Von dort steht ein zwanzigminütiger Fußmarsch an. Man spaziert die Avinguda de Vallcarca knapp 250 Meter bergab und biegt links in die Baixada de la Glòria. Der steile Aufstieg wird durch Rolltreppen erleichtert, die aber leider nicht immer funktionieren. Hat man über das Internet bereits sein Ticket gekauft, geht es die Metalltreppe hinauf und weiter bis zum Nebeneingang. Vorher bietet sich vom »Mirador de Consol Casals i Genover« ein schöner Blick auf den westlichen Teil der Stadt hinab.

Ohne Eintrittskarte heißt es, der obersten Straße bergab zu folgen und zweimal hintereinander links abzubiegen. Nach wenigen Hundert Metern ist der Ticketschalter erreicht. Der Eingang zum monumentalen Teil des Parks befindet sich 100 Meter weiter abwärts im Carrer d'Olot.

Wer nicht gut zu Fuß ist, steigt an der Metrostation am besten direkt in ein Taxi.

Täglich 9.30–17.30 Uhr · Erw. 10 €, Sen. & Kinder (7–12 J.) 7 € · Carrer d'Olot 5 · parkguell.barcelona

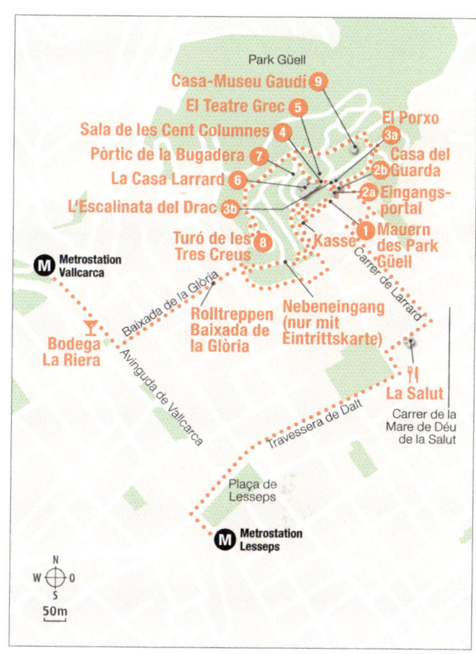

21.1 Die Außenmauern

21.2 Die Pavillons am Haupteingang

## 21.1 Die Außenmauern

Die Dekoration der Umfriedung ist nicht sehr üppig, aber durchaus symbolträchtig. Die rot-weißen Streifen werden als Anspielung auf die Segel der phönizischen Schiffe interpretiert, die als erste die antike Kultur nach Katalonien brachten. Gleichzeitig sollten sie die metaphysische Distanz zwischen der utopischen Gesellschaft im Inneren und der rauen Wirklichkeit außerhalb verdeutlichen. Die runden Medaillons wiederholen den Namen der Investorenfamilie Güell in Lettern, die an die arabische Schrift erinnern. Das in ein Fünfeck eingeschlossene Pentagramm ist ein mittelalterliches Symbol, das sich auch an gotischen Kirchen findet und bösen Zauber abwehren soll.

## 21.2 Das Hauptportal

Den Eingang flankieren zwei kleine Gebäude, die an Törtchen mit Sahnehaube erinnern. Vom Haus der Wache rechter Hand wurde der Zugang zu der geschlossenen Urbanisation kontrolliert. Zwischen 1901 und 1903 errichtet, ist es eines der wenigen kleinen und bescheidenen Wohngebäude Gaudís. Es beherbergt heute eine Ausstellung zu Gaudís Wirken in Barcelona. In dem kleineren Gebäude mit dem Souvenirladen saßen einst Verwaltung und Instandhaltung. Das detailreich modellierte Äußere kontrastiert mit der vergleichsweise simplen und funktionalen Gestaltung der Innenräume beider Häuser. Das schmiedeeiserne Tor wurde nicht spezifisch angefertigt, sondern stammt aus dem Garten der Casa Vicens. Die Dekoration ist von den Wedeln der Zwergpalme inspiriert.

## 21.3 L'Escalinata del Drac

Die grottenartige Struktur namens **Porxo** [3a] rechts unten neben der doppelt geschwungen **Drachentreppe** [3b] war eine Art Schutzraum, der den Herrschaften einen bequemen und trockenen Ausstieg aus ihren Kutschen sichern sollte. Schließlich lag das Stadtzentrum zum Laufen zu weit entfernt. Der Aufgang selbst sollte den Ankömmling in eine andere, spirituelle und natürliche Welt geleiten. Im Zentrum plätschert Wasser zwischen Symbolen aus Gaudís Geisteswelt. Worauf der Baumeister wirklich anspielte, ist umstritten. Manche interpretieren sie als Hommage an die einstige Größe Kataloniens. Der Tierkopf in der Nationalflagge wurde als Symbol für die Stadt Alicante ausgelegt, die beiden Palmen am oberen Ende der Treppe stünden für das nördliche Gegenstück, die heute französische Stadt Nîmes. Der bunte Salamander könnte auf die von Gaudí oft zitierte Legende vom Drachen-

21.3a El Porxo

21.3 L'Escalinata del Drac

21.4 La Sala de les Cent Columnes

21.5 El Teatre Grec
21.6 La Casa Larrard

töter Sant Jordi anspielen. Dem entgegen steht die Interpretation, die oberste Skulptur symbolisiere den Nabel der Welt und den Stein der Weisen, die Eidechse repräsentiere Alchemie und Religion. In jedem Fall ist der Salamander eines der meistfotografierten Objekte der Stadt.

## 21.4 La Sala de les Cent Columnes

Auch der »Saal der hundert (dorischen) Säulen« verweist auf die Traditionen der griechischen Antike. Tatsächlich zählt man aber nur 86 Säulen. Hinter dieser Zahl soll sich wieder gotische Mystik verbergen. Die Quersumme von 86 ist 14, wiederholt man die Operation mit dem Ergebnis, landet man wieder bei der magischen Fünf. Der Boden ist im Gegensatz zur Rückwand glatt geschliffen. Er sollte leicht abwaschbar sein, denn der Saal war als Marktplatz der Kolonie gedacht. Beachtenswert sind die bunten Deckenmosaike und die Akustik. Auch Tanz- und Musikveranstaltungen sollten hier stattfinden.

## 21.5 El Teatre Grec

Der Bau des großen Platzes, genannt »Griechisches Theater«, begann erst 1909, als der kommerzielle Fehlschlag des Vorhabens bereits offensichtlich war. Doch Bauherr Eusebi Güell wollte die riesige Terrasse für gesellschaftliche Empfänge nutzen. Abgesehen von den Ausblicken auf Stadt und Meer sticht die umlaufende, gewundene Bank hervor, ein Gemeinschaftswerk von Antoni Gaudí und seinem herausragendsten Mitarbeiter Josep Maria Jujol. In die Dekoration sind wiederum religiöse Symbole eingewebt. Offensichtlich überhöhte Gaudí auch das Kreuz auf dem Eingangspavillon, um es aus dieser Perspektive mit dem Himmel zu verschmelzen. Der Platz diente nebenbei als Auffangbecken für Regenwasser, das in einem unterirdischen Reservoir gesammelt und die Wasserversorgung der Gebäude sicherstellen sollte.

## 21.6 La Casa Larrard

Jeder erkennt auf den ersten Blick, dass es sich bei dem Haus westlich der Terrasse nicht um ein Werk Gaudís handelt. Vielmehr ist es ein im 18. Jahrhundert errichtetes Bauernhaus, das später von einer reichen Familie französischen Ursprungs zu einem Herrenhaus umgebaut wurde. Eusebi Güell erstand es zusammen mit dem Terrain des Parks. 1906 verließ die Familie den Palau Güell, als ihr die Stadt zu laut, zu schmutzig und zu gefährlich geworden war, und zog in den Park. Kommerzielle Überlegungen hinsichtlich

21.7 El Pòrtic de la Bugadera

des Verkaufs von Häusern in der Kolonie dürften auch eine Rolle gespielt haben. Nach dem Tod von Eusebi Güell übernahm die Stadt das Gebäude 1924 und nutzt es bis heute als Grundschule.

## 21.7 El Pòrtic de la Bugadera

Beim Durchschreiten des »Säulengangs der Wäscherin« wähnt man sich im Reich des Herrn der Ringe. Wie eine Welle schlagen die geschwungenen Seitenwände aus roh behauenen Steinen über den Besucher hinweg. Der Gang, der hinter dem Garten der Casa Larrard entlangführt, bedeutet eine ungewöhnliche Interpretation Gaudís der von ihm bewunderten Architektur des Mittelalters.

## 21.8 El Turró de les tres Creus

Auf der höchsten Erhebung des Geländes sollte ursprünglich die Kirche der Urbanisation entstehen. Als sich 1909 nicht der erhoffte kommerzielle Erfolg einstellte, änderte Eusebi Güell die Pläne und ersetzte die Kapelle durch einen Steinhügel mit drei steinernen Kreuzen, den »Turró de les tres Creus«. Er symbolisiert den Hügel von Golgatha. Der Weg hinauf wurde so angelegt, dass er zunehmend enger und steiler wurde und den

21.8 El Turró de les tres Creus

21.8 Blick vom Turró de les tres Creus

21.9 Casa Museu Gaudí

Bodega La Riera

La Salut

Aufstieg quasi in eine religiöse Prozession verwandelte. Die Kreuze wurden im Bürgerkrieg zerstört und 1940 durch drei wenig originalgetreue Nachbildungen ersetzt. Heute ist der Hügel ein populärer Aussichtspunkt, doch die letzten Meter auf den künstlichen Gipfel dürfen aus Sicherheitsgründen nicht mehr bestiegen werden.
Der schnellste Weg hinauf zweigt oberhalb der Casa Larrard halbrechts von der Hauptachse ab. Nach 100 Metern folgt man den Treppen und dem weiteren Verlauf des Wegs.

### 21.9 Casa Museu Gaudí

Auf der 10 m breiten Hauptachse der Wege umrundet man oberhalb die monumentalen Eingangsanlagen. Der Name »Via del Rosari« bezieht sich auf die Reihe der Steinkugeln, die an einen Rosenkranz erinnern. Er führt an der Casa Trias vorbei, dem einzigen verkauften Haus der Kolonie. Weiter im Osten führt der Weg über mehrere fantastisch anmutende Viadukte zum Wohnhaus Gaudís, das er allerdings nicht selbst entworfen hatte. Es wurde 1903 als Musterhaus erbaut. Gaudí bewohnte es ab 1906 mit Vater und Nichte. Beide verstarben hier und Gaudí zog in die Katakomben der Sagrada Família um. Die Besichtigung erlaubt Einblicke in Privatleben und tiefe Religiosität des Meisters. Das Haus wird von der Fundació de la Sagrada Família verwaltet und verlangt daher nochmals einen Eintrittspreis. Am Eingang muss der QR-Code gescannt und die Karte online erworben werden.

Täglich, Apr–Sept: 9.30–20 Uhr, Mrz & Okt: 9–19 Uhr, Nov–Feb: 9–18 Uhr · Erw. 5,50 €, Sen., Stud., unter 30-Jährige 4,50 €, unter 11 Jahren frei · sagradafamilia.org/casa-museu-Gaudi

Den Rückweg zum Ausgangspunkt kann man auf demselben Weg zurücklegen oder stattdessen über den Carrer de Larrard und die Travessera de Dalt zur Metrostation Lesseps laufen. Beide Bahnhöfe werden von der gleichen U-Bahn-Linie bedient und die Entfernung ist ebenfalls die gleiche.

#BAR

### Bodega La Riera

Die als Kooperative organisierte Bar versteht sich als Nachbarschaftstreffpunkt und bietet in familiärem Ambiente preiswerte Tapas und belegte Brote. Neben Kaffee liegt das Augenmerk auf Wein und dem wieder populären Wermut. Im hauseigenen Laden kann man regionale, meist ökologisch hergestellte Produkte erstehen.

Di–Do 10–23 Uhr, Fr 10–0 Uhr, Sa 10–17 Uhr · Avinguda de Vallcarca 81 · bodegalariera.wordpress.com

#RESTAURANT

### La Salut

Die Karte des spartanisch eingerichteten Restaurants ziert eine reiche Auswahl an Fleisch- und Fischgerichten und auch die sonst eher seltenen Kinderteller. Für 13,50 Euro bekommt man ein täglich wechselndes komplettes Mittagsmenü. Was gerade auf dem Speiseplan steht, erfährt man in der immer aktuellen Webseite.

Mo–Do 7–22 Uhr, Fr & Sa bis 23 Uhr · Carrer Mare de Déu de la Salut 16 · lasalutrestaurant.com

22

Mi-So

4,2 km

Der moderne Teil des Poblenou

#KULTUR #GESCHICHTE

## Vom 19. ins 21. Jahrhundert

# El Poblenou

**Das »neue Dorf« war bis ins 19. Jahrhundert eine flache, landwirtschaftlich genutzte Zone außerhalb der Stadt, durchsetzt von Höfen und kleinen Weilern, für die industrielle Expansion Barcelonas wie geschaffen.**

Ausreichende Wasserversorgung und jede Menge preiswerter Boden machten es zum Beginn des 20. Jahrhunderts zum »Manchester Kataloniens«. Zwischen den Fabriken siedelten sich zuwandernde Arbeiter an, vor allem aus den ländlichen Regionen Valencias. Der Poblenou galt bald als primäre Zelle der anarchistischen Gewerkschaftsbewegung. Aus dieser Zeit sind noch gut 30 Fabrikschornsteine erhalten, doch inzwischen ist die Industrie weitestgehend verschwunden. Die alten Gebäude wurden abgerissen oder werden völlig neu genutzt. Nach der industriellen hält nun die digitale Revolution Einzug. Barcelona hat die Gegend zum »Districte 22@« erklärt, der den Weg ins 22. Jahrhundert weisen soll. Das Zusammenspiel von Universitäten und Unternehmen aus der Design-, Medien und Digitalwelt verändern den Charakter des einstigen Arbeiterviertels von Grund auf. Die niedrigen alten Häuser müssen modernen Wohnblocks oder gläsernen Bürotürmen weichen. Ein Spaziergang durch den Poblenou verspricht eine Zeitreise in die Zukunft wie in die Vergangenheit.

### 22.1 Vila Olímpica

Das Terrain des Olympischen Dorfes belegte bis 1990 ein heruntergekommenes Viertel aus Baracken und Industriegebieten. Bei der radikalen urbanen Umgestaltung orientierten sich die Planer an den Baublöcken des Eixample. Ziel war von Beginn an, die Gebäude nach dem Auszug der Athleten in ganz normale Wohneinheiten zu verwandeln. Die Architektur wirkt steril, aber die neuen Bewohner schätzen die hohe Lebensqualität des begrünten Stadtviertels in Strandnähe. Auch die Handschrift der Bürgermeisterin ist an verkehrsberuhigten Alleen wie der zentralen Avinguda d'Icària mit gut ausgebauten Radwegen zu erkennen. Blickt man vom Carrer de la Marina

Metrostation Glòries
Avinguda Diagonal
Torre Glòries
Carrer de Roc Boronat
7 Museu Can Framis
Rambla del Poblenou
Monopol
8 Superilla del Poblenou
Carrer de Pallars
C. de la Llacuna
Orxateria El Tio Che
6a Casino de l'Aliança
Gran Via de les Corts Catalanes
Avinguda Meridiana
Rambla del Poblenou 6b
5 El Cànem
Carrer de Ramon Turró
4 Ideal Centre d'Arts Digitals
Carrer del Dr. Trueta
3b El Petó de la Mort
3a Cementiri del Poble Nou
C. de Jaume Vicens i Vives
Avinguda d'Icària
Carrer de Juan Miró
Carrer de la Marina
Carrer de Salvador Espriu
2 Platja de la Nova Icària
Vila Olímpica 1
Parc de la Ciutadella
Metrostation Ciutadella Vila Olímpica
Hotel Arts
Torre Mapfre
Port Olímpic
N W O S
50m

22.1 Straßen des Olympischen Dorfs

22.2 Platja de la Nova Icària

in Richtung Berghang, fällt die gut zwei Kilometer entfernte Sagrada Família ins Auge.

✉ Avinguda de la Nova Icària

## 22.2 Platja de la Nova Icària

Östlich des Olympiahafens erstreckt sich der 400 Meter lange, im Vergleich zur Barceloneta etwas ruhigere Strand Nova Icària. Er ist nicht nur mit Pingpongtischen und Volleyballfeldern, sondern auch mit einer Baderampe für Behinderte ausgestattet. Im Sommer stehen täglich Assistenten zum »begleiteten Baden« zur Verfügung. An Barcelonas Stränden herrscht grundsätzlich Rauchverbot. Das Wort »Xiringuito« bezeichnet zwar eigentlich eine primitive Strandbar, doch die Etablissements an der Promenade zeichnet das Preisniveau exklusiver Nachtclubs aus. In dem Park oberhalb verewigten sich Goldmedaillengewinner und Sportstars wie Johan Cruyff oder Carl Lewis einst mit einem Handabdruck im Hollywoodstil. Viele der wertvollen Kupferplatten wurden alsbald gestohlen, und die Stadt entschied, die verbliebenen wieder zu entfernen.

## 22.3 El Cementiri del Poblenou

Friedhöfe sind nicht jedermanns Sache, aber der **Gottesacker des Poblenou** [3a] ist zumindest von kunst- und kulturgeschichtlichem Interesse. Er wurde von einem italienischen Architekten 1819 nach dem Straßenmuster einer römischen Stadt mit zwei Hauptachsen und einem zentralen Forum geplant. Überdeutlich zeichnet sich die Schichtung der Klassengesellschaft ab: Die Ärmsten wurden in Massengräbern verscharrt, die Mittelklasse lagert in bis zu siebenstöckigen Gruftgebäuden und die Bourgeoisie residiert in monumental gestalteten Mausoleen, die den Wohlstand der Familie zur Schau stellen. Der vielfach porträtierte Star der Anlage ist die Marmorskulptur **El Petó de la Mort** [3b] – der Kuss des Todes –, die der Bildhauer Jaume Barba 1930 fertigte. Sie zeigt einen geschwächten jungen Mann, dem ein beflügeltes Skelett einen Kuss auf die Schläfe drückt. Um das Grabmal zu finden, wendet man sich vom Haupteingang nach rechts und geht die äußerst rechte Gräberreihe entlang, bis man auf einen Durchgang stößt. Nach der Durchquerung biegt man direkt nach links. Die App »Cementiri de Poblenou« führt den interessierten Besucher auf Englisch zu 22 bemerkenswerten Grabstätten.

Täglich 8-18 Uhr · Frei · Avinguda Icària s/n

22.3b El Petó de la Mort

22.4 Ideal - Centre d'Arts Digitals

## 22.4 Ideal - Centre d'Arts Digitals

In einem ehemaligen Kino eröffnete 2019 der private Ausstellungsraum für Digitalkunst. Das Programm wechselt regelmäßig, meist wird das Werk berühmter Künstler auf zusammengerechnet über tausend Quadratmetern Bildschirmfläche digital aufbereitet. Hinzu kommen Großprojektionen, Hologramme und virtuelle Realität. Bislang fanden Ausstellungen zu Claude Monet, Gustav Klimt und Frida Kahlo statt. Besonders an Wochenenden herrscht reichlich Andrang, es empfiehlt sich, zuvor eine zeitgebundene Eintrittskarte über die Webseite zu kaufen.

Mi-Mo 10-20 Uhr · Erw. 14,50 €, Sen. & Kinder (3-12 J.) 9 €, an Wochenenden und Feiertagen jeweils 4 € Aufschlag · Carrer del Doctor Trueta 196-198 · idealbarcelona.com

## 22.5 El Cànem

Der heute teils ungenutzte Gebäudekomplex beherbergte eine Jutefabrik, die um die Wende zum 20. Jahrhundert bis zu zweitausend Arbeiter beschäftigte, mehrheitlich Frauen und Kinder. Wegen des charakteristischen Geruchs wurden sie umgangssprachlich »xinxes« – Wanzen – genannt. Die Produktion wurde 1974 endgültig eingestellt. Ein Teil der Anlagen musste der Fabrikbesitzer 1939 unter Druck der frisch errichteten Diktatur überlassen, die dort für drei Jahre ein gefürchtetes improvisiertes Gefängnis für politische Gegner einrichtete. Auf engstem Raum wurden knapp tausend Gefangene zusammengepfercht. Folter und Prügel waren unter einem sadistischen Direktor an der Tagesordnung.

Carrer de la Llacuna 10-20, zwischen den Carrers Doctor Trueta und Ramon Turró

## 22.6 Rambla del Poblenou

Die gut einen Kilometer lange **Flaniermeile** [6a] bildet das kulturelle und kommerzielle Herz des Poblenou. Im Gegensatz zu den meisten Seitenstraßen erstrahlt sie in klassischer Eleganz. Offiziell hieß sie bis 1986 »Passeig del Triomf«, doch für die Einwohner war sie schon immer die »Rambla del Poblenou«. Sie zieren einige schöne, aber wenig bekannte Fassaden des Modernisme. Gleich an der Kreuzung mit dem Carrer Ramon Turró steht das klassizistische **Casino de l'Aliança** [6b]. Es ist der Sitz der 1868 gegründeten Kulturvereinigung des Poblenou, das seinerzeit noch Sant Martí de Provençals hieß. Hier fand im Dezember 1977 Spaniens erstes Punkrock-

22.6 Rambla del Poblenou

22.8 La Superilla del Poblenou

Festival statt. Auf der anderen Seite des Kreisverkehrs wartet die Café-Empfehlung Tio Che.

## 22.7 Museu Can Framis

Das radikal reformierte Gebäude einer Spinnerei aus dem 18. Jahrhundert beherbergt eines der weniger bekannten Kunstmuseen Barcelonas. Es widmet sich der modernen Malerei in Katalonien von den 1960er Jahren bis zur Gegenwart. Die Werke sind stilistisch variabel und es finden sich einige sehr originelle darunter. Auf berühmte Namen stößt man indessen nicht. Lediglich vor dem Gebäude steht eine Skulptur von Jaume Plensa, die von Dantes Göttlicher Komödie inspiriert ist.

Di–Sa 11–18 Uhr, So 11–14 Uhr · Erw. 8 €, Sen., Schüler & Stud. (bis 25 J.) 4 €, unter 12 Jahren frei · Carrer de Roc Boronat 116 · fundaciovilacasas.com

## 22.8 La Superilla del Poblenou

Wer nicht darauf hingewiesen wird, bemerkt nicht, dass er oder sie sich inmitten eines möglicherweise zukunftsweisenden städteplanerischen Modellversuchs befindet. 2016 fasste das Rathaus hier neun Bebauungsblöcke zu einer »Superinsel« zusammen. Innerhalb des 16 Hektar umfassenden Areals soll jeder Durchgangsverkehr unterbunden und am Rand vorbeigeleitet werden. Die Kreuzungen werden in öffentliche Plätze verwandelt und die Straßen fußgänger- und kinderfreundlich umgestaltet. Anwohner können weiterhin motorisiert zu ihrem Heim gelangen ebenso wie der Pizzabote. Selbstverständlich regte sich auch Widerstand, doch das Rathaus betrachtet das Experiment als erfolgreich und richtet im Eixample etliche weitere Superinseln ein. Die Initiative basierte auf der Analyse, dass 85 Prozent des öffentlichen Raums der Stadt dem motorisierten Verkehr vorbehalten sind. International hat das Projekt großes Aufsehen erregt. Die *New York Times* nannte es ein wegweisendes Beispiel für Manhattan. Das Museum Can Framis belegt den nordöstlichsten Block der Superinsel.

Der Bereich zwischen den vier Straßen Llacuna, Pallars, Badajoz und Tànger

Der Carrer de Roc Boronat führt an einem Campus der Universität Pompeu Fabra vorbei zur Avinguda Diagonal. Zwei Blocks weiter westlich trifft man auf die Metrostation Glòries.

#CAFÉ
### Orxateria Tio Che

Seit 1912 serviert Tio Che »Orxata« oder spanisch »Horchata de Chufa«, ein erfrischendes Getränk, das in Farbe und Geschmack an Mandelmilch erinnert. Tatsächlich wird es aus Erdmandeln hergestellt, die aber mit der Mandel wenig gemeinsam haben. Vielmehr sind die erbsengroßen Kügelchen Wurzelknollen eines Grasgewächses. Die Pflanze wurde von den Arabern in Spanien eingeführt. Als Ursprung der Orxata gilt die Ebene von Valencia. Außerdem bekommt man bei Tio Che belegte Brote, Crêpes und Eiskreme.

Täglich, Sommer: 10–1 Uhr, Fr & Sa bis 2 Uhr, Winter: min. bis 22 Uhr · Rambla del Poblenou 44 · eltioche.es

#RESTAURANT
### Monopol

Das Restaurant ist eigentlich das Vereinsheim des lokalen Fußballclubs CD Monopol. Die umfangreiche Karte bietet eine Auswahl von Tapas, Burger-Kreationen sowie einem Teller, einem Salat und einer Suppe des Tages. Wochentags kann man alles in einem 3-Gänge-Menü zu 11,90 € frei kombinieren, am Wochenende zu 15,90 €. Bei einigen Tellern wird ein Aufpreis von einem bis drei Euro verlangt.

Mo–Mi 12–0 Uhr, Do–So 12–0.30 Uhr · Rambla del Poblenou 74 · monopol.cat

Fußgängerbrücke über die Ronda Litoral

#ARCHITEKTUR #STRAND

## Science und Fiktion

# El Fòrum

**Die östlichste Tour führt in ein wenig repräsentives und für viele sicher nur begrenzt attraktives Stadtgebiet. Die Zone des Forums scheint Lichtjahre entfernt von mediterraner Lebensfreude und nachbarschaftlichem Klönschnack.**

Der Hang zum seelenlos Sterilen und Geordneten, den die Stadtplaner an vielen öffentlichen Plätzen und Parks ausleben, ergreift an der Mündung des Besòs einen ganzen Stadtteil. Man wähnt sich in einer mittleren amerikanischen Großstadt. Dieses ganz andere Barcelona dürfte nur Freunde moderner Architektur beglücken.
Nachdem die urbane Umgestaltung im Zuge der Olympischen Spiele 1992 als eine der weltweit erfolgreichsten gefeiert wurde, hofften die Stadtväter, den gleichen Schachzug gleich noch einmal wiederholen zu können. 2004 zog Barcelona die Ausrichtung des ersten »Internationalen Forums der Kulturen« an Land. Dafür wurde das verwahrloste altindustrielle Areal an der Mündung des Besòs futuristisch umgestaltet. Die Hoffnung, die Neubauten würden danach umgehend von zukunftsträchtigen Unternehmen bezogen, bewahrheitete sich erst viele Jahre später. Obwohl inzwischen Leben Einzug gehalten hat, wirkt das Gebiet weiter kalt und trostlos. Was als wegweisendes Beispiel nachhaltiger Entwicklung gedacht war, hat sich letztendlich als Schuss in die falsche Richtung erwiesen.

Zur Abwechslung besteigen wir mal die Straßenbahn. Von den Haltestellen mit Metroanschluss Ciutadella-Vila Olímpica oder Glòries geht es mit der T4 bis »Fòrum«. Die Fahrscheine für die Tram zieht man am Automaten zum gleichen Preis wie ein Metroticket. Sie berechtigen allerdings nicht zum Umstieg auf die Metro und müssen beim Einstieg entwertet werden. Die Sammelkarten der U-Bahn gelten auch für die Tram.

### 23.1 Hotel Barcelona Princess & Diagonal ZeroZero

Am Nullpunkt der elf Kilometer langen Avinguda Diagonal erheben sich die beiden auffälligsten und ansehnlichsten Hochhäuser des Südostens der Stadt. Beide sind mit rund 110 Meter praktisch exakt gleich hoch, doch stilistisch völlig

23.1b Diagonal ZeroZero

unterschiedlich. Bei dem 2004 fertiggestellten **Hotel-Wolkenkratzer** [1a] mit dreieckigem Grundriss handelt es sich um zwei Türme, die auf allen Etagen durch verglaste Brücken verbunden sind. Das rhombusförmige Hochhaus des Kommunikationsriesen **Telefónica** [1b] besteht tatsächlich aus Beton, ist aber rundum in eine Fassade aus Stahl und Glas eingefasst. Der keineswegs unansehnliche Turm am Abzweig zur Rambla de Prim hört auf den Namen **Antares** [1c] und beherbergt einige der teuersten Wohnungen Barcelonas. Das Penthouse soll sich ein russischer Oligarch zu einem Preis zwischen acht und neun Millionen Euro geleistet haben.

GLEICH IN DER NÄHE

## La Mina

Analog zu den Effekten des amerikanischen Immobilienmarktes beginnt nur 150 Meter weiter nördlich eines der ärmsten und verrufensten Viertel der Stadt. Die zwanzig bis zu 12 Stockwerke hohen Wohnsilos wurden ab 1969 aus dem Boden gestampft, um rund zehntausend Bewohnern verschiedener Hüttendörfer am Stadtrand eine feste Bleibe zu bieten. Die soziale Marginalisierung der ärmsten Bevölkerungsschichten wurde damit nicht gemildert.

23.2b Das Naturkundemuseum und der Edifici Antares

27 Prozent der Bewohner haben die ersten sechs Schuljahre nicht abgeschlossen, die Abwesenheitsquote in der Sekundarstufe lag 2018 bei 76 Prozent. Dafür florieren seit jeher Kriminalität und Drogenhandel. In den 80er Jahren siedelte das sogenannte »Cine Quinqui« – eine Mode von Filmen im kleinkriminellen Jugendmilieu – viele Streifen in La Mina an.

✉ Das Viertel setzt sich von der Kreuzung Rambla de Prim und Carrer de Llull nach Nordosten fort.

#WISSEN **Straßenbahn in Barcelona:** Die Geschichte der guten alten Straßenbahn reflektiert den Paradigmenwechsel des 20. Jahrhunderts, der in vielen Großstädten der Welt parallel verlief. 1872 wurde die erste von Pferdegespannen gezogene Straßenbahnlinie eingeweiht. Die Notwendigkeiten einer rasant expandierenden Industriestadt ließen daraus ein Netz erwachsen, das ab 1899 elektrifiziert wurde. Zum Beginn der Weltwirtschaftskrise umfasste es volle 220 Schienenkilometer in der flächenmäßig kleinen Stadt. Danach wurde es nicht mehr erweitert, blieb aber als Transportmittel so wichtig, dass angekündigte Fahrpreiserhöhungen 1951 zu

23.2 Im Naturkundemuseum

23.2 Dinosaurierskelett im Naturkundemuseum

den wenigen massiven Protesten unter der Faust des Franco-Regimes führten. Im Wirtschaftswachstum der 60er Jahre setzte die Welt auf das Automobil und Schritt für Schritt wurde das Straßenbahnnetz zurückgebaut. 1971 verkehrten die letzten Trams. Der Ölschock beschwörte nur zwei Jahre später die ersten Zweifel an der Strategie herauf, doch es dauerte bis 1987, dass erstmals ernsthaft über eine Rückkehr der Straßenbahn nachgedacht wurde. 2004 wurde die erste neue Strecke eingeweiht. Inzwischen gibt es sechs Linien mit zusammengenommen knapp 30 Kilometern Strecke. Mittelfristig ist ein weiterer Ausbau geplant.

## 23.2 El Museu de Ciències Naturals – Das Naturkundemuseum

Das dreieckige Gebäude in Richtung Mittelmeer bildete als Konferenzzentrum das Herzstück des Kulturforums. Für den Entwurf zeichnete sich das Schweizer Architektenbüro Herzog & de Meuron verantwortlich, später im Fokus wegen der Probleme beim Bau der Hamburger Elbphilharmonie. Auch in Barcelona verdreifachten sich die veranschlagten Baukosten und die Liste der Pannen erreichte eine ansehnliche Länge. Nach Ende der Großveranstaltung stand das Gebäude jahrelang leer, bis 2011 das Naturkundemuseum einzog. Dessen Ausstellung scheint mit Dinosaurierskeletten und Digitalinstallationen in erster Linie Schulkinder ansprechen zu wollen.

Mrz-Sept: Di-Sa 10-19 Uhr, So 10-20 Uhr, Winter: Di-Fr 10-17 Uhr, Sa 10-19 Uhr, So 10-20 Uhr · Erw. 6 €, Sen. & Menschen unter 29 Jahren 2,70 €, Jugendl. unter 16 J. frei · Plaza Leonardo Da Vinci 4-5 · museuciencies.cat

## 23.3 Bosc urbà

Die große schattenspendenden Pergola auf der riesigen Betonfläche namens »Große Esplanade« hat ein erfindungsreicher Geist wieder einer Nutzung zugeführt: Zwischen den Stahlstreben entfalten sich Kletterparcours, Seilrutschen und Trampoline. Mit einem Naturerlebnis hat der städtische Abenteuerspielplatz freilich nichts gemein.

An Wochenenden & Feiertagen, meist ab 10 Uhr, Torschluss unregelmäßig zwischen 17-21 Uhr · Pro Person 17 € · Parc del Fòrum s/n · barcelonaboscurba.com

23.4 Pèrgola Fotovoltaica

23.5 Blick vom Mirador M

## 23.4 Pèrgola Fotovoltaica – Die Solaranlage

Im Jahr 2004 sollte die fast 50 Meter hohe **Fotovoltaik-Anlage** [4a] den Weg in die Zukunft weisen und mit seiner Symbolkraft das Kulturforum zum Erfolg führen. Während die wenigsten Gebäude direkt nach dem Ende der Veranstaltung neue Nutzer fanden, speisen die Solarzellen bis heute Strom ins öffentliche Netz. Doch zur Touristenattraktion haben sich die Paneele von der Fläche eines Fußballfeldes nicht entwickelt. Gleich daneben übersehen Tribünen eine weitere versiegelte Betonfläche. Hier finden zwei der wichtigsten alljährlichen Musikfestivals Barcelonas statt, Primavera Sound und Cruïlla. Wenige Schritte weiter quert eine **Fußgängerbrücke** [4b] die Bootseinfahrt des Sporthafens Port Fòrum, der von der Stadtgrenze Barcelonas zur Nachbargemeinde Sant Adrià de Besòs gequert wird.

## 23.5 Mirador M – Der Aussichtspunkt

Eine Betonrampe führt zu einem Aussichtsbalkon in etwa sieben Metern Höhe. Der Blick schweift die Küstenlinie hinab und bleibt an den Hochhäusern der Torre Mapfre und des Hotel W am Hafen hängen. Dahinter erheben sich Hafen-

23.6 Parc Diagonal Mar

23.6 Im Parc Diagonal Mar

kräne und der Montjuïc. Der Clou der Panoramaterrasse ist die namensgebende Überdachung in Form des Buchstaben M.
Wenig oberhalb des Aussichtspunktes führt eine weitere Rampe auf eine erhöhte Fußgängerpromenade. Links abgebogen ist schnell eine Fußgängerbrücke erreicht, die die vielbefahrene Stadtumgehungsautobahn Ronda Litoral überquert. Auf der anderen Seite folgt man der Fußgängermeile nach links zum Parc Diagonal Mar.

## 23.6 Parc Diagonal Mar

Das Grün des Parks bietet willkommene Abwechslung nach so viel grauem Zement. Eingerahmt von mächtigen modernen Wohntürmen kommt dennoch kein Gefühl der Nähe zur Natur auf. Man spürt auf Schritt und Tritt, dass er von einem Landschaftsdesigner am Reißbrett entworfen wurde. Trotzdem wird der Park von der Nachbarschaft stark frequentiert.

## 23.7 La Torre de les Aigües del Besòs – Der alte Wasserturm

Die Umgestaltung der östlichen Küstenzone Barcelonas hat nur wenige Relikte aus Zeiten von vor 1990 hinterlassen. Weithin sichtbar ist der Wasserturm aus dem Jahre 1882. Seinerzeit war die Wasserversorgung der Bevölkerung Barcelonas ausgesprochen prekär und ein Unternehmer witterte ein lukratives Geschäft. Einen Kilometer östlich wurde der Besòs angezapft und das Wasser in den Turm gepumpt. Doch der Ansaugpunkt lag in der Brackwasserzone und die salzige Brühe erwies sich als für den menschlichen Konsum ungeeignet. Später nutzte eine Eisengießerei das Wasser. Als das Unternehmen 1993 in eine Vorstadt abwanderte, blieb der Wasserturm einsam zurück, bis er 2010 restauriert wurde.

✉ Carrer Selva de Mar 9

23.7 La Torre de les Aigües del Besòs

23.8 Xemeneia Macosa

## 23.8 Xemeneia Macosa – Der letzte Schornstein

Zum gleichen Unternehmen gehörte auch der mit 65 Metern höchste Industrieschornstein auf Barcelonas Stadtgebiet. Gleichzeitig war er der letzte, der hier errichtet wurde, zeitgemäß aus Beton und nicht aus Backstein. Die Hallen der Firma Macosa summierten eine Fläche von 16 Hektar und beschäftigten 1.200 Arbeiter. In den 70er Jahren galt sie als zweitgrößter Lokomotivhersteller Spaniens. Eine Vereinigung ehemaliger Angestellter hat rund um den Sockel eine Sammlung historischer Fotos aus dem Arbeitsleben installiert.

✉ Carrer de Llull 328

#BAR
### La Rambla

Passend zur eher sterilen urbanen Landschaft des Stadtteils präsentiert sich das gastromomische Angebot nicht gerade ausschweifend. La Rambla nähert sich in puncto Ambiente der klassischen Stadtteilkneipe an, bedient aber in erster Linie Touristen und Geschäftsleute der nahen Hotels. Dafür bekommt man den ganzen Tag lang vom Café Croissant über den Hamburger zur Paella alles, was das Herz begehrt.

🕓 Täglich 8-24 Uhr, Sa & So bis 1 Uhr ✉ Rambla Prim 19

#RESTAURANT
### Kata

Das Kata verbindet die heimische Tradition des Mehrgängemenüs mit dem aus Sushi-Restaurants bekannten Transportband. Der Gast kann jeden Teller vor dem Zugriff in Augenschein nehmen. Je nach Hungerlage kann man eine Vorspeise zu 4 Euro, einen Hauptteller zu 5 Euro und ein Dessert zu 3,50 Euro kombinieren.

🕓 Mo-Fr 7.30-15.30 Uhr ✉ Carrer de Pujades 316

www kata.cat

Die Heimat des FC Barcelona

#SPORT #GESCHICHTE

## König Fußball

# Les Corts und Pedralbes

**Wie die nahegelegenen Universitäten betreibt der FC Barcelona im Distrikt Les Corts einen regelrechten Campus aus Stadien, Hallen, Verwaltungsgebäuden und Museum.**

In den vergangenen Jahren wurden einige Anlagen wie das berühmte Fußballinternat La Masia ausgelagert. Der südliche Teil von Les Corts ist ansonsten von monströsen Wohnblocks und Bürohochhäusern geprägt. Reste einer Altstadt der bis 1897 unabhängigen Gemeinde finden sich weiter östlich um die Plaça de la Concordia, allerdings ohne den Reiz, den Gràcia versprüht. Nördlich der Avinguda Diagonal erstreckt sich der Stadtteil Pedralbes, wichtigster Vertreter der »zona alta«. Der Ausdruck »hohe Zone« bezieht sich nicht nur auf die geographische, sondern auch die soziale Lage. Pedralbes ist der Traum jedes Immobilienmaklers, das Beverly Hills, wo Höchstpreise herausgeschlagen werden können. Hinter hohen Hecken verstecken sich moderne Villen mit subtropischen Gärten. Satellitenaufnahmen zeigen eine der höchsten Swimmingpooldichten pro Einwohner. Zu den Bewohnern zählen Josep Carreras, Pep Guardiola, Jordi Alba, Gerard Piqué und Shakira. Zu sehen bekommt man von all dem Luxus wenig, abgesehen vom Garten der ehemaligen Königsresidenz, gleich beim Startpunkt an der Metrostation Palau Reial.

### 24.1 Palau Reial de Pedralbes

Heutzutage ist Barcelona nicht besonders gut zu sprechen auf die Monarchen aus Madrid, doch das war nicht immer so. Antoni Gaudís Mäzen Eusebio Güell dankte den Regenten für seine Erhebung in den Adelsstand mit einem kostspieligen Geschenk: einem **Palast** [1a] als Residenz für Besuche in Katalonien. Nicht wenige betrachten das Präsent als Symbol unterwürfiger Anbiederung von Barcelonas Bourgeoisie an das Königshaus.
Die Familie Güell erwarb 1862 das Bauernhaus aus dem 17. Jahrhundert, ließ es vollständig umbauen und von einem geometrisch angelegten Park umgeben. Antoni Gaudí war am Entwurf beteiligt, außerdem steuerte er den unspektakulären Brunnen »Font d'Hèrcules« inmitten eines Bambuswaldes

24.1b Mediterrànea

24.1a Palau Reial de Pedralbes

bei. Den Besucher empfängt zunächst die Statue »**Mediterrànea**« [1b] in einem künstlichen Wasserbassin. Der Palast selbst kann nicht besichtigt werden. Hier hat die 42 Mitgliedsländer umfassende Union für den Mittelmeerraum ihren Sitz. Umgeben ist die Schlossanlage von Instituten der Universität. Direkt hinter dem Palast arbeitet Barcelonas Supercomputer MareNostrum, bei der Inbetriebnahme 2005 der rechenstärkste Europas.

Täglich 10–20 Uhr, im Winter bis 19 Uhr · Frei

Avinguda Diagonal 686

## 24.2 Mini Estadi

Auf der Südseite der Avinguda Diagonal regiert ein anderer König, nämlich der Fußball. Nach 500 Metern ist das Reich des FC Barcelona erreicht. Rechter Hand lag bis vor Kurzem das »Ministadion«, das immerhin 15.000 Zuschauer fasste. Hier trugen Damen- und Jugendmannschaften ihre Spiele aus. 2019 erfolgte der Umzug ins Stadion Johan Cruyff acht Kilometer westlich vor den Toren der Stadt. An der Stelle des Mini Estadi soll eine neue vereinseigene Sporthalle mit 15.000 Plätzen entstehen. Wann der Neubau abgeschlossen sein wird, steht angesichts der katastrophalen Finanzsituation des Clubs in den Sternen.

✉ Avinguda Aristides Maillol s/n

24.2 Nichts erinnert an das Mini-Estadi

#WISSEN **FC Barcelona:** »Barcelona ist die Stadt, die den Namen unseres Vereins trägt«, sagte einst Präsident Nuñez und stellte die Bedeutung des Clubs in Katalonien klar. Barça hat den Status einer Nationalmannschaft. Der Verein ist identitätsstiftend und der emotionale Strohhalm, an den sich die immer wieder erniedrigten Katalanen klammern. 1899 hatte der Schweizer Hans Gamper zusammen mit einer Handvoll anderer Ausländern den Club gegründet, der sich alsbald mit der katalanischen Sache identifizierte. Im Faschismus war das Fußballstadion einer der letzten Orte öffentlicher Proteste gegen die Diktatur. Aus dieser Zeit stammt auch die an Feindschaft grenzende Rivalität zu Real Madrid, die entgegen aller Beteuerungen eindeutig auch politisch gefärbt ist. Das gleiche gilt für das innerstädtische Derby. Mit RCD Espanyol identifizieren sich tendenziell Zuwanderer aus Restspanien. Nicht umsonst hat der Verein den Standort für sein neues Stadion in der Arbeitervorstadt Cornellà gewählt.

## 24.3 Palau Blaugrana

In der 1971 errichteten Sporthalle für 7.600 Zuschauer treten die gleichfalls hocherfolgreichen Handball-, Basketball-, Rollhockey- und Hallenfußball-Mannschaften des FC zum Wettstreit an. Sportbegeisterte können hier weit preiswerteren Spektakeln beiwohnen als im benachbarten Camp Nou. Eintrittskarten kauft man über die Webseite der Clubs. Der populäre Basketball kommt mit normalerweise mindestens 15 Euro am teuersten. Die schlechtesten Plätze werden beim Futsal ab 13 Euro gehandelt, für Handball und Hockey rechne man mit wenigstens 9 Euro. Bei Partien internationaler Wettbewerbe fallen Zuschläge an.

✉ Avinguda de Joan XXIII s/n www fcbarcelona.com

24.3 Palau Blaugrana

24.4 El Museu del Barça

24.4 Im Barça-Museum

## 24.4 El Museu del Barça

Mit 379.000 Besuchern war das Fußballmuseum 2021 das zweitmeist frequentierte Barcelonas, hinter dem Wissenschaftsmuseum CosmoCaixa, das natürlich massenhaft Schulklassen anzieht. Nach offiziellen Angaben lagen die Besucherzahlen vor Corona fast fünfmal so hoch. Zu bewundern sind die nicht eben wenigen Trophäen, die der Verein im Lauf der Jahre eingeheimst hat, und eine Menge von Kultobjekten der berühmtesten Spieler. Ein populäres Museum kommt heutzutage kaum noch ohne Bildschirme aus, der FC jedenfalls sparte an dieser Stelle nicht. Der Besuch schließt eine Tour ins Camp Nou (ausgesprochen wie das englische »no«) mit ein, es sei denn, es findet gerade ein Spiel statt. Inwieweit die anstehende Stadionrenovierung den Besuch beeinträchtigt, ist noch nicht abzusehen. Um Überraschungen vorzubeugen, bietet sich der Kartenkauf über die Webseite an.

Im Sommer: täglich 9.30–19 Uhr, im Winter: Mo–Sa 10–18 Uhr, So 10–15 Uhr, letzter Einlass 75 Minuten vor Torschluss
Erw. 28 € Senioren (ab 70 J.) & Kinder (4–10 J.) 21 €
fcbarcelona.com

## 24.5 Camp Nou

Nach fast zwei Jahrzehnten Unschlüssigkeit wird im Lauf des Jahres 2023 das mit fast 100.000 Plätzen größte Stadion Europas endlich umfassend renoviert. Der FC wird seine Heimspiele für mindestens eine Saison im Olympiastadion austragen. Die gigantische Schüssel ist auch ohne Zuschauer beeindruckend, ein Blick ins Rund ist in der Eintrittskarte für das Museum enthalten. Karten für ein Spiel zu ergattern, ist inzwischen bedeutend einfacher als zu den Hochzeiten des Clubs in den 2010er Jahren. Dazu sollte man keinesfalls auf die Abendkasse warten, sondern die Plätze über die Webseite erstehen. Das Problem ist, dass im Prinzip alle Sitze an Vereinsmitglieder vergeben sind, die aber für bestimmte Spiele von ihrem Recht zurücktreten. Das bedeutet, dass man mit Sprachschwierigkeiten an der Kasse nur mit Glück zwei oder mehr Plätze nebeneinander bekommt. Ligaspiele kosten derzeit ganz oben in der Kurve 39 Euro, oben in der Geraden 99 Euro und in mittlerer Höhe der Geraden ab 139 Euro.

Carrer d'Arístides Maillol 12 fcbarcelona.com

## 24.6 La Masia

Das hochgelobte **Nachwuchsinternat** [6a] ist 2011 aus dem alten Bauernhaus vor die Tore der Stadt gezogen. Inzwischen sitzt hier die Vereinsverwaltung. Gegründet wurde die erfolgreiche

Kaderschmiede erst 1978. Ihre höchste Auszeichnung erlangte sie mit der Verleihung des Ballon d'Or 2011 als mit Messi, Xavi und Iniesta drei ehemalige Schüler und seinerzeit Spieler des FC die ersten drei Plätze belegten. Die meisten Absolventen werden als Investition betrachtet und an fremde Vereine verkauft oder zumindest ausgeliehen. Von Bäumen verdeckt, aber praktisch direkt gegenüber liegt der **Friedhof von Les Corts** [6b]. Unter den 30.000 Gräbern finden sich etliche von historischen Spielern. Gleich am Eingang steht eine Statue von Mittelfeldidol László Kubala.

✉ Carrer d'Elisabeth Eidenbenz s/n

Vorbei an der Masia überqueren wir die nächste Straße und setzen den Weg in den gegenüberliegenden Park fort. La Maternitat war ein großer Krankenhauskomplex, der längst anderweitig genutzt wird. Vorbei am ersten Gebäude wenden wir uns nach rechts und gehen bis zur Travessera de les Corts durch, der wir nach links folgen, um an der Gran Via de Carles III. erneut nach links abzuzweigen.

## 24.7 Die Entführung von Quini Castro

Einer der aufsehenerregendsten Entführungsfälle Spaniens ereignete sich 1981 wenige Stunden nach einem 6:0-Heimsieg gegen Hércules Alicante. Der 31-jährige Barça-Stürmer Enrique Castro, genannt »Quini«, hatte zwei Tore beigesteuert. Er wohnte nur wenige Hundert Meter vom Camp Nou entfernt. Als er abends zur nächsten Tankstelle fuhr, wurde er mit vorgehaltener Pistole in einen Transporter gedrängt. Bernd Schuster, Freund und Mitspieler Quinis, weigerte sich bis zur Befreiung, das Spielfeld zu betreten, während der spanische Ligaverband Spielverlegungen kaltherzig ablehnte. Nach wenigen Tagen erreichte die Vereinsführung eine Lösegeldforderung von umgerechnet rund 2,4 Millionen Mark. Einer der Täter wurde beim Geldtransfer festgenommen und verriet das Versteck. Nach 25 Tagen wurde der 35-fache Nationalspieler von der Polizei unversehrt aus einem Keller in Zaragoza befreit. Er schloss sich daraufhin tagelang in seiner Wohnung ein. Sein Stammrestaurant Can Fusté im Erdgeschoss lieferte ihm dreimal täglich Essen.

✉ **Quinis Wohnung** [7a] lag in der Gran Via Carlos III. 50-52G, ebenso das weiterhin aktive **Restaurant Can Fusté** [7b]. Die Entführung ereignete sich an der **BP-Tankstelle** [7c] im Carrer de Joan Güell 203, damals noch eine Filiale des staatlichen Petroleummonopols Campsa.

24.5 Camp Nou

24.7a Quinis Wohnung in der Gran Via Carlos III. 50-52G

24.8 Plaça de la Concòrdia

## 24.8 Plaça de la Concòrdia

Fast überraschend versteckt sich zwischen den voluminösen Wohnblocks noch ein kleiner historischer Rest der einst unabhängigen Gemeinde Les Corts. Niedrige alte Häuschen und eine unspektakuläre Kirche bezeugen die bescheidenen Ursprünge der Ortschaft. Der Platz bleibt weiterhin das soziale Zentrum der Nachbarschaft, nach Schulschluss kreischen die Kinder und am Abend versammelt sich die Jugend auf den Terrassen der Bars. Die Apotheke an der westlichen

24.9e Sonnenuhr auf der Plaça de la Reina Maria Cristina

99% Moto Bar

Popeye

Flanke ist seit 1860 aktiv. Weit und breit ist Plaça de la Concòrdia der beschaulichste Ort dieses Teils der Stadt.

## 24.9 Plaça de la Reina Maria Cristina

Der verkehrsreiche **Platz** [9a] auf der Avinguda Diagonal konzentriert zentrale Schaltstellen wirtschaftlicher Macht. In den beiden Türmen der **Caixabank** [9b] arbeitete lange Zeit die Königsschwester Cristina de Borbón, bevor der Ehemann 2018 wegen Korruption für fünf Jahre ins Gefängnis ging. Die Justiz erlaubte ihm, seine Haftanstalt selbst auszusuchen, er entschied sich, einziger männlicher Insasse eines Frauengefängnisses in Ávila zu werden. Die Königsschwester zog ins Exil nach Genf.

Weniger auffällig ist an der Nordostecke die Zentrale der **Grupo Planeta** [9c], einer Gruppe von rund 60 Unternehmen aus dem Verlags- und Medienwesen, im weltweiten Ranking auf Platz sieben. Das unscheinbare rote Gebäude mit der spanischen Flagge ist eine **Offiziersresidenz der Armee** [9d]. Bis 1980 ehrte ein Denkmal vor dem Eingang die deutsche Legion Condor, die spanische Städte bombardierte und zum Sieg der Diktatur beitrug. Das Innere zierten Büsten von Hitler und Mussolini. Ob die Hausnummer 666 zufällig vergeben wurde, bleibt ein Geheimnis.

Auf der nördlichen Verkehrsinsel, wo die Radwege verlaufen, ist eine kuriose **Sonnenuhr** [9e] in den Boden eingelassen. Der Schatten des Betrachters selbst markiert die Uhrzeit. Für höhere Genauigkeit muss man sich auf dem aktuellen Monat platzieren.

Auf der Höhe der Türme von La Caixa finden sich die Eingänge zur Metrostation Maria Cristina. Die Straßenbahn bedient die westlichen Vororte und zählt in Richtung Innenstadt nur drei weitere Haltestellen.

#BAR
### 99% Moto Bar

Eine Bar, die mit einem Harley Davidson-Händler quasi eine Symbiose eingeht, muss wohl die goldenen Zeitalter Amerikas beschwören. Im Stil eines Diners eingerichtet, stehen Budweiser, Hamburger und klassischer Rock'n'Roll auf dem Verköstigungsplan.

Mo–Do 12–23.30 Uhr, Fr 12–0 Uhr, Sa 13–0 Uhr · Carrer Joan Güell 207 · 99motobar.com

#RESTAURANT
### Popeye

Spinat findet sich überraschenderweise nicht auf der Karte des Etablissements, das sich nach dem hier »Po-péje« ausgesprochenen Seemann benannt hat. Dafür wird wochentags ein ordentliches und vollständiges Mittagsmenü zu 15,50 € serviert.

Mo–Sa 13–16 & 20–0 Uhr, So 13–16 Uhr · Carrer del Taquígraf Martí 32 · popeyerestaurante.com

In Sant Andreu

#GESCHICHTE #STADTTEILKULTUR

## Ganz weit draußen

# Die Gassen von Sant Andreu

**Die Stadtviertel Gràcia und Sant Andreu haben viel gemeinsam: Ländliche Gemeinden wuchsen mit der Industrialisierung zu Kleinstädten heran, die letztendlich von Barcelona aufgesogen wurden.**

Auch in Sant Andreu sagen manche heute noch, »ich fahre nach Barcelona« und meinen das Stadtzentrum. Beide haben sich ihre Eigenheit bewahrt, doch Gràcia liegt der Großstadt geographisch und gefühlt deutlich näher. Sant Andreu ist eine Kleinstadt geblieben. Bis ins 19. Jahrhundert lag es eine gute Stunde vom Zentrum entfernt. So weit, dass der fünfte Hinrichtungsplatz der Ebene von Barcelona am nördlichen Ortsausgang Einzug in den allgemeinen Sprachschatz fand. »A la quinta forca« heißt soviel wie »ganz weit weg«. Heute ist auch Sant Andreu ein Markt der Immobilienspekulation, viele der kleinen alten Häuser sind durch moderne Bauten ehrgeiziger Architekten ersetzt worden. Nicht selten schmerzt der Kontrast in den Augen. Doch die Einwohnerschaft hält zusammen und hat des Öfteren generationenübergreifend aufbegehrt und sich gegen die Zerstörung gewachsener Strukturen gewehrt.
Bei der Anreise ist zu beachten, dass die Metrostation Sant Andreu nicht mit dem Regionalbahnhof Sant Andreu Comtal identisch ist. Letzterer ist der älteste noch in Betrieb befindliche Bahnhof Spaniens.

### 25.1 Sant Andreu de Palomar

Die Hauptkirche des Stadtteils bildet in gewisser Weise den Ursprung der katalanischen Hymne »els Segadors«. Die Schnitter, also die Bauern und Erntearbeiter, begannen genau hier 1640 ihre Revolte gegen die Obrigkeit. Im Rahmen des 30-jährigen Krieges hatte Spanien gerade den Konflikt mit Frankreich beendet, hielt aber in Katalonien umfangreiche Truppenkontingente stationiert. Die Versorgung hatte die ansässige Bevölkerung zu übernehmen. Wutgeladen versammelten sich dreitausend Bauern vor der Kirche und marschierten zum Kampf entschlossen gen Barcelona, wo sie den Vizekönig und ein Dutzend Bedienstete erschlugen. Der Tag ging als »Corpus de Sang« – das blutige Fronleichnamsfest – in die Geschichte ein und löste den »Krieg der Schnitter« aus, einen zwölf Jahre andauernden Bürgerkrieg, der sich sowohl gegen die spanische Herrschaft als auch gegen die katalanische Obrigkeit richtete. Die aktuelle Kirche ist ein Neubau aus dem 19. Jahrhundert. Vom Vorgänger sind nur die verwaisten Mauern einer Kapelle erhalten, die linksseitig wie ein Anbau wirken.

✉ Plaça d'Orfila s/n

25.1 Sant Andreu de Palomar

25.2 La Casa de la Vila

25.3 La Plaça del Comerç

## 25.2 La Casa de la Vila

Seit der Eingemeindung nach Barcelona 1897 fungiert das ehemalige Rathaus als Distriktverwaltung. Bis ins 19. Jahrhundert hinein blieb Sant Andreu ein kleines Bauerndorf, wenn auch an der Hauptstraße von Barcelona nach Norden gelegen. Auf dem Platz vor dem Rathaus droschen die Bauern ihren Weizen. Als im Spanischen Bürgerkrieg die Armut um sich griff, wurde das Untergeschoss in einen Speisesaal für Kinder verwandelt. Die Lebensmittel finanzierten britische und amerikanische Quäker.

✉ Plaça d'Orfila 1

## 25.3 La Plaça del Comerç

Das soziale Zentrum von Sant Andreu hat sich längst von der Kirche ab- und dem Konsum zugewandt. Der »Platz des Handels« formt gewissermaßen eine Nische der Haupteinkaufsstraße, dem Carrer Gran. Wegen der großen Uhr über dem Eingang der Eisdiele heißt er im Volksmund »Plaça del Rellotge«, der Platz der Uhr. Das Eckhaus gegenüber, die Casa Vidal, ist ein schönes Beispiel eines harmonischen und wenig aus-

schweifenden Modernisme. Die Bar Versailles belegt das Untergeschoss seit 1915.
✉ Carrer Gran de Sant Andreu 255

## 25.4 Carrer Gran de Sant Andreu

Die **Hauptachse des Stadtviertels** [4a] folgt dem Verlauf der römischen Straße von Barcino in Richtung Pyrenäen. Vermutlich ist die lebendige Einkaufsstraße diejenige in Barcelona, wo die meisten historischen Geschäfte bis heute überlebt haben. Die Apotheke **Farmàcia Franquesa** [4b] in der Hausnummer 260 existiert seit 1842 und bewahrt noch die alte Registrierkasse auf. An der Wand hängt eingerahmt ein Stück einer Holzplatte mit zwei Einschusslöchern vom Tag, als die faschistischen Truppen in Sant Andreu einrückten. Bevor man den Weg durch den Carrer Gran fortsetzt, kann man kurz in den Carrer de Sant Adrià abbiegen und **Fabra i Coats** [25.5] begutachten.
Die **Imprenta Baltasar 1861** [4c] in der Hausnummer 152 ist die älteste in Katalonien noch aktive Druckerei. Über der Metzgerei **Cansaladeria Puig** [4d] im Haus 147 wurde in die Fassade die Hülse einer Granate eingemauert, die 1843 während eines Aufstands auf Sant Andreu gefeuert wurde.

## 25.5 Fabra i Coats

Vor hundert Jahren ertönten Sirenen zu Schichtbeginn und bestimmten so den Lebensrhythmus in Sant Andreu. Die Spinnerei Fabra i Coats beschäftige in Spitzenzeiten 4.000 Menschen. Das Unternehmen entstand 1903 aus der Fusion der Barceloniner Firma Fabra mit der schottischen J&P Coats und galt als eines der führenden im europäischen Textilsektor. Nach dem Zweiten Weltkrieg erlangte die asiatische Konkurrenz die Übermacht, und Schritt für Schritt wurden die Hallen von Fabra i Coats geschlossen, die letzte 2005. Das riesige Gelände wurde zum Spekulationsobjekt, doch massive Proteste der Anwohner konnten die Umwandlung in ein Kultur- und Stadtteilzentrum durchsetzen. Auf der Nordseite beherbergt Can Fabra die öffentliche Bücherhalle. Die ummauerten Hallen gegenüber bieten Raum für Schule, Kindergarten, Künstlerkolonie, Vereinsleben und einen Ausstellungsraum für Moderne Kunst.
🕒 Mo–Fr 9–22 Uhr, Sa 10–20.30 Uhr € Frei ✉ Carrer Sant Adrià 20 🌐 barcelona.cat/fabraicoats/centredart

## 25.6 Església de Sant Pacià – Mosaik Gaudí

Eine der frühesten Arbeiten von Antoni Gaudí hat wirklich nichts mit seinem späteren Werk gemein. Noch vor dem Abschluss des Architekturstudiums erlaubte ihm sein Lehrer Joan Torras Guardiola, das Bodenmosaik der Kirche zu entwerfen. In neoklassischem Stil verbindet er geometrische Formen mit Blumenmustern und fügt christliche Symbole hinzu. Alpha und Omega stehen für den Anfang und das Ende der Welt. Leider sind Kirche und Mosaik nur selten zugänglich.
🕒 Mo & Do 18–20 Uhr
✉ Carrer de les Monges 27

25.4 Carrer Gran de Sant Andreu
25.5 Can Fabra
25.7 Plaça del Mercadal

25.8 Catalunya en petit

Versalles

La Brotxeta

## 25.7 Plaça del Mercadal

Beim Spaziergang durch die schmalen Gassen abseits der Hauptstraße fühlt man sich eher in einer verschlafenen Kleinstadt denn in einer europäischen Metropole. Der Anblick der neu erbauten modernen Markthalle wirkt da einigermaßen verstörend, insbesondere weil sie fast den gesamten Platz einnimmt. Vor der Eingemeindung Sant Andreus nach Barcelona boten die Händler hier ihre Waren unter freiem Himmel feil. Die Stadtverwaltung bestand auf einer Überdachung, die schließlich 1914 in ein festes Gebäude integriert wurde. Hoffnungslos veraltet, aber mit nostalgischem Charme, wurde die Markthalle 2019 abgerissen. Nach dreijähriger Bauzeit ist seit September 2022 der Neubau am Start. Wenige hundert Meter entfernt im Carrer de Cabrera wurde 1969 der ehemalige Vizepräsident der Generalitat, Oriol Junqueras, geboren. Als einer der Organisatoren des Unabhängigkeitsreferendums wurde er 2019 zu 13 Jahren Haft verurteilt, aber 2021 begnadigt. Dennoch bleibt ihm die Ausübung politischer Ämter bis 2031 untersagt.

## 25.8 Catalunya en petit

Die Einfamilienhäuschen auf der rechten Seite des Carrer de Grau freuen sich über einen kleinen Vorgarten. Jeder Nachbar nutzt ihn nach Gutdünken zur Geranienzucht, als Grill- oder meistens als Parkplatz. Nur Isidre Castells bildet eine Ausnahme. Nach der Pensionierung dekorierte er seine Quadratmeter als vom Modernisme inspiriertes Gesamtkunstwerk. Zwar ist die Grenze zum Kitsch eindeutig überschritten, aber dennoch vermag der DIY-Themenpark ein Lächeln in die Gesichter zu zaubern. Seit dem Tod des Künstlers hütet der Sohn das Werk. Sogar Google Maps hat Barcelonas berühmtesten Vorgarten schon verzeichnet.

✉ Carrer de Grau 43

Über den Carrer Gran geht es wieder zum Ausgangspunkt zurück.

#BAR

### Versalles

Seit 1915 ist das Versalles eine Institution im Leben des Stadtteils. Das gepflegte Jugendstilinterieur hat sich scheinbar kaum verändert. Zur Stärkung gibt es Tapas, Salate und belegte Brote. Wer etwas Neues probieren will, bestellt eine belegte »coca«, ein weiches, fast kuchenartiges Brot.

🕓 Wochentags 12–23 Uhr, Sa 9–0, So 9–22 Uhr ✉ Carrer Gran de Sant Andreu 255 www elversalles.com

#RESTAURANT

### La Brotxeta

»Comida Casera« entspricht dem deutschen Ausdruck »Hausmannskost«. In der kleinen und abseits gelegenen Brotxeta bekommt man ein solches Menü für 12 Euro, am Wochenende für 16 Euro. Die Besonderheit ist, dass es neben einem katalanisch-spanischen Standardmenü zum gleichen Preis auch ein peruanisches gibt.

🕓 Täglich 9–17 Uhr, Fr & Sa außerdem 20–1 Uhr ✉ Carrer d'Agustí i Milà 59 www restaurant-la-brotxeta.negocio.site

26

Wochenende

3,5 km

Blick vom Park Güell zum Tibidabo

#NATUR #PANORAMA

## Der Berg ruft

# La Serra de Collserola

**In vielen Metropolen der Welt überrascht der plötzliche und radikale Übergang von der urbanen Dichte zur offenen Natur. In Barcelona verläuft diese Grenze auf halber Höhe der Serra de Collserola, der Bergkette im Norden.**

Über 80 Quadratkilometer des bis 516 Meter hohen Gebirges stehen seit 1987 unter Naturschutz. Ein romantisch-unberührtes Stück Natur darf man trotzdem nicht erwarten, denn menschliche Eingriffe waren und sind rigoros. Betrachtet man historische Bilder von Barcelona, erscheint zumindest die Sonnenseite des Gebirges fast vollständig entwaldet, denn die Bauern am Berghang mussten ihren Teil zur Versorgung der Stadtbevölkerung beitragen. Die ursprüngliche Vegetation aus Steineichen und Lorbeergewächsen ist heute kaum noch anzutreffen, es dominieren Kiefernwälder, hier und da durchsetzt von Stein- und Stieleichen. Naturschutz bedeutete zwar keinen Rückbau der Straßen, Stromtrassen und Besiedlung, sondern nur eine Expansionsbremse, doch die Natur erobert sich ihren Raum schnell zurück. Regelmäßig werden Wildschweine in den Straßen der höher gelegenen Stadtviertel gesichtet, Sängerin Shakiras Rendezvous mit zwei aggressiven Exemplaren ging 2021 durch die Presse. Denn gleichzeitig expandieren auch die Städter wieder ins Gebirge. An jedem Wochenende sind Ausflügler und Mountainbiker zu Tausenden in den Bergen unterwegs. Das bisschen Natur gehört wieder zum Alltag der Barceloniner und ist für die Ausblicke über die Stadt bedingungslos empfehlenswert. Der einzige Wermutstropfen ist die schlechte und teure Anbindung mit öffentlichen Verkehrsmitteln, die man aber auch als Werkzeug des Naturschutzes verstehen könnte.

An der Plaça Catalunya nimmt man die Metro L7 zur Endstation Avinguda Tibidabo. Dort steigt man in den kostenlosen Shuttle ›TibiBus T2C‹ bis zur Plaça del Doctor Andreu um, der Talstation der 2021 eingeweihten Standseilbahn ›Cuca de Llum‹, das ›Glühwürmchen‹. Die Reise in Richtung Gipfel schlägt für Erwachsene mit 12 Euro zu Buche, für Senioren und Kinder mit 3,50 Euro. Nur mit

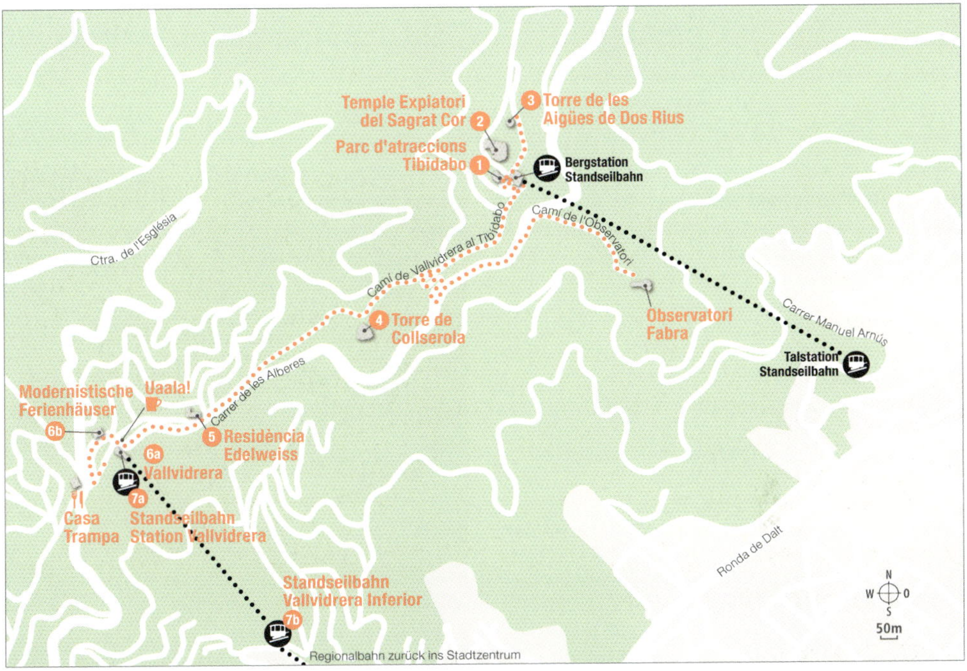

Temple Expiatori del Sagrat Cor 2
3 Torre de les Aigües de Dos Rius
Parc d'atraccions Tibidabo 1
Bergstation Standseilbahn
Ctra. de l'Església
Camí de Vallvidrera al Tibidabo
Camí de l'Observatori
4 Torre de Collserola
Observatori Fabra
Carrer Manuel Arnús
Talstation Standseilbahn
Modernistische Ferienhäuser 6b
Uaala!
Carrer de les Alberes
5 Residència Edelweiss
6a Vallvidrera
7a Standseilbahn Station Vallvidrera
Casa Trampa
Standseilbahn Vallvidrera Inferior 7b
Ronda de Dalt
N W O S
50m
Regionalbahn zurück ins Stadtzentrum

26.1 Parc d'Atraccions Tibidabo

einer Eintrittskarte für den Vergnügungspark in der Tasche ist die Fahrt kostenlos. Besonders erschwerend ist die Tatsache, dass Shuttlebus und Seilbahn nur zu den Öffnungszeiten des Freizeitparks verkehren, also außerhalb der Sommerferien meist nur an Wochenenden und Feiertagen.

## 26.1 Parc d'Atraccions Tibidabo

Mit den modernen Vergnügungsparks kann der historische Tibidabo natürlich nicht mithalten, aber seine Lage hoch über Stadt und Meer ist einzigartig und bildet für viele Barceloniner einen besonderen Teil der Kindheitserinnerungen. Letztendlich ist seine Entstehung Resultat des Fiebers der Immobilienspekulation vom Anfang des 20. Jahrhunderts. Der Apotheker Salvador Andreu hatte mit seinen Hustenbonbons ein Vermögen gemacht und investierte massiv in Immobilien. Zu Spottpreisen erstand er Ländereien hoch am Berghang und errichtete schicke Villen. Sein Projekt scheiterte nicht wie der Parc Güell, denn er hatte die Idee, eine Standseilbahn bis zum Gipfel zu bauen. Tausende Familien entdeckten ein bis dato unerreichbares Ausflugsziel. Zunächst installierte Doctor Andreu ein Karussell und allmählich kamen weitere Attraktionen hinzu. 1961 entstand die erste Achterbahn. Heute gehört der Vergnügungspark der Stadt und hat eher nostalgischen Wert.

Juli & August: Mi–So 11–22 Uhr, Mrz–Jun & Sept–Dez: Sa, So und feiertags 11–19 Uhr · Erw. 35 €, Senioren (ab 60 J.) 10,50 €, Kinder (zwischen 90 und 120 cm Größe) 14 €
Plaça del Tibidabo 3 · tibidabo.cat

## 26.2 Temple Expiatori del Sagrat Cor

Nicht wenige dürften den »Sühnetempel des Heiligen Herzens« als liebenswerten Kitsch einordnen. Doch wie beim Vorbild Sacré-Cœur in Paris kommt kaum jemand umhin, Fotos zu schießen. Den Anstoß zum Bau lieferte das Gerücht, Protestanten wollten auf dem Gipfel eine Kirche errichten. Von Eifersucht getrieben, formierte sich der »Rat der katholischen Ritter« und sammelte Spenden für den Kauf des Landes und die Errichtung einer eigenen Kirche. Der Titel »Sühnetempel« verweist auf die Finanzierung aus privaten Schenkungen. Die flossen allerdings nicht so reichlich und der Bau zog sich von 1902 bis 1961 hin. Die nationalkatholische Gesinnung der Erbauer beweist auch der Titel »Templo Expiatorio de España« und die Darstellung der Katholischen Könige und Christoph Kolumbus gleich über dem Wort »Templo« an der Fassade.

Tägl. 9–20 Uhr · Frei, Zugang zur Aussichtsterrasse 5 €
Carretera de Vallvidrera al Tibidabo 111
tibidabo.salesianos.edu

26.1 Blick vom Tibidabo auf Barcelona

26.2 Temple Expiatori del Sagrat Cor

## 26.3 Torre d'Aigües de Dosrius

Wenige Dutzend Meter hinter der Kirche erhebt sich ein auffälliger Turm aus rotem Backstein. Der 1905 erbaute Wasserspeicher war das erste Gebäude, das die Silhouette des Collserola sichtbar veränderte. Die neuen Villen am Berghang und das Ausflugsziel Tibidabo wollten mit Wasser versorgt werden. Der 53 m hohe und 10 m durchmessende Turm hat eine Kapazität von 100 Kubikmetern Wasser, das aus nahen Quellen herangepumpt wird.

Carretera de Vallvidrera al Tibidabo 107

26.3a Die Torre d'Aigües de Dosrius und der Tibidabo

Observatori Fabra

GLEICH IN DER NÄHE

### Observatori Fabra

Einen knappen halben Kilometer südlich thront das viertälteste noch funktionierende astronomische Observatorium der Welt in 411 Metern Höhe an exponierter Stelle über der Stadt. 1904 erbaut und mit einem heutzutage zierlich anmutenden 38 cm durchmessenden Refraktor ausgestattet, steht es nicht mehr an vorderster Front der Wissenschaft. Daneben widmet sich das Institut auch der Seismologie und Meteorologie. Ein Besuch verspricht zumindest ein atmosphärisch dichtes Erlebnis historischer Räumlichkeiten, ist aber nur im Rahmen einer Führung auf Spanisch oder Katalanisch möglich. Auf gleichem Weg geht es wieder zurück zum Camí de Vallvidrera al Tibidabo.

Führungen am Tage So & feiertags 11 Uhr ohne Anmeldung, Beginn nächtlicher Führungen mit kurzer Sternbeobachtung bei guter Sicht je nach Jahreszeit, Anmeldung über sternalia.com Tags: Erw. 3 €, unter 14 Jahren frei, nachts: Fr 15 €, Sa & So 25 € Camí de l'Observatori s/n fabra.cat

## 26.4 Torre de Collserola

Der höchstgelegene Aussichtspunkt über Barcelona bietet Blicke, wie man sie sonst nur aus dem Flugzeug erhaschen kann. Bei guter Sicht schweift das Auge von der Stadt über das Meer, nach Nordwesten bis zum heiligen Berg Montserrat und im Nordosten zu den Pyrenäen. Manche wollen sogar in 180 Kilometern Entfernung die Serra de Tramuntana auf Mallorca gesehen haben. Die Fundamente des Turms liegen in 445 Metern Höhe, die verglaste Aussichtsplattform noch mal 115 Meter höher, erreichbar mit dem Fahrstuhl in 150 Sekunden. Entworfen wurde der 288 Meter hohe Koloss vom britischen Architekten Norman Foster, bekannt für den Umbau des Berliner Reichstags. Von Weitem erscheint das antennenüberfrachtete Bauwerk wenig ansehnlich, aus der Nähe betrachtet, offenbart es durchaus grazile Ästhetik.

Mrz–Dez: Sa & So 12–14 Uhr  Pro Person 5,60 €, Senioren (ab 60 J.) 3,10 Euro, Kinder bis 3 Jahre frei

Camí de Vallvidrera al Tibidabo  torredecollserola.com

## 26.5 Residència Edelweiss

Das letzte Mal, dass die Stars des FC Barcelona mit öffentlichen Verkehrsmitteln zum Spiel anreisten, war im Januar 1981. Damals war die Seniorenresidenz Edelweiss noch das luxuriöse Hotel Vallvidrera, wo sich die Mannschaft auf ihre Heimspiele vorbereitete. An jenem Tag stand das Derby gegen Espanyol Barcelona im gegnerischen Stadion an, doch in der Nacht fiel so viel Schnee, dass für Autos kein Durchkommen war und für den Mannschaftsbus schon gar nicht. Die Spieler liefen im Trainingsanzug zur Bahnstation Vallvidrera und reisten mit der Bahn zur Arena. Der Zug war natürlich voll besetzt mit Fußballfans, die ihren Augen nicht trauten. Es blieben kaum zehn Minuten zum Aufwärmen und nach nur acht Minuten erzielte Espanyol das Siegtor.

Carrer dels Algarves 23

## 26.6 Vallvidrera

Die kleine Gemeinde **Vallvidrera** [6a] gehört tatsächlich zum Stadtgebiet Barcelonas, obwohl sie isoliert auf 360 Metern Höhe auf einem Bergpass des Collserola residiert. Hier verlief früher eine der wichtigsten Straßen über das Gebirge in die Städte des Vallès, des hochindustrialisierten Tals im Norden. Seit 1991 fließt der Verkehr durch den Autobahntunnel direkt unter dem Ort hindurch. Bis 1890 war das Dorf eigenständig, dann wurde es in die Stadt Sarrià eingemeindet, die 1921 schließlich selbst in Barcelona aufging. Nach etlichen Disputen mit dem damaligen Bürgermeister Jordi Hereu organisierten die Bürger

26.4 Torre de Collserola

26.4 Die Aussichtsterrasse der Torre de Collserola

26.4 Blick von der Aussichtsterrasse

26.5 Residència Edelweiss

26.6b Vallvidrera

26.6b Vallvidrera

Uaala!

Casa Trampa

2010 ein Unabhängigkeitsreferendum, das sich bei 40 Prozent Wahlbeteiligung zu 98 Prozent für die Abspaltung von der Stadt aussprach. Das Rathaus ignorierte das Ergebnis geflissentlich. Um der Sommerhitze zu entgehen, errichteten reiche Barceloniner Ferienresidenzen in Valvidrera. Viele der schnuckligen kleinen Häuschen entstanden im Stile des **Modernisme** [6b]. Ein paar schöne Beispiele finden sich um den Carrer de les Alberes 21.

## 26.7 Funicular de Vallvidrera

Um Barcelonas Eliten den Weg zum Zweitwohnsitz zu erleichtern und den Immobilienverkauf anzukurbeln, wurde 1906 eine **Standseilbahn** [7a] nach Vallvidrera gebaut. Die Ingenieursleistung war beachtlich, auf 736 Metern Strecke wollten immerhin 158 Höhenmeter überwunden werden. Die maximale Steigung liegt bei 29 Prozent. Dem Zeitgeschmack entsprechend wurde auch der Bahnhof im Stil des Modernisme erbaut. Die Bahn verkehrt wochentags je nach Tageszeit alle 20 oder 30 Minuten, von etwa fünf Uhr morgens bis Mitternacht, am Wochenende alle 15 Minuten. An der **Talstation** [7b] steigt man in die Regionalbahnen S1 oder S2 zur Plaça Catalunya um.

#CAFÉ

### Uaala!

Die Auswahl der Eisdiele ist deutlich größer als das Lokal, mehr Sitzplätze als ein paar Hocker an der Wand und eine Bank draußen an der Straße sind nicht verfügbar. Dafür entschädigen die freundliche Inhaberin, Eis, Crêpes, Kuchen, Waffeln, Milkshakes und natürlich auch heiße Getränke aus eigener Herstellung.

Mo-Fr 10:30-20 Uhr, Sa & So 9:30-20 Uhr · Carrer de les Alberes 29 · uaala-gelateria.business.site

#RESTAURANT

### Casa Trampa

Seit 1882 im Dienst ist Casa Trampa der Klassiker schlechthin in Vallvidrera. Früher stärkten sich hier am Wochenende die Wildschweinjäger, die inzwischen von Ausflüglern und Radsportlern abgelöst wurden. Das kulinarische Programm könnte man als traditionell, deftig und fleischlastig beschreiben. Neben der katalanischen Bratwurst »botifarra« kann man auch Lamm und Kaninchen probieren.

Mo-Do 7-17 Uhr, Fr 7-0 Uhr, Sa 8-23 Uhr, So 8-18.30 Uhr · Plaça de Vallvidrera 3 · casatrampa.com

27

Di-So

40 km von BCN

In Sitges

#STRAND #KULTUR #GESCHICHTE

Ausflug

# Sitges

**Unser erster Ausflug aus der Großstadt muss unweigerlich ans Mittelmeer führen. In der nächsten Umgebung Barcelonas findet sich kein besseres Strandbad, das die Freuden des Meeres mit Charme, Historie und dem Alltag einer fast normalen Kleinstadt verbindet, als Sitges.**

Der Badeort ist eine Ausnahmeerscheinung und gilt weithin als Erfolgsmodell. Von Anfang an hat man sich der totalen Ausbeutung des – und umgekehrt durch den – Tourismus verweigert. Kein monströser Hotelbunker verschandelt die Altstadt, und 4.500 Betten auf 29.000 Einwohner kann man ein gesundes Verhältnis nennen. Sicher hat das Reisefieber viele an den Küsten des Mittelmeers reich gemacht. Doch für die Mehrheit bedeutet der Fremdenverkehr hohe Preise und prekäre saisonale Arbeitsverhältnisse. Es ist kein Zufall, dass sich unter den drei Städten Kataloniens mit der höchsten Armutsrate ausgerechnet die beiden Ikonen des Massentourismus platzieren, Lloret de Mar und Salou.

Natürlich hatte Sitges durch die Nähe zu Barcelona und die windgeschützte Lage am Fuß des Gebirgszugs Garraf von Anfang an einen Standortvorteil. Dazu gesellte sich die weltoffene und tolerante Mentalität der Einwohnerschaft. Schon um die Wende zum 20. Jahrhundert nahm sie eine Künstlerkolonie um die Maler Santiago Rusiñol und Ramon Casas auf. Auch unter der bleischweren Repression des Franco-Regimes wurden in Sitges Subkulturen geduldet und nicht denunziert. Schon in den 60er Jahren avancierte das Städtchen zum klammheimlichen Treffpunkt aller verbotenen und verpönten sexuellen Orientierungen. Heute listet die städtische Fremdenverkehrswebseite nicht weniger als 113 Unternehmen, die sich als »gay friendly« deklarieren. Internationales Prestige bringen auch das seit 1968 jährlich stattfindende Festival des Fantasy- und Horrorfilms und der ausgelassene Karneval.

Die überschaubare Altstadt kann sich der Besucher in wenigen Stunden erschließen und sich dann den Aufenthalt mit einem Bad in den meist seichten Wellen des Mittelmeers versüßen. Wellenbrecher teilen die **Strände** in verschiedene Abschnitte. Diejenigen direkt vor der Altstadt

Sitges

Sitges heißt seine Besucher willkomen

sind familienfreundlich, die **Platja Bassa Rodona** gilt als Treffpunkt der Gay-Szene und an der **Platja de Balmins** mischen sich Nudisten mit Bekleideten.

sitgesanytime.com

## Die Anreise

Sitges liegt rund 40 Kilometer südwestlich von Barcelona. Es existiert zwar auch eine Busverbindung, aber die einfachste und bequemste Anreise ist mit der Regionalbahn R2, die man an der Estació de França, am Passeig de Gràcia und am Bahnhof Sants besteigen kann. Abfahrt ist alle zehn bis zwanzig Minuten, man muss sich also nicht nach einem Fahrplan richten. Die Reise dauert gute 50 Minuten. Ab Castelldefels verläuft die Bahnlinie einen Steinwurf vom Meer entfernt, doch die Durchquerung des Küstengebirges des Garraf erfordert etliche Tunnelabschnitte. Die Tickets zieht man entweder an den orangefarbenen Automaten oder ersteht sie am Schalter. Für die Rückfahrt gilt am Bahnhof Sitges das Gleiche. Oft ist im Bereich der Automaten eine Person mit Warnweste zugegen, die Hilfestellung bietet. Die einfache Fahrt kostet 4,60 €. Die 1881 eröffnete Bahnstation Sitges liegt direkt oberhalb des Stadtzentrums und keine zehn Fußminuten von der Strandpromenade entfernt. Tritt man auf den Bahnhofsvorplatz, findet sich gleich linker Hand eine Touristeninformation und in Gegenrichtung die städtische Markthalle.

Direkt gegenüber führt der schnurgerade Carrer de Francesc Gumà in die Altstadt. An der dritten Querstraße ist einer der lebendigsten Straßenzüge erreicht, der verkehrsberuhigte Carrer Jesús. Rechts abgebogen trifft man nach 130 Metern auf die Plaça del Cap de Vila.

## 27.1 Can Bartomeu Carbonell

Der Modernisme entstand und entwickelte sich zwar in Barcelona, aber so gut wie jede Kleinstadt Kataloniens blickt mit stolz auf lokale Exemplare. Die Ausprägung des Kunst- und Architekturstils fiel mit der Hochphase der Industrialisierung und der Rückkehr vieler zu Reichtum gelangter Auswanderer zusammen. In Sitges findet sich eine Reihe von Beispielen, das eindrucksvollste ist das 1915 fertiggestellte Gebäude, das wegen des Uhrenturms »Casa del Rellotge« genannt wird. Der Architekt Ignasi Mas entwarf auch die Stierkampfarena Monumental in Barcelona.

✉ Plaça Cap de la Vila 2

## 27.2 Die Straße der Sünde

Nach weiteren 250 Metern zweigt links der Carrer Marquès de Montroig ab, der seinen Namen wenig später in Primer de Maig ändert. Der Straßenzug ist seit den 1960er Jahren als »Carrer del Pecat«, die Straße der Sünde bekannt. Im nationalkatholischen Franquismus waren nächtliche Ausschweifungen so gut wie inexistent, ganz besonders solche, die der regierenden Moral widersprachen. Doch in Sitges hatte sich seit der Entstehung der ersten Künstlerkolonie eine vergleichsweise liberale Weltsicht verbreitet und in der Straße der Sünde tobte das Nachtleben. Daran hat sich bis heute nicht viel geändert, wenn es außerhalb der Reisesaison auch ruhiger zugeht. Zur offiziellen Umbenennung der Straße haben sich die Stadtoberen bislang nicht durchringen können, aber »Pizza del Pecado« und die Bar »El Pecadito« bezeugen den Kosenamen.

## 27.3 Passeig de La Ribera

Die **Strandpromenade** [3a] erstreckt sich über gut 2,5 Kilometer Länge, doch der schönste Abschnitt ist der vor der Altstadt. Unter den Häusern an der Wasserkante finden sich etliche schöne Altbauten, die sich Amerikarückkehrer errichteten. Direkt gegenüber der Einmündung der sündigen Straße erinnert ein **Denkmal** [3b]

27.1 Can Bartomeu Carbonell

27.2 La Pizza del Pecat

27.3 Passeig de La Ribera

27.3b Bacardí-Demkmal am Passeig de la Ribera

27.4 Chiringuito

27.4 Chiringuito

27.5 Sant Bartomeu i Santa Tecla

an den berühmtesten Auswanderer, der in den Kolonien sein Glück gemacht hat: Facund Bacardí schiffte sich im Alter von 15 Jahren nach Santiago de Cuba ein, wo er im Geschäft des älteren Bruders arbeitete. Später gründete er einen Wein- und Likörhandel und schließlich eine Destillerie, die zum weltweit erfolgreichsten Hersteller karibischen Rums heranwuchs. Die Skulptur beinhaltet die charakteristische Fledermaus des Bacardí-Etiketts. Bis zum Frühjahr 2021 betrieb die Schnapsbrennerei ein Museum in Sitges, schloss aber offiziell wegen der Coronakrise ihre Pforten. Einige Meter weiter ehrt ein Denkmal den Renaissance-Maler **El Greco** [3c].

## 27.4 Chiringuito

Wer Spanien schon einmal besucht hat, dem ist die Bezeichnung »chiringuito« für eine Strandbar vielleicht geläufig. Dabei handelt es sich um einen Markennamen, der zum Gattungsbegriff geworden ist, so wie Tempo für Taschentücher. Die Strandbar an der Platja de la Ribera wurde 1943 in Chiringuito umbenannt, einem Wort, das auf Kuba eine improvisierte Methode des Kaffeebrühens mit Filtrierung durch einen Strumpf bezeichnet. Ab Ende der 60er Jahre setzte sich die Bezeichnung allmählich als Gattungsname für einfache, improvisierte und oft nur saisonale Strandbars durch. 1983 erhielt der Ausdruck Einzug in das Wörterbuch der Königlich Spanischen Akademie. Mit der Popularisierung stiegen allerdings die Preise, heute sind die meisten Chiringuitos hoffnungslos überteuert, just wie das Original.

Do–Di 10–1 Uhr Passeig de la Ribera 31

## 27.5 Sant Bartomeu i Santa Tecla

Die **Hauptkirche** [5a] der Stadt prägt die Skyline und ist dank ihrer exponierten Lage auf der Felsklippe über dem Mittelmeer ihr Wahrzeichen. Zweifellos ist sie auch das meistfotografierte Gebäude, obwohl tatsächlich nur ihre Lage außergewöhnlich ist. Einen guten Teil der Faszination steuern der Treppenaufgang und die Skulptur der **Meerjungfrau** [5b] bei, eine Arbeit des eng mit Sitges verbundenen Bildhauers Pere Jou. Die überwiegend barocke Kirche selbst wurde 1672 geweiht, nachdem der Vorgänger beim Bauernaufstand der Schnitter durch Kanonenkugeln zerstört worden war.

Plaça de l'Ajuntament 20

## 27.6 La Plaça de l'Ajuntament – Der Rathausplatz

Ein paar Schritte links an der Kirchenfassade vorbei kann man einen Blick auf den ruhigen und etwas versteckten **Rathausplatz** [6a] werfen. An seiner Stelle soll einst die Burg von Sitges gestanden haben. Unter den Palmen ehrt ein **Denkmal** den **Doctor Robert** [6b], dem wir schon in Barcelona begegnet sind. Als Sohn eines Auswanderers aus Sitges in Mexiko geboren, machte er als Arzt Karriere und regierte die Hauptstadt kurzzeitig als Bürgermeister.

## 27.7 El Baluard - Die Bastion

Zurück auf dem Kirchvorplatz fällt sofort die aufs Meer gerichtete Kanone auf, die auf der Festungsmauer lagert. Einst reihten sich hier sechs Geschütze auf; das einzig verbliebene ist eine beeindruckend echt wirkende Nachbildung. Im 16. und 17. Jahrhundert wurden Katalonien, Valencia und die Balearen immer wieder von plündernden Korsaren aus Nordafrika angegriffen, während die spanische Krone ihren Blick fast ausschließlich auf die Reichtümer der amerikanischen Kolonien richtete. Die Bewohner der kleinen Küstenorte mussten ihre Verteidigung überwiegend selbst in die Hand nehmen. Sitges baute eine kleine Fregatte, die Piraten durch Kanonenfeuer schon vor der Küste von einem Angriffsversuch abhalten sollte. Immer auslaufbereit lag sie just unterhalb der Kirche fest, weshalb dieser Bereich der Stadt bis heute »la fragata« genannt wird.

## 27.8 Palau de Maricel und Museu del Cau Ferrat

Ein paar Schritte an der Kirche vorbei warten mehrere monumentale, strahlend weiße und detailreich verzierte Paläste, verbunden durch eine Brücke wie aus Romeo und Julia. Ein Straßenschild weist den Ort als »Racó de la Calma« aus – den Winkel der Ruhe. Die nüchterne Wahrheit mag romantische Gefühle enttäuschen: Der Komplex ist ein Werk des frühen 20. Jahrhunderts, erbaut im Auftrag von Charles Deering, dem Erben eines amerikanischen Landmaschinenfabrikanten. Dennoch kann sich kaum jemand der gelungenen historisierenden Ästhetik entziehen. Die Eingangshalle des **Palau Maricel** [8a] linker Hand ist in andalusischem Stil weiß-blau gekachelt und arabisierend ornamentiert. Die Ausstellung im Inneren widmet sich mit Sitges verbundenen Künstlern des 19. und 20. Jahrhunderts. Gegenüber findet sich der Eingang zum **Museu del Cau Ferrat** [8b], das einen Rundumschlag katalanischer Kunst von der Romanik bis zur Gegenwart zeigt. Vor dem Palastkomplex zweigt linker Hand eine tunnelähnliche Gasse ab, der **Corraló de la Rectoría** [8c], mit sympathischem Humor auch als »5th Avenue« ausgezeichnet. Unter dem Vor-

27.6 Das Rathaus von Sitges

27.7 Kanone auf der Festungsmauer

27.8a Palau de Maricel

27.8 El Racó de la Calma

27.8c Corraló de la Rectoría
27.9 La Platja de Sant Sebastià
El Palco
La Oca

dach des Hauses am Ostende des kleinen Platzes steht ein **römischer Sarkophag** [8d], den archäologische Ausgrabungen in der Nähe ans Tageslicht beförderten.

Beide Mrz-Jun & Okt: Di-So 10-19 Uhr, Jul-Sept: Di-So 10-20 Uhr, Nov-Feb: Di-So 10-17 Uhr · Erw. je Museum 10 €, beide zusammen 13 €, Sen. & Stud. (unter 25 J.) 7 € / 9 €, unter 16 Jahren frei · museusdesitges.cat

## 27.9 La Platja de Sant Sebastià

Wenige Schritte weiter ist **die nächste Bucht** [9a] erreicht, die wieder von einer erhöht gelegenen Kapelle am östlichen Ende überschaut wird. Die **Kirche des Heiligen Sebastian** [9b] verleiht der Bucht ihren Namen. Der stellt zusammen mit der Austragung wichtiger Filmfestivals sofort die Verbindung zum baskischen Seebad San Sebastián her. Die beiden sehr unterschiedlich großen Städte haben sich gewissermaßen angefreundet. Den Anfang der Strandpromenade ziert darum ein Teil des charakterischen **Geländers** [9c] der Bucht des atlantischen Gegenparts, denn Geschenke erhalten die Freundschaft. Die Meeresfront zieren auch hier einige schöne historische Häuser.

Durch den **Carrer Barcelona** [9d] mit hübschen alten Fischerhäuschen führt der Weg zurück zum Bahnhof, es sei denn, man möchte den Tag an einem der Strände verbringen.

#BAR
### El Palco

Der Name »die Loge« ist Programm: Die winzige Bar an der Haupteinkaufsstraße hat Stühle und Tische auf der Terrasse so angeordnet, dass sie einem eindeutigen Zweck dienen: Das Treiben auf der Straße zu beobachten. Begleitet von einem Glas »vermut« und einem Teller der exzellenten »patates braves« ein unterhaltsamer Zeitvertreib.

Täglich 9-23 Uhr · Carrer de les Parellades 13 · elpalcositges.com

#RESTAURANT
### La Oca

»Die Gans« ist eine Institution in Sitges, obwohl Gans gar nicht auf dem Speiseplan steht. Bis 1969 reichen die Wurzeln des Familienbetriebs zurück, seit 1991 funktioniert das Restaurant unter seinem aktuellen Namen. Für 14,90 Euro wird das Tagesmenü aufgetragen, daneben kann man sein Mahl aus einer mehr als umfangreichen Karte auswählen.

Mo-Fr 13-0 Uhr, Sa 12.45-1 Uhr, So 12.45-0 Uhr · Carrer de les Parellades 41 · restaurantelaocasitges.com

28

Wochentags

40 km von BCN

Bizarre Felsformationen über dem Kloster Montserrat

#KULTUR #NATUR

## Ausflug

# Montserrat

**Die surrealistisch gerundeten Felsnadeln und senkrechten Wände des gerade mal neun Kilometer langen Gebirgszugs erinnern an Szenen aus einem Fantasyfilm. Obwohl nur maximal 1.100 Meter hoch, bieten sich sagenhafte Ausblicke über die umliegenden Täler und die Küste bis zu den weit ins Frühjahr schneebedeckten Pyrenäen.**

Bei außergewöhnlicher Fernsicht lässt sich das 200 Kilometer entfernte Mallorca in fast genau südlicher Richtung am Horizont ausmachen. Kein Wunder, dass sich ein reicher Schatz an Mythen und Legenden um das Gebirge rankt. Für die Katalanen gilt Montserrat als heiliger Berg und nationales Symbol. Tatsächlich ist Montserrat nach Maria der zweitmeist vergebene Mädchenname, über 80.000 Frauen werden in der Alltagssprache meist abgekürzt »Montse« genannt. Christoph Kolumbus benannte 1493 eine Karibikinsel nach dem »gesägten Berg«. Am Südhang des Gebirges thront in 700 Meter Höhe das Benediktinerkloster gleichen Namens. Im 11. Jahrhundert gegründet, wuchs es rasch zum religiösen Zentrum Kataloniens heran. Schon 1498 richtete es die erste Druckerei ein und gilt als einer der ältesten Verlage der Welt. Bislang wurden über dreitausend Schriften publiziert, naturgemäß überwiegend religiösen Inhalts. Aber auch vor Veröffentlichungen der feministischen und kapitalismuskritischen Nonne und Ärztin Teresa Forcades schreckte man nicht zurück. Gegenüber der Diktatur hielten die überraschend fortschrittlichen Klostervorsteher mit ihrer Opposition nicht hinter dem Berg. 1940 besuchte der Reichsführer-SS Heinrich Himmler das Kloster auf der Suche nach dem Heiligen Gral. Der Abt verweigerte eine persönliche Begrüßung.
Dem religiösen Kult des Montserrat liegt eine der vielen ähnlich gestrickten Madonnen-Legenden zugrunde: Im Jahr 880, kurz nach der Verdrängung der Mauren aus dem Tal des Llobregat, erblickte ein Schäfer am Berghang eine mysteriöse Leuchterscheinung. Der Bischof von Manresa entsandte eine Expedition, die an genau jener Stelle eine knapp einen Meter hohe Marienfigur entdeckte. Doch jeder Versuch des Abtransports zum Sitz der Diözese scheiterte, die Jungfrau verweigerte sich durch schieres Gewicht dem Weg aus der Höhle. Dem Bischof blieb keine andere Wahl, als den Bau

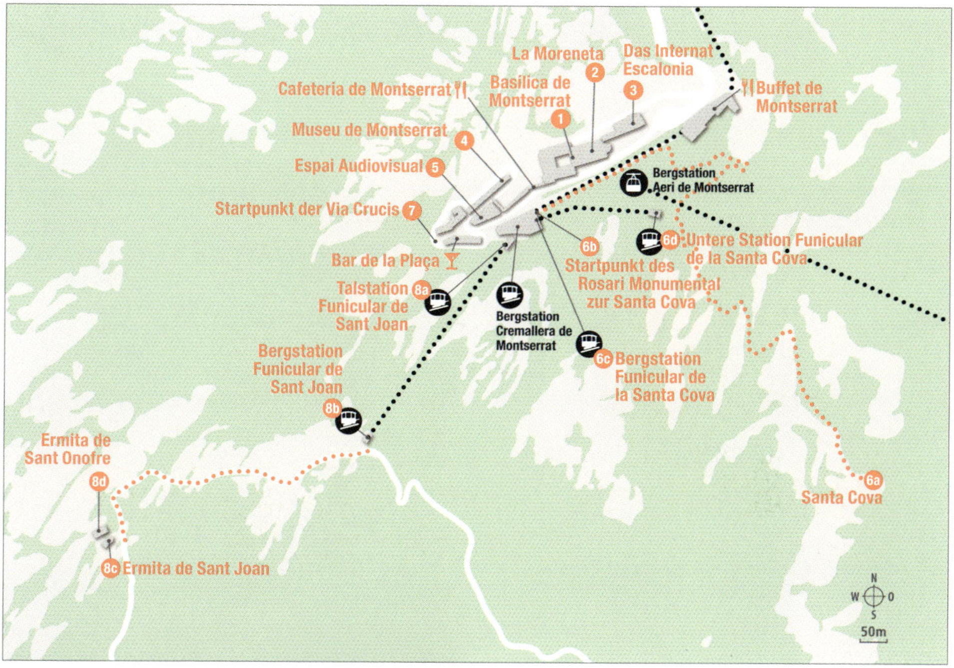

Im Kloster Montserrat

Der Montserrat von Sant Llorenc del Munt

einer Kapelle anzuordnen. Montserrat entwickelte sich schnell zum überregionalen Wallfahrtsort und einer wichtigen Station auf der Zubringerroute vom Mittelmeer zur Hauptroute des Jakobswegs. Ein eintägiger Ausflug verbindet in einzigartiger Weise Geschichte, Kultur und Natur. Nach Möglichkeit sollte man die Wochenenden vermeiden, wenn die Besuchermengen die Grenzen des Erträglichen erreichen. Da sich alle Anlaufpunkte auf engstem Raum konzentrieren, hat es wenig Sinn, eine präzise Route vorzuschlagen. Einen ganz persönlich Tipp habe ich aber: Wenn man am frühen Vormittag als Erstes mit der Zahnradbahn nach Sant Joan auffährt, ist man noch weitestgehend einsam auf dem Bergkamm, und die Fernsicht ist am Morgen im Allgemeinen besser.

## Die Anreise

Der einfachste Weg, den Tagesausflug zu organisieren ist mit dem Ticket »Tot Montserrat«, das man am Vortag an Barcelonas Touristeninformationen erwerben kann. Ein Kauf über das Internet ist zwar auch möglich, das Ticket muss aber trotzdem persönlich im zentralen Informationsbüro an der Plaça Catalunya oder am Fahrkartenschalter der Plaça Espanya abgeholt werden. Abfahrt ist stündlich zwischen 8.26 und 13.26 Uhr

28.1 Die Basilika

an dem mit »FGC« beschilderten Bahnsteig der Plaça Espanya.

Zum Preis von 52,90 Euro pro Person beinhaltet das Ticket die Anreise mit der Regionalbahn von der Plaça Espanya nach Monistrol de Montserrat und die Auffahrt mit der Zahnradbahn zum Klosterkomplex. Darüber hinaus berechtigt es zu freiem Eintritt ins Museum und der audiovisuellen Präsentation »Montserrat von Innen«. Ein Mittagessen am Buffet oder in der Cafeteria ist ebenfalls eingeschlossen. Schließlich erlaubt es noch die Hin- und Rückfahrt mit der Zahnradbahn »Funicular de Sant Joan« auf den nahegelegenen Gebirgskamm. Die Fernsicht und die umgebende Bergwelt in tausend Metern über dem nahe gelegenen Meeresspiegel sind überwältigend. Summiert man die einzelnen Posten, kommt ein selbstorganisierter Ausflug nicht deutlich preiswerter. Auch wenn der Montserrat kein Hochgebirge ist, sollte man darauf vorbereitet sein, dass die Temperaturen üblicherweise um die zehn Grad niedriger als in Barcelona liegen. Plötzliche Wetterumschwünge sind häufig. Ein Blick auf die Wettervorhersage ist bei der Planung des Ausflugs unbedingt angeraten, denn Berglandschaft und Panoramablicke bleiben die spektakulärste

28.1 Die Basilika

Kloster Montserrat

Kloster Montserrat

Attraktion des Montserrat. Man sollte möglichst früh am Morgen in Barcelona aufzubrechen. Die Anreise nimmt einige Zeit in Anspruch und es gibt einiges zu entdecken.

## 28.1 Die Basilika

Obwohl im 16. Jahrhundert als einschiffige Kirche erbaut, charakterisieren die Basilika noch eindeutig gotische Strukturen. Einige Details zeigen aber bereits die Einflüsse der Renaissance. Mit 70 Metern Länge erscheint sie für eine abgelegene Klosterkirche ausgesprochen voluminös. Das nur knapp 60 Zentimeter hohe Kruzifix aus Elfenbein hinter dem Altar wird von Kunsthistorikern Michelangelo zugeschrieben, was allerdings nicht dokumentarisch belegt ist. Pilger und Besucher können mehrmals täglich verschiedenen Liturgien beiwohnen. Für die tägliche Messe um 11.00 Uhr, an der auch die Mönche teilnehmen, ist bei großem Andrang eine Reservierung notwendig.

Täglich 7–20 Uhr · Frei · abadiamontserrat.cat

## 28.2 La Moreneta

Die wegen ihres dunklen Gesichts liebevoll »Moreneta« – die kleine Mohrin – genannte Madonnenstatue in der Apsis der Basilika ist nicht nur

Schutzpatronin Kataloniens, sondern auch des FC Barcelona. Mindestens einmal im Jahr pilgern Spieler und Funktionäre zu ihr auf den Berg. Den Spielertunnel des Camp Nou ziert eine kleine Kapelle mit einer Nachbildung. Zehntausende statten der Jungfrau jährlich einen Besuch ab, um Hilfe für die kleinen und großen Probleme des Alltags zu erbeten. Legenden beiseite, das romanische Kunstwerk entstand um die Wende zum 13. Jahrhundert. Eine wissenschaftliche Studie ergab, dass ihr Gesicht drei Farbschichten trägt. Die unterste Originalschicht war tatsächlich weiß, doch im Lauf der Zeit verdunkelte sich die Farbe des Holzes. Eine Restauration im 15. Jahrhundert benutzte direkt einen dunklen Teint, denn die Figur war bereits als »Moreneta« bekannt. Während der Besetzung durch napoleonische Truppen wurde das Jesuskind 1811 von französischen Soldaten gestohlen. Das Original bleibt bis heute verschwunden, es wurde im Lauf des 19. Jahrhunderts durch eine Nachbildung ersetzt. Die Gesichtszüge entsprechen der Darstellungsform des Barock.

Täglich 8–10.30 & 12–18.25 Uhr

## 28.3 Escolania

Das Kloster betreibt seit dem 13. Jahrhundert einen Knabenchor, der als älteste existierende Musikschule der Welt gilt. Die derzeit 48 Mitglieder leben und lernen im hauseigenen Internat. Der Chor hat zahllose Tonträger aufgenommen und ist in der halben Welt aufgetreten. Im Lauf der Geschichte brachte er etliche bedeutende Musiker und Komponisten hervor. Einem kurzen Auftritt kann man normalerweise zweimal täglich in der Basilika beiwohnen. Das Repertoire besteht aus hauseigenen Kompositionen und Werken der Renaissance. Für den mittäglichen Auftritt ist wochentags eine Reservierung über die Webseite notwendig, ebenso für die Sonntagsmesse. Von Mitte Juli bis Mitte August und von Weihnachten bis zum Dreikönigstag gehen die Sänger in den Urlaub. Ein aktualisierter Kalender findet sich unter escolania.cat/en/cuando-cantamos.

Meist Mo–Fr 13 Uhr, Mo–Do 18.45 Uhr, So 12 & 18.45 Uhr
Frei escolania.cat

## 28.4 Museu Montserrat – Das Kunstmuseum

Die umfangreiche Kunstsammlung des Klosters umfasst Werke von der Antike bis zur Moderne. Beginnend mit Objekten aus Mesopotamien und Ägypten schlägt sich ein Bogen bis zu Malerei von Salvador Dalí. Der Schwerpunkt liegt natürlich auf religiöser Kunst des Mittelalters und der Neuzeit. Das Gebäude entwarf der Architekt Josep Puig i Cadafalch, dem wir in Barcelona des Öfteren begegnet sind.

28.3 Der Knabenchor Escolania

28.4 Bizarre Felsformationen über dem Museu de Montserrat

Mo–So 10–17.45 Uhr Erw. 8 €, Sen. & Stud. 6,50 €, Kinder (8–16 J.) 4 €, Audioguide auf Deutsch 2,20 €
museudemontserrat.com

## 28.5 Espai Audiovisual – Das multimediale Klostermuseum

Auch die katholische Kirche macht sich moderne Kommunikationsmethoden zunutze, um ihre Botschaften zu überbringen. Das multimediale Museum erläutert die Geschichte von Berg und Kloster und gibt Einblick in den nicht-öffentlichen Alltag der Mönche. Der Eintritt ist beim Besitz des Tickets »Tot Montserrat« kostenlos.

Mo–Fr 9–18, Sa & So 9–18.45 Uhr Erw. 5,50 €, Sen. & Stud. 4 €, Kinder (8–16 J.) 3 €

## 28.6 Rosari Monumental und Santa Cova

Die **»Heilige Grotte«** [6a], wo 880 die Madonna gefunden worden sein soll, liegt an einem ursprünglich schwer zugänglichen Berghang 115 Höhenmeter unterhalb des Klosters. Um die Wende zum 18. Jahrhundert wurde ein bequem begehbarer Fußweg in den Fels gehauen. Zur gleichen Zeit wurde die Höhle mit einer Kapelle überbaut, die 1811

28.8 Felswände des heiligen Berges bei der Auffahrt nach Sant Joan

von französischen Truppen zerstört und später in neoromanischem Stil wieder errichtet wurde. Im Inneren findet sich eine Nachbildung der Madonnenstatue. Den knapp 30-minütigen **Fußweg** [6b] begleiten religiöse Plastiken, die zwischen 1896 und 1916 entstanden und die 15 Geheimnisse der drei Rosenkränze repräsentieren. Von verschiedenen Künstlern geschaffen, zeigen sie unterschiedliche persönliche Gestaltungen, gehören aber im weitesten Sinne zum katalanischen Modernisme. Die dritte und die zehnte Skulptur sind ein Gemeinschaftswerk von Antoni Gaudí und Josep Puig i Cadafalch, die elfte stammt von Josep Llimona. Wer sich einen Teil des Ab- oder des steilen Wiederaufstiegs sparen will, kann den **Funicular Santa Cova** [6c] besteigen. Die Strecke bis zur **unteren Station** [6d] ist zwar kurz, erspart aber die Überwindung des Höhenunterschieds. Die einfache Fahrt kostet 3,50 Euro, Hin- und Rückweg 5,50 Euro.

Mo-Fr 10.30-15.30 Uhr, am Wochenende bis 16.30 Uhr

## 28.7 Via Crucis

Der kürzeste Wanderweg in der Umgebung des Klosters ist zugleich der meist frequentierte. Den ab 1904 ausgebauten »Kreuzweg« säumen die 14 Stationen des Weges zur Kreuzigung, die mit religiösen Skulpturen dargestellt werden. Im Bürgerkrieg wurden die Originale von Anarchisten zerstört, denn die katholische Kirche wurde als Teil des Unterdrückungsapparats empfunden. Das auch heute noch ständig wiederholte Klischee vom »katholischen Spanien« ignoriert, dass wahrscheinlich in keinem anderen Land Westeuropas antireligiöse Gefühle so tief verwurzelt sind. In diesem Sinne bleibt das Land bis heute in zwei ähnlich große Hälften gespalten. In etwa 15 Minuten ist die halbe Runde abgewandert, dabei sind vierzig Höhenmeter zu ersteigen.

## 28.8 Sant Joan

Die Auffahrt mit der **Standseilbahn** [8a] ist unbedingt empfehlenswert. Egal, in welche Richtung man sich entfernt, überall wartet die einzigartige Bergwelt mit grandiosen Blicken auf die Felsnadeln und hinab in die Täler. Nach Westen führt ein gut ausgebauter Fußweg von der **Bergstation** [8b] in 15 Minuten 100 Höhenmeter hinauf zur **Kapelle Sant Joan** [8c]. Ursprünglich war sie unter einen Felsüberhang gebaut, doch auch sie fiel der französischen Invasion zum Opfer. Traditionell lebte dort der Abt des Klosters. Der Neubau entstand einige Meter entfernt an exponierter Stelle im 19. Jahrhundert. Nur wenige Meter höher klebt gut sichtbar die **Kapelle Sant Onofre** [8d] am Fels, die tatsächlich von einem natürlichen Felsüberhang profitiert. Die Wege sind ab der Bergstation der Bahn perfekt beschildert.

#CAFÉ
### Bar de la Plaça

Wenige Schritte oberhalb des Klosters findet sich ein Platz mit einer Polizeistation und einem kleinen Laden. Die schmucklose Bar bietet die üblichen, auch alkoholischen Getränke, einfache Snacks und belegte Brote.

Mo-Fr 8.45-16 Uhr, Sa 9-21 Uhr, So 9-18.45 Uhr

#RESTAURANT
### Buffet de Montserrat & La Cafeteria

Das im Komplettpreis des »Tot Montserrat« enthaltene Buffet öffnet nur am Wochenende. Ansonsten weicht man auf La Cafeteria aus, die verschiedene klassische Gerichte bietet. Insgesamt ist das gastronomische Angebot am Kloster von höchstens mittelmäßiger Qualität. Das Buffet findet man rechter Hand, wenn man die Hauptstraße zum Parkplatz zurückwandert, die Cafeteria liegt direkt gegenüber der Bergstation der Zahnradbahn »Cremallera de Montserrat«.

Buffet: Sa & So 12.15-16 Uhr, Cafeteria: Mo-Fr 10-17.45 Uhr, Sa & So 8.45-18.45 Uhr

Die Altstadt Tarragonas

#GESCHICHTE #STRAND

## Ausflug

# Tarragona

**In den verschwommenen Erinnerungen an den Geschichtsunterricht kommen einem die Punischen Kriege bekannt vor. Der Karthager Hannibal marschierte mit seinen Elefanten die Iberische Halbinsel hinauf nach Rom. Die Römer errichteten ein kleines Heerlager, das den Vormarsch zwar nicht aufhalten konnte, aber bald zu einer ansehnlichen Stadt heranwuchs. Kaiser Augustus verlegte später seinen Wohnsitz zeitweise nach »Tarracó«, um die Kolonisierung der gesamten Halbinsel zu lenken. Nicht ohne Stolz interpretieren manche, Tarragona sei somit zeitweilig die Hauptstadt des Römischen Imperiums gewesen.**

Tatsache ist, Tarragona wuchs zur Kapitale der Provinz Hispania Citerior, die zwei Drittel der Iberischen Halbinsel verwaltete. Bedeutung und Prosperität der römischen Provinzhauptstadt sind im Stadtzentrum bis heute allenthalben zu entdecken. Antike Mauern bilden noch immer die Fundamente mittelalterlicher Gebäude. Das Amphitheater über dem Mittelmeer fasste einst 14.000 Zuschauer. Das entsprach in etwa der Kapazität des Fußballstadions des Clubs »Gimnàstic de Tarragona«, der auch schon mal in der Primera Divisió kickte, sich aber gegenwärtig in der Dritten Liga verdingt, die in Spanien schamvoll »2. Liga B« genannt wird.
Mit dem Römischen Imperium ging es auch für Tarragona bergab, erst die Industrielle Revolution und der Tourismus ließen es wieder zu einer Größe von heute 135.000 Einwohnern anschwellen. Südlich der Stadt ballt sich die Chemieindustrie und im Hafen wird ein Drittel des katalanischen Fischfangs angelandet. Wer etwas tiefer in die Tasche greifen will, findet im Hafenviertel »El Serrallo« eine Ballung erstklassiger Fischrestaurants. Für den Besuch der Gesamtheit der Museen und archäologischen Stätten bietet sich die günstige Sammelkarte zum Preis von 7,40 Euro oder ermäßigt zu 3,65 Euro an.

### Die Anreise

Der Hochgeschwindigkeitszug AVE rast in nur 35 Minuten vom Bahnhof Sants nach Tarragona, doch die neue Station »Camp de Tarragona« liegt gut zehn Kilometer vor den Toren der Stadt. Die

A7
Av. Principat d'Andorra
Catedral de Tarragona 8
6c Ausgang Passeig Arqueològic
Eingang Passeig Arqueològic 6b
Stadttor Portal del Roser 6a
Rambla Nova
Das Modell der 5
römischen Stadt
Carrer de la Nau
7
Plaça del Fòrum
Baixada de la Beneficència
Via Augusta
Platja de la Rabassada
9b
Rambla Nova 1b
Rambla Vella
4a El Museu Arqueològic
Pretori i 3
Circ Romà
Les Granotes
El 5 Sentits
Carrer de Lleida
1c
Oficina
Municipal
de Turisme
El Balcó del 1a
Mediterrani
9a Platja del
Miracle
Passeig Marítim Rafael Casanova
2
Amfiteatre
de Tarragona
Bahnhof Tarragona
9c
Hafenviertel
El Serrallo
4b
Tinglado 4
Moll de la Costa
N
W O
S
50m

Orangen gehoren zu Tarragonas Stadtbild

In der Altstadt

Zeitersparnis gegenüber Regionalzügen verliert man fast wieder mit der Weiterreise im Taxi oder Stadtbus. Hin und zurück kostet die Tour je nach Tageszeit insgesamt zwischen 40 und 70 Euro. Abfahrtszeiten und Tarife sucht man unter www.renfe.com.

Es bleiben zwei Alternativen: Mit dem Regionalexpress der spanischen Eisenbahngesellschaft Renfe kann die Reise bis zu 90 Minuten dauern. Die Fahrkarte kostet zusammengenommen um die 16 Euro. Die meisten der Züge sind nicht über das Internet reservierbar, das Ticket bekommt man am Schalter des Hauptbahnhofs Sants. Züge verkehren alle 30 bis 45 Minuten.

Die Regionalbahnen der Generalitat R14, R15, R16, R17 kann man an der Estació de França, am Passeig de Gràcia und in Sants besteigen. Um sich einen Sitzplatz zu sichern, bietet Erstere die größten Chancen, denn die Bahnen werden überwiegend von Pendlern genutzt und sind oft entsprechend voll. Morgens verkehren sie im Halbstundentakt, am späteren Vormittag dünnt das Angebot aus. Die genauen Abfahrtszeiten erfährt man unter rodaliesdecatalunya.cat. Man kann mit einem Tarif von 7 bis 8 Euro pro Strecke und knapp eineinhalb Stunden Fahrtzeit rechnen. Dafür kommt man in Tarragona direkt am

Hafen unterhalb der Altstadt an. Die Rückreise funktioniert genauso, nur umgekehrt.

## 29.1 El Balcó del Mediterrani

Dreiundzwanzig Meter über dem Meeresspiegel lockt die **Aussichtsterrasse** [1a] mit großartigen Blicken über Mittelmeer und Hafen. Die Felsklippe ist nicht natürlichen Ursprungs, sondern die Abbruchkante eines römischen Steinbruchs. Am östlichen Ende blickt man hinab ins Amphitheater, dem Wahrzeichen der Stadt. Gleich dahinter beginnt die **Rambla Nova** [1b], die wichtigste Verkehrsachse und Haupteinkaufsstraße Tarragonas. Im Fall des Falles findet sich 400 Meter die Rambla hinab die städtische **Touristeninformation** [1c].

## 29.2 Das Amphitheater

Die Ruine des Freilufttheaters ist der Star des römischen Erbes in Tarragona. In privilegierter Lage direkt am Meer erfreuten sich hier bis zu 14.000 Zuschauer an Gladiatorenkämpfen und öffentlichen Hinrichtungen. Unter den Unglücklichen war auch Sankt Fructuosus, der erste namentlich bekannte Bischof der Stadt. Im Rahmen der Christenverfolgungen und Kaiser Valerian

Römische Traditionen in der Osterwoche

29.1 El Balcó del Mediterrani

29.2 Das Amphitheater
29.3 La Torre del Pretori
29.3 Die Altstadt Tarragonas vom Pretori
29.5 Das Modell des romischen Tarraco

wurde er im Jahr 259 unserer Zeitrechnung dem Feuertod übergeben.
Apr-Sept: Di-Fr 9-20.30 Uhr, Sa 10-21 Uhr, So 10-15 Uhr, Winter: Di-Fr 9-18.30 Uhr, Sa 9.30-18.30 Uhr, So 9.30-14.30 Uhr
Erw. 3,30 €, Sen. u. Stud. 1,70 €, Kinder (unter 16 J.) frei

## 29.3 Pretori i Circ Romà

Nur ein Teil des römischen »Zirkus«, der Rennstrecke für Wagen und Gespanne mit Zuschauertribünen, ist erhalten, der Rest wurde im Mittelalter überbaut. Bis ins fünfte Jahrhundert sollen auf 325 Meter langen und 115 Meter breiten Oval Rennveranstaltungen stattgefunden haben. Zum Komplex unterirdischer Tunnel gehört auch der »Pretori« genannte Turm, dessen Treppen die höher gelegene Stadt mit Zirkus verbanden. Im siebten Jahrhundert wurde er zum Königspalast verwandelt und diente später auch als Gefängnis. Vom Dach genießt man einen schönen Blick über die Altstadt.
Apr-Sept: Di-Fr 9.30-21 Uhr, Sa 10-21 Uhr, So 10-15 Uhr, Winter: Di-Fr 9-20 Uhr, Sa 9.30-20 Uhr, So 9.30-14.30 Uhr
Erw. 3,30 €, Sen. u. Stud. 1,70 €, Kinder (unter 16 J.) frei

## 29.4 El Museu Arqueològic

Die Wiedereröffnung des **Museums der Antike** [4a] nach umfassender Renovierung und über zweijähriger Verzögerung ist für die Jahresmitte 2023 angekündigt. In chronologischer Ordnung werden Stadtentwicklung, Architektur und das soziale und wirtschaftliche Leben der römischen Epoche erläutert. Während der Schließung kann ein Teil der Sammlung im Hafenschuppen **Tinglado 4** [4b] im Carrer Moll de la Costa 4 bewundert werden.
Jun-Sept: Di-Sa 9.30-20.30 Uhr, So 10-14 Uhr, Winter: Di-Sa 9.30-14 & 15-18 Uhr, So 10-14 Uhr Erw. 4 €, Sen. & Stud. 2 €, Kinder (unter 16 J.) frei Plaça del Rei 5
mnat.cat

## 29.5 La Maqueta de Tàrraco – Das Modell der römischen Stadt

Eine perfekte Vorstellung vom Aussehen des antiken Tarracó bietet das detailreiche und unbedingt sehenswerte Modell im ehemaligen Provinzgericht »Antiga Audiència«. Im Maßstab 1:500 zeigt die 18 Quadratmeter große Nachbildung die Stadt im dritten Jahrhundert, dem Moment maximaler Blüte. Die repräsentativen Gebäude wie Tempel, Forum und Zirkus konzentrierten sich auf der höchsten Erhebung. Eine 3,5 Kilometer lange Mauer schützte die Stadt zu den Landseiten.
Apr-Sept: Mo 9-15 Uhr, Di-Fr 9-21 Uhr, Sa & So 10-15 Uhr, sonst: Mo 9-15 Uhr, Di-Fr 9-20 Uhr, Sa & So 9.30-14.30 Uhr
Frei Plaça del Pallol 3

## 29.6 Passeig Arqueològic – Die Stadtmauer

Das erste große Bauprojekt der Römer nach der Errichtung des Heerlagers musste eine Verteidigungsmauer sein. Als sich die Iberervölker zum ersten Mal gegen die römische Herrschaft auflehnten, erschienen vier Meter Wanddurchmesser und sechs Meter Höhe nicht mehr genug und der Schutzwall wurde bis auf zwölf Meter aufgestockt. Nur wenige Schritte vom Stadtmodell entfernt, kann man die mächtige Stadtmauer durch das **Portal del Roser** [6a] durchschreiten und von der anderen Seite in ihrer ganzen Mächtigkeit bewundern. Den erhaltenen Teil von gut einem Kilometer Länge kann sich man auf dem **Passeig Arqueològic** [6b] erlaufen. Schautafeln erläutern historische Zusammenhänge. Das **östliche Ende** [6c] befindet sich in gut 600 Meter Entfernung.

Apr–Sept: Di–Fr 9.30–21 Uhr, Sa 10–21 Uhr, So 10–15 Uhr, sonst: Di–Fr 9–18.30 Uhr, Sa 9.30–18.30 Uhr, So 9.30–14.30 Uhr

Erw. 3,30 €, Sen. u. Stud. 1,70 €, Kinder (unter 16 J.) frei

Via de l'Imperi Romà 13B

## 29.7 El Fòrum Provincial – Das Provinzforum

Der einst 320 mal 175 Meter messende monumentale Platz bildete in römischer Zeit das Zentrum der Macht und des sozialen Lebens. Im Mittelalter wurde er überbaut, sodass sich die Originalfläche über etliche Straßen erstreckt. Hier und da sind einige römische Mauerreste erhalten. Eine Vorstellung von der einstigen Struktur kann man sich nur schwer machen, auch wenn der Verlauf der äußeren Begrenzung durch hellere Gehwegplatten markiert ist. Dafür entschädigt die entspannte Atmosphäre der Straßencafés auf der Plaça del Forum.

## 29.8 La Catedral de Tarragona

Auf dem höchsten Punkt der Innenstadt und just an der Stelle, wo einst der Tempel des Kaisers Augustus gestanden hatte, entstand ab 1171 die gotische Kathedrale. Tarragona war im Mittelalter zwar klein und unbedeutend, doch hier hatte die christliche Religion auf katalanischem Boden zuerst Fuß gefasst, und die Stadt war der erste Bischofssitz gewesen. Nach der Vertreibung der Araber im gleichen Jahrhundert knüpfte man also an alte Traditionen an. Die erste Kathedrale Kataloniens wurde der Heiligen Thekla von Ikonium gewidmet, die einst Tarragona zusammen mit dem Apostel Paulus besucht haben soll. Zwei Arme der Stadtpatronin werden in der Kirche als Reliquien aufbewahrt. Während der Napoleonischen Kriege verschwand einer spurlos und tauchte erst 1995 beim Bau eines Einkaufszent-

29.6 Die Stadtmauer

29.7 Die Plaça del Fòrum

29.7 Römische Mauerreste an der Plaça del Fòrum Tarragonas

29.8 La Catedral de Tarragona

29.9a La Platja del Miracle

Tarragona ist eine Hochburg der Menschentürme »castells«

Gambas aus Tarragona

rums wieder auf. Leider kann man die großartige Aussicht vom Glockenturm nur im Rahmen einer rechtzeitig verabredeten Führung genießen (Erw. 15 €, Sen. & Kinder (von bis 16 J.) 10 €).

Die Öffnungszeiten sind variabel, meist Mo-Sa 10-14 & 15-18 Uhr · Erw. 5 €, Sen. & Stud. 4 €, Kinder (7-16 J.) 3 € · Pla de la Seu s/n · catedraldetarragona.com

## 29.9 Die Strände

Die Costa Daurada – die Goldene Küste – ist einer der Touristenmagnete Spaniens, obwohl sie landschaftlich deutlich hinter der Schönheit der nördlichen Costa Brava zurückbleibt. Der Strand **Platja del Miracle** [9a] direkt vor der Altstadt ist zwar feinsandig, aber relativ schmal und urban geprägt. Schöner ist die palmenbestandene **Platja Rabassada** [9b] etwa 1,3 Kilometer nördlich. Vom Nordende der Platja del Miracle nimmt man den Fußweg, steigt links die breite Treppe hinauf und spaziert linker Hand an der Gebäuderuine vorbei. Dann durchquert man den kleinen Park grob nach halb rechts und trifft nach hundert Metern auf die Steilküste. Von hier ab heißt es, dem unebenen Fußweg der Abbruchkante bis zum Ende zu folgen.

Wem die Wanderung nicht zusagt, kann dem Strand oder der Promenade nach Westen folgen, die Bahntrasse auf der Fußgängerbrücke queren und zurück zum Bahnhof schlendern. Das **Hafenviertel El Serrallo** [9c] findet sich gut einen Kilometer westlich des Bahnhofs.

#BAR
### Les Granotes

Die Cocktails, Tapas, Salate und Hamburger sind ein kleines bisschen teurer als anderswo, aber die Aussicht von der Terrasse auf Meer und Amphitheater bietet kein anderes Etablissement.

Mi-Mo 12-0 Uhr, Fr & Sa bis 2 Uhr · Via William J. Bryant 2 · lesgranotes.es

#RESTAURANT
### El5 Sentits

Die Schreibweise der »fünf Sinne« ist kein Druckfehler, sondern ein Marketing-Gag. Den braucht es bei einem ordentlichen Mittagsmenü für wochentags 14 Euro mit etlichen Fischgerichten zur Auswahl vielleicht gar nicht. Eine weniger bekannte Variante der Paella ist die Fideua, bei der Reis durch feine Nudeln ersetzt wird. Mit Meeresfrüchten belegt kombiniert sie hervorragend mit der Knoblauchmayonnaise Allioli.

Di-Sa 11-23 Uhr, So 12-17 Uhr · Carrer de Lleida 8 · restaurantels5sentits.com

30

Täglich

90 km von BCN

Panoramablick von der Stadtmauer über Girona

#GESCHICHTE #JUDENTUM

Ausflug

# Girona

**Die fast vollständig verkehrsbefreite mittelalterliche Altstadt Gironas gilt als Juwel und hat der Stadt den Beinamen des »katalanischen Florenz« eingebracht.**

Die engen Gassen oder die harmonische Plaça de la Independència werden immer wieder als Bühne für Film- und Werbeproduktionen genutzt, ob für Sportwagen, After Shave, *Das Parfüm* oder *Game of Thrones.* Ähnlich wie Sitges gilt auch Girona als Erfolgsmodell, dem viele spanische Mittelstädte nachzueifern versuchen. Bei Umfragen zu Lebensqualität und Zufriedenheit der Bevölkerung belegt die Stadt immer einen der Spitzenplätze. Eine große Universität, die diversifizierte Industrie und der Tourismus bieten reichlich Arbeitsplätze, was im spanischen Kontext eher ungewöhnlich ist. So hat Girona 2018 erstmals die Marke von 100.000 Einwohnern übersprungen. Die Einwohnerschaft kann einen gewissen Stolz auf ihre Heimat nicht verbergen und es scheint ein treffender Zufall, dass ausgerechnet der Heilige Sankt Narzissus als Patron der Stadt fungiert. Diesem robusten Selbstwertgefühl dürfte auch die Tatsache entspringen, dass Girona wie die gleichnamige Provinz als Hort des katalanischen Separatismus gelten. Von 2011 bis 2016 lenkte kein anderer als der spätere Präsident der Generalitat Carles Puigdemont die Geschicke der Gemeinde. Den Erfolgsweg jedoch hatte der Sozialdemokrat Joaquim Nadal eingeschlagen: In 23 Amtsjahren verwandelte er die verfallene und schummrige Altstadt in das heutige Freilichtmuseum. Seine Vision trieb er zielstrebig, aber auch mit harter Hand voran.

Genau wie Tarragona liegen Gironas Ursprünge in einem römischen Feldlager, das der Feldherr Pompeius Magnus im Jahr 77 vor unserer Zeitrechnung unter dem Namen »Gerunda« errichtete. In krassem Gegensatz zu Tarragona erlebte Girona im Mittelalter aber eine wirtschaftliche und kulturelle Blüte, zu der der jüdische Bevölkerungsanteil keinen geringen Beitrag leistete. Der Einfall der Pest zerstörte das harmonische Zusammenleben der Religionen. Angeheizt von

christlichen Hasspredigern nahm die Diskriminierung zunehmend erschreckende Ausmaße an, bis 1391 ein Mob über das Judenviertel herfiel. Die Überlebenden verließen die Stadt.

Den intoleranten Fanatismus auf die Spitze trieb der in Girona geborene Großinquisitor von Katalonien-Aragón, Nicolau Eimeric, der im Stile des deutschen Hexenhammers das Handbuch der Spanischen Inquisition verfasste, präzise Anleitungen zu Foltermethoden inklusive. Es klingt so absurd wie unglaublich, aber noch 2018 führte der Bischof einen Exorzisten in sein Amt ein, angeblich auf direkte Weisung des Vatikans. Tatsächlich aber blickt Girona trotz der kirchlichen Omnipräsenz im Stadtbild auf eine ausgesprochen säkulare Traditon zurück. Seit der Industrialisierung ist ein republikanisches und tolerantes Weltbild zutiefst im Geist der Einwohnerschaft verwurzelt.

Girona liegt am Punkt des Zusammentreffens dreier kleiner Flüsse, was etwas zusätzliche Romantik verleiht. Die üblicherweise hohe Luftfeuchtigkeit macht die Sommerhitze drückender und senkt die gefühlten Temperaturen im Winter. Meist kann man eine ähnliche Wetterlage wie in Barcelona erwarten, aber mit ausgeprägterer Tendenz. Ein rechtzeitiger Blick auf die lokale Vorhersage kann niemals schaden.

## Die Anreise

Um bei einem Tagesausflug nicht übermäßig viel Zeit zu verlieren, ist man fast gezwungen, auf den Hochgeschwindigkeitszug AVE zurückzugreifen. Der legt die rund hundert Kilometer in rekordverdächtigen 38 Minuten zurück. Standardtickets sind mit etwa 50 Euro für die kombinierte Hin- und Rückreise allerdings teuer. Wie die Fluggesellschaften versucht die spanische Eisenbahngesellschaft, ihre Bahnen möglichst zu füllen. In den letzten Tagen vor dem angepeilten Datum sind fast immer preiswertere Angebote zu finden, nicht selten zum halben Fahrpreis oder weniger. Unter der Marke »Avant« werden Züge gleicher Geschwindigkeit, aber quasi als Low-Cost-Alternative vermarktet. In jedem Fall ist vorherige Reservierung unumgänglich, denn es herrscht wie im Flugzeug Sitzplatzpflicht. Zu den Stoßzeiten benutzen Berufspendler die Strecke und viele Bahnen sind bis auf den letzten Platz gefüllt. Der Fahrscheinkauf erfolgt über die Webseite der Betreibergesellschaft renfe.com. Abfahrt ist etwa stündlich von Barcelonas Hauptbahnhof Sants. Dort fällt die Orientierung nicht immer leicht, außerdem muss eine Sicherheitskontrolle durchlaufen werden. Man sollte also mit einer gewissen Zeitmarge eintreffen.

30.2 Die Häuser am Riu Onyar

Preiswerter kommen die mit »MD« für mittlere Distanz bezeichneten Züge, die im Schnitt 70 Minuten brauchen und mit rund 22 Euro für die Summe aus Hin- und Rückfahrt zu Buche schlagen. Die Tickets müssen am Schalter erstanden werden. Dafür kann man aber außer in Sants auch am Passeig de Gràcia oder an der Station El Clot-Aragó einsteigen. Über die Abfahrtszeiten informiert die gleiche Webseite.
Schließlich bleiben noch die Regionalzüge, die scheinbar in jedem Dorf halten. Sie können bis zu 130 Minuten unterwegs sein. Der Standardpreis liegt bei 16,80 Euro. Für einen Tagesausflug sind sie zweifellos wenig praktikabel.
Der Bahnhof Girona findet sich etwa einen Kilometer vom mittelalterlichen Zentrum in der zugegebenermaßen wenig ansehnlichen Neustadt.

## 30.1 La Rambla de la Llibertat

In Girona ist die **Rambla** [1a] vom Zustrom der Besucher noch nicht vollständig als soziales Zentrum abgelöst worden. Besonders an Samstagen trifft sich die Einwohnerschaft zum Flanieren mit Kinderwagen und labt sich vor dem Mittagsmahl auf einer der vielen Kaffeeterrassen an einem »vermut«. Der kurze Boulevard wurde gegen Ende des 19. Jahrhunderts durch den Abriss etlicher Gebäude geschaffen, um ein wenig Raum und Licht in die dicht gedrängte Altstadt zu bringen. Die Bebauung zeigt eine bunte Mischung historischer Stile. Schon im Mittelalter wurden die schönen Arkaden errichtet, gegenüber entdeckt man einige Barockfassaden aus dem 18. Jahrhundert.
Die **Touristeninformation** [1b] findet sich am Anfang der Flaniermeile direkt am Ufer des Riu Onyar.

Mo–Fr 9–19 Uhr, Sa 9–14 & 15–19 Uhr, So 9–14 Uhr
Rambla de la Llibertat 1 girona.cat

## 30.2 El Pont de les Peixateries Velles

Das populärste Fotomotiv Gironas sind die bunten Häuser, die das Ufer des Riu Onyar säumen. Das mediterrane Lebensfreude versprühende Farbenspiel der Fassaden ist allerdings kein Zufallsprodukt, sondern wurde 1982 von einem einheimischen Künstlerteam zur Stadtverschönerung kreiert. Alt- und Neustadt verbinden in kurzem Abstand fünf Fußgängerbrücken. Die zweite, gegenüber der letzten Arkade der Rambla durch einen unscheinbaren Torbogen zu erreichen, ist die **Brücke der alten Fischhändler**

30.2a El Pont de les Peixateries Velles

30.3 Ein Kuss auf das Hinterteil der Löwin

30.4 Els Banys Àrabs – Die arabischen Bäder

[2a]. Sie wurde zehn Jahre vor dem Pariser Wahrzeichen von der Firma Gustave Eiffels erbaut, allerdings lieferte der berühmte Ingenieur nicht selbst den Entwurf, sondern ein einheimischer Architekt. Die Eisenkonstruktion bietet – genau wie die anderen Brücken – schöne Blicke auf die Fassaden am Flußufer.

Der Verlauf der Rambla verengt sich und setzt sich nach einem Knick im schmalen **Carrer de les Ballesteries** [2b] fort. Kaum vorstellbar, dass dieser herausgeputzte Straßenzug bis in die 1990er Jahre eine der heruntergekommensten Ecken Gironas war. Biegt man am Knick nach links die Treppen hinauf, gelangt man über den **Pont de Sant Agustí** [2c] geradewegs zur neoklassischen **Plaça de la Independència** [2d], die vielen Werbespots als Kulisse gedient hat. Der Name verweist nicht etwa auf eine mögliche Unabhängigkeit Kataloniens, sondern auf die Befreiung von der napoleonischen Besatzung.

## 30.3 El Cul de la Lleona – Der Hintern der Löwin

Touristen lieben abergläubische Rituale wie Münzen in Brunnen zu werfen und Vorhängeschlösser anzubringen. Folglich bildeten sich manchmal lange Schlangen vor der kleinen **Löwenstatue** [3a] auf einem erhöhten Sockel. Denn die Legende besagt, wer der Wildkatze einen Kuss aufs Hinterteil drückt, wird irgendwann im Leben garantiert wieder nach Girona zurückkehren. Die Stadt errichtete sogar eine kleine Treppe, um die Zeremonie zu erleichtern. Nachdem ein französischer Tourist 2015 bei dem Versuch aus einem Meter Höhe in den Tod stürzte, wurde ein Geländer angebracht. Schon 2009 hatte das Gesundheitsamt im Angesicht der Grippe A das unhygienische Treiben zeitweilig unterbunden. Seit der Coronakrise gehört der Ritus definitiv der Vergangenheit an. Eine Anekdote berichtet, dass 2008 eine Gruppe belgischer Besucher aufgrund einer Verwechselung eine acht Meter hohe Säule erklomm, um einer anderen Löwin ihren Wunsch zur Rückkehr zu unterbreiten. Im Übrigen beweist genaueres Hinsehen, dass es sich nicht um ein weibliches, sondern ein männliches Tier handelt. An der Ostseite des Platzes reckt sich die zweite **Kirche Sant Feliu** [3b] in den Himmel, nicht zu verwechseln mit der Kathedrale.

## 30.4 Els Banys Àrabs – Die arabischen Bäder

Im Gegensatz zum Großteil der Iberischen Halbinsel stand Girona im Frühen Mittelalter nur kurze Zeit unter maurischer Herrschaft, und es

gibt kaum historische Zeugnisse dieser Epoche zu entdecken. Die Badeanstalt wurde erst um 1194 in romanischem Baustil errichtet, denn die romantisierende Idee des orientalischen Dampfbads kam zeitweise wieder in Mode. Es traf sich vor allem die gut betuchte Oberschicht zu Plausch, Reinigung und Erfrischung.
Mo–Sa 10–18 Uhr, So bis 14 Uhr · Erw. 3 €, Sen. 2 €, Stud. & Schüler 1 €, unter 8 J. frei · Ferran el Catòlic s/n · banysarabs.cat

## 30.5 La Catedral

Durch das schöne Stadttor **Portal de Sobreportes** [5a] erreicht man den Vorplatz der **Kathedrale** [5b]. Erst die 90 steil zur Kirchentür aufsteigenden Stufen verschaffen dem Bischofssitz seinen mächtigen Eindruck, tatsächlich sind die Dimensionen vergleichsweise bescheiden. Um die Kette der Widersprüche zu verlängern, sei nicht unerwähnt, dass es sich mit 23 Metern um die breiteste einschiffige Kirche der Welt handelt. Betritt man das Gebäude durch die Barockfassade wird schnell klar, dass hier ein buntes Potpourri verschiedener Baustile regiert. Das gotische Kirchenschiff stammt aus dem 14. Jahrhundert; genau genommen wurde der Bau erst 1960 mit der Fertigstellung der Fassade vollendet.
Die Mauren verwandelten das Vorgängergebäude für siebzig Jahre in eine Moschee. Der Legende nach soll Frankenkönig Karl dem Großen auf dem Turm das Schwert entglitten sein und sich seitdem beständig weiter in den Erdball bohren. Sobald es den Erdmittelpunkt erreicht, wird der Globus in zwei Teile auseinanderbrechen.
Mitte Jun–Mitte Sept: Mo–Fr 10–19 Uhr, Sa 10–20 Uhr, So 12–19 Uhr, Mitte Mrz–Mitte Jun & Mitte Sept–Okt: Mo–Fr 10–18 Uhr, Sa 10–19 Uhr, So 12–18 Uhr, Nov–Mitte März: Mo–Sa 10–17 Uhr, So 12–17 Uhr · Erw. 7,50 €, Sen. & Stud. 5 €, Schüler (bis 16 J.) 1,50 €, Kinder (unter 7 J.) frei. Die Eintrittskarte gilt auch für die Basilika Sant Feliu. · Plaça de la Catedral s/n · catedraldegirona.cat

GLEICH IN DER NÄHE

### Die Stadtmauer

Direkt hinter der Kathedrale findet sich ein kleiner schattiger Garten. Etwas versteckt führt dort eine Treppe hinauf auf die alte Stadtmauer, die auf 1,1 Kilometern einen Halbkreis um die Altstadt bildet. Der Spaziergang belohnt mit schönen Blicken von den Wehrtürmen über die Dächer der Stadt, allerdings entfernt man sich zunehmend von den sehenswerten Teilen des mittelalterlichen Zentrums. Man muss also entweder auf dem gleichen Weg zum Ausgangspunkt zurückkehren oder sich eine Route durch die Gassen zurück zur Kathedrale bahnen. Die wichtigsten Zugänge sind in der Karte verzeichnet.

30.5 La Catedral
Auf der Stadtmauer von Girona

Im Lauf der Zeit wurde Stadtmauer vielfach um- oder ausgebaut. Es sind Teile römischen, mittelalterlichen und neuzeitlichen Ursprungs vorhanden. Kein Wunder, Girona wurde insgesamt 25 Mal belagert, im Schnitt also einmal alle 84 Jahre. Die letzten Luftangriffe der Faschisten fanden im Februar 1939 statt ...

## 30.6 El Call – Das jüdische Viertel

Die aus dem Nahen Osten zugewanderten Juden hatten nur für geschätzte 400 Jahre im städtischen Leben eine Bedeutung, doch Girona hat sich angestrengt, das Erbe zu bewahren und die Geschichte aufzuarbeiten. Sicher spielte dabei auch der Blick auf den wachsenden jüdischen Besucherstrom aus Israel und den USA eine Rolle. Von der **Plaça dels Apòstols** [6a] führt die dunkle Gasse **Carrer de Manuel Cúndaro** [6b] wie ein Tunnel bergab. Für Szenen von *Game of Thrones* und *Das Parfüm* musste sie kaum verändert werden. Wenige Schritte weiter übt der **Carrer Sant Llorenç** [6c] vergleichbare Faszination aus.

30.6 El Call - Das jüdische Viertel

Espresso Mafia

Der **Carrer de la Força** [6d] ist die Hauptachse des kleinen Judenviertels. Die gefallene Radsportlegende Lance Armstrong leistete sich 2001 für 2,4 Millionen Euro einen mittelalterlichen Palast, wo er mit seinen Teamkollegen einzog. Er hielt die kurvigen Gebirgsstraßen um Girona für ein ideales Trainingsgelände.
Das **Museu d'Història dels Jueus** [6e] versteht sich als zentrale Dokumentationsstätte jüdischen Lebens in Katalonien. Es belegt die Hallen der letzten Hauptsynagoge des Viertels. Die interessante Dauerausstellung erzählt die Geschichte nach und zeichnet ein Bild des Alltags der jüdischen Gemeinde.
Jul & Aug: Mo–Sa 10–19 Uhr, So 10–14 Uhr, sonst: Di–Sa 10–18 Uhr, Mo & So 10–14 Uhr · Erw. 4 €, Sen. & Stud. 2 €, Kinder (unter 14 J.) frei · Carrer de la Força 8
girona.cat/call

## 30.7 Pujada de Sant Domènec und die Plaça de l'Oli

Oberhalb des Call konzentrieren sich verschiedene Fakultäten der Universität. Von der Plaça de Sant Domènec führen die Stufen der **Pujada de Sant Domènec** [7a] hinab zu einer der schönsten Ecken der Altstadt: Ein breiter mittelalterlicher Torbogen überspannt zwischen alten Häusern den versteckten Treppenaufgang. Wenige Schritte weiter trifft man auf die lebendige **Plaça de l'Oli** [7b]. Etliche Bars und Restaurants in der Umgebung laden zu einer Verschnaufpause ein.

## 30.8 Plaça del Vi

Vom nicht weniger lebendigen Carrer dels Ciutadans sollte man hier und da rechts einen Blick in die hübschen Nachbargassen rechter Hand werfen. Am Ende mündet die Straße auf die **Plaça del Vi** [8a], den Platz des Weins, wo das bescheidene **Rathaus** [8b] steht. Hinter der Fassade vom Anfang des 20. Jahrhunderts verbirgt sich ein vielfach umgestaltetes Gebäude von 1556. Die Balkone zieren fast immer Symbole der Unabhängigkeitsbewegung. Nebenan duckt sich der kleine Buchladen **Les Voltes** [8c] unter die Arkaden, der sich seit Mitte der 60er Jahre im Kampf für die Freiheit der katalanischen Sprache und Literatur einen Namen gemacht hat.
Durch die Einkaufszone der Neustadt führt der Weg in leicht abgewandelter Form zurück zum Bahnhof.

#CAFÉ
### Espresso Mafia

Das versteckte Café mit ein paar Tischen unter den Arkaden betreibt der ehemalige kanadische Radprofi Christian Meier. Auch sein früheres Team »UnitedHealthcare« mit Sitz in Colorado unterhält ein Trainingszentrum in Girona. Meiers verfeinerte Kaffeekochkunst ist etwas gediegener als die normaler Bars, aber auch ein wenig teurer.
Mo–Sa 9–20 Uhr, So bis 18 Uhr · Carrer de Corte Reial 5
espressomafiagirona.com

#RESTAURANT
### Casa Marieta

Man kennt das genaue Gründungsdatum des Restaurants zwischen 1890 und 1892 nicht, doch Marieta hat alle Höhen und Tiefen des 20. Jahrhunderts überstanden. Serviert wird weiterhin klassische regionale Küche. Neben dem Angebot der Karte gibt es zusätzlich wechselnde Teller des Tages. Darunter finden sich hin und wieder traditionell bäuerliche Gerichte, die kein modernes Restaurant wagen würde anzubieten. Ein Beispiel ist der schmackhafte »trinxat«, ein mit Schweinespeck angerichteter Mus aus Kohl und Kartoffeln.
Täglich 12.30–15.30 & 19.30–22.30 Uhr
Plaça Independència, 5-6 · casamarieta.com

# Tipps für unterwegs

## Rad- und Rollerfahren

Barcelona hat bislang ansehnliche 240 Kilometer Radwege ausgebaut. Dennoch wird das Fahrrad von den meisten eher als Sportgerät denn als Transportmittel betrachtet. Mentalitäten verändern sich nur langsam. Für den Besucher aber ist das Rad ein exzellentes Fortbewegungsmittel, besonders in küstennahen Bereichen der Stadt, wo keine heftigen Steigungen zu überwinden sind. Die über 500 im Stadtgebiet verteilten Mietstationen von »Bicing Barcelona« fallen sofort ins Auge. Voraussetzung zur Nutzung ist allerdings ein Wohnsitz in Katalonien, denn das System ist als Ergänzung des Nahverkehrs für Einwohner und Berufspendler gedacht. Eine kurze Suche im Internet wird aber einen Fahrradverleih in der Nähe der Unterkunft ausspucken. Gleiches gilt für die immer mehr in Mode kommenden Elektroroller. In jedem Fall sollte man sich zur eigenen Sicherheit an die Verkehrsregeln halten. Verstöße werden nicht selten mit empfindlichen Strafen geahndet.

## Autofahren

Der vierrädrige Untersatz wurde bislang mit keinem Wort erwähnt, denn er ist in Barcelona eher eine Last als eine Hilfe. Die Verkehrssituation hat sich in den vergangenen Jahren etwas verbessert, aber das Hauptproblem bleibt, den Wagen irgendwo abzustellen. Kostenlose öffentliche Parkplätze sind inexistent und die Tiefgaragen verlangen ähnliche Preise wie ein Flughafen. Wer mit dem Auto anreist, lässt den Wagen am besten auf einem der fünf Park & Ride-Parkplätze stehen. Ein Tag kostet um die zehn Euro. Detaillierte Informationen und die Möglichkeit zur Reservierung finden sich unter parkingcard.cat. Als kostenloser Stellplatz wird oft die Umgebung des Olympiastadions auf dem Montjuïc genutzt, was allerdings auch Autoknacker wissen.

## Öffnungszeiten & Feiertage

Der etwas andere Tagesrhythmus in Spanien ist bekannt. Es handelt sich nicht um eine uralte Tradition, sondern findet seinen Ursprung in der Weigerung des Franco-Regimes, das Land der britischen Zeitzone zuzuordnen, obwohl der Greenwich-Meridian quer durch das Land verläuft. Die Uhrzeiten der Mahlzeiten sind etwa Folgende: Frühstück irgendwann zwischendurch, Mittagessen um 14 Uhr, Abendessen frühestens ab 20 Uhr, am Wochenende alles noch mal eine Stunde später. Damit sind auch die Zeiten der Restaurants definiert, die nicht durchgängig geöffnet haben.

Die Ladenöffnungszeiten sind flexibel, aber vor neun Uhr morgens bleiben fast alle Tore verschlossen. Der Einzelhandel öffnet oft erst um 10 Uhr. Wenn eine Mittagspause eingelegt wird, dann etwa zwischen 14 und 17 Uhr. Dafür schließt man erst später am Abend. Supermärkte öffnen meist bis 21 Uhr, manche sogar noch eine Stunde länger. In den lebendigen Gegenden der Stadt finden sich überall kleine Lebensmittelgeschäfte, die bis spät in die Nacht oder gar rund um die Uhr und auch sonntags offen bleiben.

Die Öffnungszeiten von Museen sind jeweils individuell angegeben, dabei gelten die sonntäglichen Zeiten auch für Feiertage. Alle Türen verschlossen bleiben nur an Weihnachten und Neujahr. Montags ist meistens Ruhetag.

## Notfälle

Die allgemeine Notrufnummer für Polizei, Feuerwehr und Krankenwagen ist die 112. Ist man keiner der beiden Lokalsprachen mächtig, bittet man auf Englisch um einen fremdsprachigen Gesprächspartner. Vor dem Anruf sollte man kurz überlegen, wie man seinen Standort nachvollziehbar beschreibt.

## Konsularische Vertretungen

### Deutsches Generalkonsulat Barcelona

- Carrer de la Marina 16-18, Torre Mapfre
- Tel. +34 93 292 1000
- Vorsprache nur nach Terminvereinbarung
- barcelona.diplo.de

### Österreichisches Honorargeneralkonsulat Barcelona

- Carrer Maria Cubi 7, 1°, 2a
- Tel. +34 93 368 6003
- Mo, Mi, Fr 10–12 Uhr
- botschaft-konsulat.com

### Schweizerisches Generalkonsulat in Barcelona

- Gran Via de Carlos III 94
- Tel. +34 93 409 0650
- Mo–Fr 9–12.30 Uhr
- www.eda.admin.ch

## Sicherheit

Barcelona genießt keinen besonders guten Ruf, was seine Kriminalitätsraten betrifft. Dabei wird in den Medien gern in sensationalistischer Weise übertrieben. Überfälle mit Gewaltanwendung sind sehr selten, kleine Gelegenheitsdiebstähle aber tatsächlich häufig. In größeren Menschenansammlungen sollte man auf seine Siebensachen acht geben, namentlich in der Metro, auf den Rambles und am Strand. Kleinkriminelle sind Opportunisten, darum werden jene Menschen als Opfer auserkoren, die sich als solche anbieten. Geldbörsen, Handys oder sonstige Wertsachen gehören weder auf den Tresen der Bar, den Cafétisch noch in die Gesäßtasche. Nachts sollte man die düsteren und unbelebten Gassen der Altstadt meiden und sich dort bewegen, wo Leben herrscht, auch wenn das einen Umweg bedeutet. Sorgen um die politische Situation in Katalonien muss man sich keine machen. Die Demonstrationen für die Unabhängigkeit sind eher eine Familienveranstaltung. Allerdings kann es unter bestimmten politischen Vorzeichen danach zu gewalttätigen Auseinandersetzungen kommen.

## Geld

Aufgrund der fortschreitenden Bankenfusionen in Spanien werden immer mehr Bankfilialen geschlossen, oft bilden sich lange Schlangen. Den alltäglichen Geldbedarf deckt man am besten mit Barem aus dem Automaten. Dabei sollte man die üblichen Sicherheitsregeln beachten. Welche Gebühren dabei anfallen, klärt man mit dem heimischen Geldinstitut ab, um unangenehme Überraschungen zu vermeiden. Ebenso sollte man rechtzeitig sicherstellen, dass mit der jeweiligen Karte auch im Ausland Bargeld gezogen werden kann. Bei Kreditkarten sollte das kein Problem sein, bei Debitkarten sieht es oft anders aus. Das Bezahlen mit Kreditkarten auch kleinerer Beträge ist inzwischen weit verbreitet.

## Trinkgeld

Spanier und Katalanen sind außerordentlich knauserig bei der Honorierung von Dienstleistungen. Viele zahlen nur den exakten Rechnungsbetrag oder runden höchstens zum nächsten Euro auf. Etwas mehr Großzügigkeit wird garantiert mit einem besonders freundlichen Lächeln honoriert und bei einem zweiten Besuch kann man mit zuvorkommender Behandlung rechnen. Das Trinkgeld wird nicht direkt bei der Abrechnung aufgerundet, sondern beim Verlassen eines Lokals auf dem Tellerchen hinterlassen. Bei einer Taxifahrt freut sich der Chauffeur über einen Euro. Wenn er oder sie mit dem Gepäck behilflich war, kann es auch etwas mehr sein.

## Abfall und Toiletten

Dass man seinen Müll ordentlich entsorgt, ist eine Selbstverständlichkeit. Einfache Mülleimer sind selten weiter als hundert Meter entfernt. Öffentliche Toiletten haben Seltenheitswert, aber Museen, Bibliotheken, Markthallen und Ämter können Erleichterung schaffen. Bars und Restaurants erwarten, dass man für die Benutzung auch etwas konsumiert.

# Jahreskalender

Die traditionellen Stadtteilfeste gruppieren sich an mehreren Tagen um das genannte Datum des jeweiligen Schutzheiligen, vorzugsweise so, dass das Wochenende integriert werden kann. Zu den Festivitäten gehören Konzerte, Umzüge, die Riesenfiguren »gegants« und meistens auch Castells und Sardana-Tanz. Aktuelle Veranstaltungskalender findet man auf Englisch unter: timeout.com/barcelona oder barcelona-metropolitan.com

## Januar

**6.1. • Königsfeiertag** – Straßenumzüge mit Laiendarstellern der königlichen Abordnung

**17.1. • Stadtteilfest** in Sant Antoni

## Februar

**Anfang des Monats • Llum** – Festival der Lichtkunst

**12.2. • Santa Eulàlia** – Barcelonas kleines Stadtfest zu Ehren der zweiten Schutzpatronin mit Umzügen, Castells und Sardana-Tanz in der Altstadt

**Karneval** mit Festumzügen und kulinarischen Traditionen

**Fama –** Internationale Kunstmesse

**Calçotades –** Sehr leckere, Lauchstangen ähnelnde Zwiebeln werden auf offenem Feuer geröstet. In vielen Restaurants aber auch auf Plätzen unter freiem Himmel von Januar bis März.

## März

**23.3. • Sant Josep Oriol** – Stadtteilfest um die Kirche Santa Maria del Pi im Barri Gòtic

## April

**Vor Ostern** – Konditoreien schmücken ihre Schaufenster mit teils riesigen Schokoladenfiguren.

**Karfreitag** – Osterprozessionen

**23.4. • Diada de Sant Jordi** – kein arbeitsfreier Feiertag, aber mit Begeisterung begangen und der Tradition, Bücher und Rosen zu verschenken

Calçotada

## Mai

**Fronleichnam • L'ou com balla** – Eine leere Eischale tanzt auf verschiedenen Fontänen, zum Beispiel in der Kathedrale.

**Letztes Wochenende oder erstes im Juni • Stadtteilfest** der rechten Seite des Eixample

**Um den Monatswechsel zum Juni • Primavera Sound** – großes Rockfestival im Parc del Fòrum

## Juni

**19.6. • Festa Major** de Sant Gervasi

**23.6. • Sant Joan** – Das Mittsommernachtsfest wird mit Böllern und Johannisfeuern besonders an den Stränden gefeiert.

**29.6. • Altstadtfest**

**Meist Ende Juni • Sónar** – Festival der elektronischen Musik

## Juli

**Den ganzen Monat • Theater-, Tanz- und Zirkusfestival Grec**

**Meist Anfang des Monats • Crüilla** – Rock-und Popfestival im Parc del Fòrum

**Wochenende vor dem 16.7. • Stadtteilfest** des Raval

**Zweite Julihälfte • Festa Major** del Poble-sec

## August

**15.8. • Stadtteilfest** in Gràcia – das bunteste der Stadt

**24.8. • Stadtteilfest** in Sants

## September

**Erste Monatshälfte • Stadtteilfeste** im Poblenou und in Vallcarca

**11.11. • Katalanischer Nationalfeiertag** mit Großdemonstration

**24.9. • La Mercè** – das Stadtfest von Barcelona, mit Menschenmassen ist zu rechnen

**29.9. • Stadtteilfest** der Barceloneta

## Oktober

**An einem der Wochenenden • 48H Open House** – Eintritt in viele Gebäude, die normalerweise nicht öffentlich zugänglich sind

**7.10. • Festa Major de la Rambla** und im Stadtteil Sarrià

**Erste Oktoberhälfte • Festa Major** de Les Corts

**12.10. • Spanischer Nationalfeiertag** – in Barcelona fast nur als arbeitsfreier Tag begangen

**Zum Monatsende • Manga** – Messe des japanischen Comics

**Um den Monatswechsel • Festa Major** de l'Esquerra de l'Eixample

Castells

## November

**1.11. • Tots Sants** – Allerheiligen mit traditioneller »Castanyada«, dem Röstkastienessen

**Zweite Monatshälfte • L'Alternativa** – Festival des Independent-Films

**Um den Monatswechsel zum Dezember • Festa Major** de Sant Andreu

## Dezember

**Weihnachtsmarkt** und -krippe vor der Kathedrale

**6.12. • Verfassungstag** – ähnlich dem spanischen Nationalfeiertag ohne nennenswerte Aktivitäten

**8.12. • »La Immaculada«** – das Fest der unbefleckten Empfängnis, wenig mehr als ein arbeitsfreier Tag

**28.12. • Sants Innocents** – das Gegenstück zum deutschen 1. April

Register

# Stichwortverzeichnis

## IMPRESSUM

1. Auflage


www.conbook-verlag.de
www.instagram.com/conbook_verlag

**Einbandgestaltung:** FAVORITBUERO, München, unter Verwendung von: Marina Mandarina / Shutterstock.com (grafische Elemente) und Dave Z / Shutterstock.com (Coverbild)
**Layout:** David Janik
**Kartografie:** Barna Bán
**Bildnachweis:** Alle Fotos stammen von Jens Wiegand mit Ausnahme von: S. 10 (unten): Adrià Goula Photo; S. 20: Stimmungszauber / Shutterstock.com; S. 28 (unten): Aquàrium de Barcelona; S. 32 (2. von unten): Celta Pulperia; S. 38 (2. von unten): Adrià Goula Photo; S. 38 (unten): Adrià Goula Photo; S. 41 (2. von unten): nito / Shutterstock.com; S. 47 (oben): Espai d'Imatges, Turisme de Barcelona; S. 48 (unten): Espai d'Imatges, Turisme Barcelona; S. 48 (oben): Espai d'Imatges, Turisme Barcelona; S. 65 (unten): Sara Larsson Photography; S. 70 (unten): Evgeny Bendin / Shutterstock.com; S. 77 (unten): Can Ramonet; S. 111 (unten): Els Pollos de Llull; S. 119 (oben): Espai d'Imatges, Turisme de Barcelona; S. 120 (unten): Marco Rubino / Shutterstock.com; S. 120 (oben): Pepo Segura - Fundacio Mies van der Rohe-Barcelona; S. 157 (unten): Turisme de Barcelona; S. 161 (2. von unten): Boris Stroujko / Shutterstock.com; S. 170 (oben): Arxiu de l'Escolania de Montserrat; S. 173 (unten): Manel Antolí (RV Edipress); S. 174 (unten): Manel Antolí (RV Edipress); S. 174 (oben): Manel R. Granell; S. 175 (oben): Manel Antolí (RV Edipress); S. 176 (unten): Manel Antolí (RV Edipress); S. 176 (2. von oben): Alberich Fotògrafs; S. 176 (3. von oben): Alberich Fotògrafs; S. 177 (unten): Manel Antolí (RV Edipress); S. 177 (oben): Manel Antolí (RV Edipress); S. 177 (Mitte): Manel R. Granell; S. 181 (unten): Àrea de Cultura del Consell Comarcal del Gironès; S. 183 (2. von oben): Espresso Mafia
**Druck und Verarbeitung:** Florjančič tisk d.o.o., Slowenien

ISBN 978-3-95889-450-1
894501 01 23 6